LOUISA SCHNEIDER

GRAD° JETZT

LOUISA SCHNEIDER

GRAD° JETZT

Warum wir die Hoffnung nicht aufgeben dürfen – eine Reise zu den Klimabrennpunkten unseres Planeten

KNESEBECK

Mein größter Dank gilt Greenpeace Deutschland,
die einer Idee Leben eingehaucht haben.

Ich danke meinen Kollegen Nick & Markus
und meiner Familie, ohne deren Unterstützung
ich all das niemals gewagt hätte.

Und aus tiefstem Herzen danke ich André,
der – in Tränen oder Lachen –
immer an meiner Seite stand.
Ich werde ewig dankbar sein für diese Reise,
die mich nicht nur in die Arme dieser Welt,
sondern auch in deine führte.

INHALT

VORBEMERKUNG ... 8

EINLEITUNG

Unsere Zeit ist grad°jetzt ... 12

EINS: BRASILIEN – IM AUGE DES FEUERS ... 19

Brennende Vögel in Mato Grosso ... 21

Zwischen Grillen, Politik und Großkonzernen ... 33

Boa Vista – ein Herz aus Gold schlägt nicht ... 38

Watoriki – willkommen bei den Yanomami ... 43

Der fallende Himmel ... 54

O futuro é indigena ... 64

ZWEI: SENEGAL – NICHT HILFE, SONDERN GERECHTIGKEIT ... 75

Gorée Island – Point of no return ... 77

Saint-Louis – das zukünftige Atlantis? ... 81

Diougoup – Teranga und das Paradies in der Hölle ... 92

Dinouar – Träume atmen auch unter Wasser ... 98

Die grüne Mauer – wenn die Wüste erblüht ... 104

Kedougou – ein Garten als Revolution ... 108

N'diob – Ikarus breitet seine Flügel aus ... 114

DREI: KANADA – TEERSAND IST DICKER ALS BLUT 123
Fort McMurray – Geld essen, Öl trinken 124
Divestment und Konzerne vor Gericht 136
Die Feuerwehrbrigaden – ein Lauffeuer der Hoffnung 140
»Mitten im Nirgendwo« trägt einen Namen 146
Inuvik – der Permafrostboden 150
Die Inuvialuit – zwischen Vergangenheit und Zukunft 156

VIER: GRÖNLAND – IM RHYTHMUS DES EISES 185
Saqqaq – ein Fenster in die Vergangenheit 186
Auf dünnem Eis 189
Gletscher-Gewitter 195
Ilulissat – ein Globalisierungsdrama 199
Kangia-Eisfjord – Mutter des Eises 202
Eine echte Zeitmaschine 207
Bären und Polarfüchse 210
Aaju Peter – die Glut einer Inuk 213
(Un)vergängliche Schönheit 218

FÜNF: AUSTRALIEN – KORALLENWELTEN UND WÜSTENGEISTER 223
Das Great Barrier Reef 224
The Forever Reef Project – im Zweifel für immer 232
Rote Erde – die Wangan und Jagalingou 236
Stopp Adani – David gegen Goliath 240
Der Widerstand von Waddananggu 244
You ain't killing my vibe 247

SECHS: AKTIVE HOFFNUNG – WIR, DIE DOMINOSTEINE 253

VORBEMERKUNG

Wenn du zögerst, Klimabücher in die Hand zu nehmen, weil die Welt darin immer vor dem Untergang zu stehen scheint, dann darf ich dich beruhigen. Ja, zwar ist das Foto auf dem Cover genau so im brennenden Regenwald entstanden, aber die Geschichten, die ich dir in diesem Buch erzähle, setzen den Katastrophenberichten die Hoffnung entgegen.

Manchmal waren die Verhältnisse, denen ich auf meinen Reisen begegnete, tieftraurig, mal himmelschreiend ungerecht oder machten wütend – doch immerzu haben sie mich selbst tief berührt. Was sie wirklich alle verbindet, ist die Hoffnung. Meine Rechercheреisen zusammen mit Greenpeace haben mich in Extreme geführt – zu den Waldbränden in Brasilien, zu zerstörten Häusern und Fluten im Senegal, auf knackendes Eis in Kanada und Grönland und bis in die Tiefen des Great Barrier Reef in Australien. Überall durfte ich auf unglaubliche Menschen treffen, die die Klimakrise nicht einfach hinnehmen, sondern die nicht aufgeben und die mir gezeigt haben, dass die Geschichte unserer Zukunft in unseren Händen liegt und wir nur mutig genug sein müssen, den Stift in die Hand zu nehmen, um sie zu schreiben. Sie zeigen, was aktive Hoffnung bedeutet – und wie viel Macht in ihr steckt. Durch diese Rechercheреisen habe ich erkannt, dass wir weit davon entfernt sind, ohnmächtig zu sein. Wir sind nicht allein, wir sind viele; weltweit und überall arbeiten Menschen Hand in Hand für eine gerechtere Zukunft. Die Erfahrungen, die ich hier mit dir teile, haben mir gezeigt, wie drastisch sich Dinge verändern können, wie wunderschön die Welt ist und wie viel wir zu gewinnen haben, wenn wir uns zusammenschließen, kollektive Bewegungen ins Leben rufen und uns weigern, die Welt als unveränderlich hinzunehmen. Alles ist veränderbar.

Ich möchte, dass du, wenn du gerade dieses Buch in den Händen hältst, eines weißt: Es wird nie »zu spät« sein. Egal, wann du dieses

Buch liest, ob zehn oder zwanzig Jahre nach der Veröffentlichung: Es wird nie zu spät sein, um zu handeln. Sicher, beim Klimawandel sind Zeit und Dringlichkeit unglaublich relevant. Es gibt nun einmal Kipppunkte und Zeitspannen, in denen wir handeln müssen, um unumkehrbare Schäden zu vermeiden. Aber es ist wirklich nie zu spät, um Schritte zu unternehmen, die unsere Welt ein klein wenig besser machen. Jedes kleinste Stückchen globaler Erwärmung, das wir verhindern, zählt. Jeder Bruchteil eines Grades, den wir aufhalten, kann Leben sicherer machen oder sogar retten. Das wird immer wichtig sein. Bitte hör nicht auf zu handeln. Du bist nicht allein. Du bist nicht machtlos. Lass dich nicht von diesen Gefühlen überwältigen, lass dich nicht von der Angst aufhalten. Bitte gib nicht auf.

Es ist, als hätte ich Hunderte Sonnenbrillen gleichzeitig getragen. Diese Brillen waren meine Privilegien. Sie alle trübten meine Sicht, verdunkelten meine Welt. Ich konnte nicht klar sehen und so viel an Diskriminierung, Unfreiheit und Ungerechtigkeit gegenüber anderen Personen schlichtweg nicht erkennen. Meine Privilegien haben mich bisher vor den schlimmsten Auswirkungen der Klimakrise geschützt. Doch all die wertvollen Erfahrungen, die ich machen und die beeindruckenden Menschen, die ich auf meinen Reisen kennenlernen durfte, haben mir eine Brille nach der anderen von der Nase gezogen. Ich weiß, dass immer noch viele Brillen da sind. Doch habe ich in diesem Buch alles darangesetzt, so viele wie möglich abzusetzen und die Sichtweisen derjenigen einzufangen, die unmittelbar und am härtesten von dieser Krise getroffen werden und an der Frontlinie kämpfen.

Ich werde in diesem Buch nichts romantisieren, ich werde sagen, wie es ist: Die Klimakrise ist die größte Bedrohung und Aufgabe, vor der die Menschheit jemals stand. Aber zugleich ist sie auch unsere bedeutendste Chance, um eine von Grund auf bessere Welt aufzubauen – fernab von unterdrückerischen Systemen des Kapitalismus, des Kolonialismus und des Patriarchats.

Meine Reisen waren ein wahnsinniges Privileg. Doch Privilegien sind Schlüssel zu Türen. Reflektieren wir unsere Privilegien, dann erkennen wir diese Schlüssel und können uns dafür einsetzen, Türen für andere zu öffnen.

Dies ist mein Versuch, eine weitere Tür aufzustoßen.

ANMERKUNG ZUR SPRACHE

»Globaler Norden« und »Globaler Süden«. Ich werde viel über die Unterschiede zwischen den Ländern sprechen, die diese Krise verursacht haben, und denen, die davon betroffen sind. Ich habe versucht, so genau wie möglich zu sein und die spezifischen Länder oder Regionen zu nennen, aber manchmal musste ich allgemeine Begriffe wie »Globaler Süden« und »Globaler Norden« oder lediglich »Westen« verwenden.

»Globaler Süden« ist ein Begriff, der auf Regionen wie Ozeanien, Südamerika, Asien und Afrika zielt und versucht, von dem negativen »Dritte Welt«-Label oder dem Begriff »Entwicklungsland« wegzukommen. »Globaler Norden« umfasst Länder und Gebiete wie Europa, Nordamerika, Russland, Australien, Neuseeland. Diese Begriffe beziehen sich nicht nur auf die geografische Lage, sondern umfassen außerdem Machtverhältnisse und wirtschaftliche Unterschiede. Die Bezeichnung »Globaler Süden« ist ein Ausdruck, den ich nicht verwende, um Menschengruppen zu verallgemeinern. Ich möchte hervorheben: Jedes Land und die dort lebenden Menschen haben ihre ganz eigene, wertvolle Geschichte und die verschiedenen Nationen und Völker haben unterschiedliche Erfahrungen. Ich verwende daher den Begriff, um die gemeinsame, meist koloniale, Vergangenheit dieser Länder als homogene Einheit zu kommentieren.

Black, Indigenous and People of Color (BIPoC). Ich verwende den Ausdruck »Black, Indigenous and People of Color«, um die kollektiven Erfahrungen mit strukturellem Rassismus zu betonen, die von Gemeinschaften im Globalen Norden und Süden geteilt werden, einschließlich schwarzer und indigener Bevölkerungsgruppen. Dieser Begriff hat definitiv Grenzen, dennoch möchte ich damit auch auf gemeinsame Erfahrungen von Gemeinschaften hinweisen, um auf sie näher eingehen zu können. Außerdem verwende ich den Begriff »globale Mehrheit«,[1] um diesen Fakt zu verdeutlichen und die Tatsache, welche Kraft davon ausgehen kann, wenn wir uns dieses zahlenmäßige Verhältnis vor Augen führen.

Indigenes Volk. Auf meinen Recherchereisen hatte ich das absolute Privileg, von einigen indigenen Völkern eingeladen zu werden und von ihnen lernen zu dürfen. Indigene Völker weltweit sind durch Rassismus, Landraub und tödliche Gewalt bedroht und stehen an der Frontlinie der Auswirkungen der Klimakrise. Sie kämpfen teils seit Jahrhunderten um die Anerkennung ihrer Landrechte, den Schutz ihrer Kultur, ihrer Sprachen, ihrer eigenen Leben und um die Wahrung ihrer Selbstbestimmungsrechte.

Darum verwende ich in diesem Buch bewusst den Begriff »indigenes Volk« oder »indigene Völker«, um zu unterstreichen, dass die indigenen Menschen als Gemeinschaft unter völkerrechtlichem Schutz stehen oder stehen müssten. Die Bezeichnung des »Volks« verstärkt den Fokus auf ihre politische Stimme und ihren gemeinsamen Kampf.

Ich glaube, ich war lange Zeit nicht aktiv oder gar unpolitisch, weil für mich die Sprache in Büchern und anderen Medien schlichtweg unzugänglich war. Zu oft habe ich nicht verstanden, worüber gesprochen wurde, wenn nur mit Fachbegriffen um sich geworfen wurde. Ich habe in diesem Buch mein Bestes gegeben, um Verbindungen und Begriffe, Konstrukte und Systeme allgemein verständlich zu erklären. Ich weiß aber auch, dass ich damit an meine eigenen Grenzen stoße. Was ich sagen möchte: Ich versuche immerzu, mich aus meinem eigenen Kopf herauszudenken und in andere Köpfe hineinzuschlüpfen. Ich glaube, es wird viel zu häufig unterschätzt, wie machtvoll eine einfache, zugängliche Sprache ist, denn nur so können möglichst viele Menschen unsere Forderungen verstehen und selbst aktiv werden.

Ich freue mich sehr, dass du mit mir auf dieses Abenteuer gehst!

EINLEITUNG:
Unsere Zeit ist grad°jetzt

Es war ein viel zu heißer Spätsommertag am Münchner Hauptbahnhof und ich suchte nach meinem Gleis. Die Sonne stand schon tief und erfüllte die Hallen mit einem satten Orange, während Menschen anonym an mir vorbeizogen. Ich presste mein Handy so dicht ans Ohr, dass es wehtat, um die Worte zu verstehen, die mir den Boden unter den Füßen wegziehen sollten.

»Louisa, wir wollen, dass du mit Greenpeace auf fünf Recherchereisen gehst. Mit einem Team reist du zu fünf unterschiedlichen Klimakipppunkten: zum brasilianischen Regenwald, zum westafrikanischen Monsun im Senegal, dem Permafrostboden und den Borealwäldern in Kanada, zum grönländischen Eisschild und zu den Korallenriffen Australiens. Ihr werdet sowohl die Gefahren beim Überschreiten dieser Kipppunkte dokumentieren als auch die Schönheit unseres Planeten. Wir wollen mit diesem Projekt auf die Kipppunkte aufmerksam machen und darauf, wie alles zusammenhängt. Es steht so viel auf dem Spiel. Wir können keine Zeit mehr verlieren, die wir nicht haben. – Wir stecken im wichtigsten Jahrzehnt, um das Kippen der Klimakipppunkte zu verhindern!«

In diesem Jahrzehnt entscheidet sich, wie viele Katastrophen wir noch verhindern, wie viele Freiheiten und Möglichkeiten wir in Zukunft noch haben werden. Es ist enorm wichtig, die radikale Physik dieser Krise und unseres Planeten zu verstehen, um zu erkennen, wie dringend gehandelt werden muss.

Der Anruf kam von Christian, der bei Greenpeace arbeitet. Ich musste mich hinsetzen. Am Gleis waren alle Bänke besetzt, also streifte ich meinen Rucksack vom Rücken und setzte mich darauf. Mein Kopf sank in meine Hand. Trolleys rauschten laut an mir vorbei, während ich schweigend am Boden des Bahnsteigs saß und weiterhin das Handy dicht an meine Wange presste. Plötzlich eine Durchsage: »ICE von München nach Stuttgart – heute circa 15 Minuten später.« Ich machte mir um Verspätungen meiner Züge schon lange keinen Kopf mehr. Aber eine Verspätung schnürt mir immer wieder die Brust zu: Was ist, wenn wir nicht rechtzeitig handeln und Kipppunkte überschreiten?

Wir haben eine bestimmte Zeitspanne und ein Handlungsfenster, die uns angeben, wie viele Emissionen ausgestoßen werden können, bis wir erdklimatische Kipppunkte erreichen. Ganze 97 Mal wurde der Begriff »Kipppunkt« im IPCC-Bericht 2022[2], dem renommiertesten und angesehensten Klimabericht weltweit, aufgegriffen. Das Intergovernmental Panel on Climate Change (IPCC) ist ein zwischenstaatliches Gremium, das sich aus Tausenden von Wissenschaftler:innen und politischen Entscheidungsträger:innen zusammensetzt, die Texte mit den aktuellsten und genauesten wissenschaftlichen Erkenntnissen über den Stand der Klimakrise erstellen und Prognosen für die Zukunft abgeben. Erst als ich mehr über die Kipppunkte lernte, verstand ich, warum sich die Klimakrise so grundlegend von anderen Krisen unterscheidet.

Kipppunkte sind kritische Punkte in unserem Klimasystem, die, wenn wir sie überschreiten, unser Leben plötzlich und rapide verändern werden. Ganze Systeme – seien es globale Klima- oder Ökosysteme – würden irreversibel kollabieren. Haben wir diesen Punkt erst einmal erreicht, gibt es kein Zurück mehr.

Stell dir vor, ein Kipppunkt ist ein Wasserglas. Normalerweise steht das Glas mittig und stabil auf einem Tisch. Das ist unser Klimasystem, wie es sein sollte. Durch voranschreitende Treibhausgasemissionen in unserer Atmosphäre wird dieses Wasserglas nun aber Stück für Stück ein bisschen mehr zur Tischkante geschoben. Irgendwann kippt es, es fällt zu Boden, zerbricht, das Wasser ist ausgelaufen und kann nicht zurück ins Glas.

Ein solches Wasserglas, ein Kipppunkt, ist der Amazonas-Regenwald. Durch zunehmende Klimaerhitzung wird der Regenwald immer trockener und dürrer. Irgendwann erreicht er einen kritischen

Punkt, er kippt und verliert die Fähigkeit, sich selbst zu regenerieren: Der Regenwald würde sich unaufhaltsam in eine Art Savanne verwandeln. Wir würden die »grüne Lunge« unseres Planeten verlieren, einen gigantischen CO_2-Speicher – was die Klimakrise weiter beschleunigen würde. Diesen Punkt haben wir laut Wissenschaft wahrscheinlich bereits überschritten. Berichten zufolge stößt der Regenwald heute schon mehr CO_2 aus, als er selbst aufnimmt. Denn zusätzlich zur Erderhitzung wird der Wald durch Brandrodungen und hohe Abholzungsraten destabilisiert.

Das Paradoxe an der Klimakrise ist, dass sie sowohl schnelle wie auch langsame Veränderungen gleichzeitig in sich vereint. Mal verhält sich diese Krise wie ein Dieb, der unbemerkt, Stück für Stück, ein bisschen mehr unserer gewohnten Welt stiehlt. Der große Knall ist manchmal ganz leise wie das Insektensterben. Doch dann ist die Klimakrise wieder laut; mit einem Sturm, einer Flut oder einer Hitzewelle kann sie auch unsere Haustür gewaltsam eintreten. Das Überschreiten der Kipppunkte ist schnell und langsam, laut und leise zugleich.

Insgesamt kennt die Wissenschaft 16 solcher Kipppunkte. Vier davon sind bereits bei einer Erderhitzung von 1,5 Grad in akuter Gefahr zu kippen und wir kommen diesem Punkt sehr schnell näher. Dazu gehören das Abschmelzen des Grönländischen und Westantarktischen Eisschilds, der boreale Permafrostboden und die Warmwasserkorallenriffe. Allein das Verschwinden des Grönländischen und Westantarktischen Eisschilds würde einen Meeresspiegelanstieg von zehn Metern bedeuten.

Darum ist es so unglaublich wichtig zu unterstreichen: 1,5 Grad ist kein politisches Ziel, sondern eine physikalische Grenze. Es ist bereits ein enormer Kompromiss, der nicht weiter verhandelbar ist. Denn es kommt ein weiteres Problem hinzu: Überschreiten wir einen Kipppunkt, wird es umso wahrscheinlicher, dass wir andere Klimakipppunkte ebenfalls überschreiten. Es verhält sich wie ein Dominospiel, stoßen wir einen Dominostein an, könnten weitere umfallen. Fällt ein Glas, könnten weitere zerbrechen.[3]

Ding Dong – eine weitere Durchsage am Münchener Hauptbahnhof: »Der ICE 2019 von München nach Stuttgart – heute circa 30 Minuten später.« Wir können uns keine weitere Verspätung mehr leisten. Durch aktives Nichtstun sind wir überhaupt in die Lage gekommen, dass das Zeitfenster, in dem wir noch so viel gewinnen können, immer kleiner und kleiner geworden ist.

»Und? Was sagst du, Louisa?« Christians Stimme holte mich aus meinen Gedanken. Ich bat ihn, mir etwas Zeit zu geben, zumindest noch diesen Tag, um darüber nachzudenken. Ich war froh, dass ich schon auf dem Boden des Bahngleises saß, denn ich spürte, wie mein Körper zu zittern begann. »Ich weiß, es ist ein großes Projekt, ihr werdet in extreme Regionen reisen – aber du bist auch nie alleine unterwegs. Greenpeace ist immer an deiner Seite und wir haben ein gutes Team, mit dem du zusammen vor Ort sein wirst. Da ist zum einen Markus Mauthe, er arbeitet schon seit über dreißig Jahren als Naturfotograf und seit knapp zwanzig Jahren zusammen mit uns. Mit dabei ist auch Nick Platzer, er ist Videograf, und André D'Elia, Aktivist und Filmemacher aus Brasilien. Wir wollen und brauchen dich dabei. Melde dich später noch einmal bei uns.«

Wir legten auf. Als ich mein Handy in meine Tasche gleiten ließ, ertönte erneut eine Durchsage: »Der ICE von München nach Stuttgart fällt heute aus.« Ich sah hoch und blinzelte der Anzeigetafel entgegen, doch fand ich keine Alternative. *Durch Verspätung bis zum Totalausfall.* Ich stützte meine Arme auf die Knie. Wie oft hatte ich gehört, dass es »zu spät« sei, um noch etwas gegen die Klimakrise zu tun. Dass der Klimazug abgefahren sei, dass wir ja jetzt sowieso nichts mehr tun und deshalb auch einfach weitermachen können wie bisher. *Aber das stimmt nicht,* ermahne ich mich selbst. Ich kneife die Augen zu. *Es wird nie zu spät sein, um zu handeln.*

Auch wenn mein Herz pochte und meine Gedanken rasten; auch wenn ich in völlig unbekannte Regionen reisen würde und niemanden in meinem Team – weder Markus noch Nick noch André – kannte, sagte ich nur wenige Tage später zu. Denn dieses Projekt war Teil von etwas Größerem. Zu diesem Zeitpunkt konnte ich das nur erahnen, jetzt weiß ich es besser.

Mein Anspruch an dieses Projekt war es, nicht nur die Kipppunkte und Klimasysteme zu erklären, sondern ich wollte den Gesamtzusammenhang zeigen. Wir müssen unser Verständnis der Klimakrise und der Systeme, die sie verursacht haben, dringend neu gestalten. Wie kamen wir zu dem Punkt, dass wir ein so gefährliches Dominospiel angestoßen haben? Welche klimaschädlichen und zerstörerischen Industrien und Strukturen stecken dahinter, die Mensch und Natur gleichermaßen ausbeuten? Wie ist alles mit sozialen Ungerechtigkeiten verbunden und wie können wir uns endlich daraus befreien? Zu lange haben wir die Ökologie getrennt von intersektionalen Gerechtigkeitsfragen betrachtet, dabei sind sie schon immer untrennbar miteinander verbunden.

Um zu verstehen, wo wir ansetzen müssen, müssen wir genau hinschauen. Darum sind wir in Extremregionen gereist, wo die Zerstörung am sichtbarsten ist. Aber ich möchte keine Angst machen, im Gegenteil: Viel zu lange hat man versucht, Menschen durch erschreckende Bilder und düstere Zukunftsszenarien zum Handeln zu bewegen. Doch wie der Soziologe und Philosoph Nikolaj Schultz richtig diagnostiziert hat: »Panik ist ermüdend und Notwendigkeit ist langweilig.«[4] Es braucht ein anderes Gefühl, das Menschen zum Handeln bewegt.

Anstatt einer Angst, die uns spaltet, die uns in Ecken drängt, und anstatt dass wir nur auf diesen einen Tag X warten, an dem »der Weltuntergang« da ist, brauchen wir eine Instanz, die sich der Angst widersetzen kann, ein Gefühl, das uns verbindet, das uns und die Welt umarmt: Es braucht die Hoffnung.

Wie meine Freundin und Kollegin Luisa Neubauer prägnant sagt: »Hoffnung ist harte Arbeit.«[5] Sie fällt uns nicht einfach zu Hause auf der Couch in den Schoß. Hoffnung entsteht aus unserem eigenen Handeln. Hoffnung lebt dadurch, dass wir hinaus auf die Straßen gehen und hinein in die Welt, um alles dafür zu tun, dass wir uns aus diesen endlosen Konflikten, aus Umweltzerstörung und sozialer Ungerechtigkeit befreien.

Mir gibt das Konzept der Klimagerechtigkeit Hoffnung. Klimagerechtigkeit erkennt an, dass die Klimakrise weit entfernt davon ist, ein Gleichmacher zu sein – sie ist eher ein brutaler Verstärker von Ungleichheiten, die schon lange existieren. Diese Krise entsteht aus den gleichen Systemen, die Ungleichheit und Unterdrückung erst ermöglichen und verstärken; Systeme, die darauf ausgerichtet sind, eine globale Mehrheit zu benachteiligen, um eine kleine Minderheit zu bereichern. Diese Erkenntnis öffnet allerdings auch eine Tür: die Möglichkeit, sich der Klimakrise auf eine Weise zu stellen, die nicht nur das Schlimmste verhindert, sondern auch den Grundstein für eine bessere Zukunft legt. Wenn die Ursachen der Klimakrise so tief mit den Systemen verwoben sind, die Menschen und ihre Lebensgrundlage gefährden, dann bedeutet ihre Bekämpfung, dass wir alles verändern müssen – und zwar zum Besseren, für uns alle.

Während meiner Rechercheреisen durfte ich verschiedenste Gemeinschaften und Lösungsansätze kennenlernen: Im ersten Kapitel begegne ich den indigenen Yanomami, die erfolgreich gegen Abholzung und Waldrodung im Amazonas-Regenwald in Brasilien vorgehen. Im Senegal erlebte ich aus erster Hand, was Anpassung und Mitigation bedeuten und welche lokalen Initiativen zur Schaffung von Gerechtigkeit und zum Schutz der Menschen beitragen. In Kanada und Grönland erkannte ich die wahren Verursacher der Klimakrise und sprach mit den Inuit. Schließlich besuchte ich in Australien die indigenen Wangan und Jagalingou, die einem mächtigen Kohlekonzern erfolgreich die Stirn bieten, ihr angestammtes Land verteidigen und trotz jahrzehntelangen Kampfes die Hoffnung aufrechterhalten.

Am Bahngleis mache ich mich auf die Suche nach dem nächsten Zug. Ich muss schnell nach Hause, meinen Koffer packen und mich bereit machen für eine Abenteuerreise um die Welt. Und tatsächlich, da gibt es einen Ersatzzug. *Es gibt immer eine Alternative*, flüstern meine Gedanken mir zu. *Legen wir los, wir haben schließlich keine Zeit zu verlieren!*

Yanomami
Boa Vista
Comunidade Watoriki
Sinop (Mato Grosso)
BRASÍLIA

EINS: BRASILIEN – IM AUGE DES FEUERS

»Environmentalism
without class struggle
is just gardening.«

– Chico Mendes, brasilianischer Umweltschützer

An der Drehtür zischt mir die Klimaanlage eine letzte, nackensteifende Brise über den Hals, als ich auf den Parkplatz vor dem Flughafen stolpere. Hier bin ich also in Sinop, einer der größten Städte des Bundesstaates Mato Grosso, mitten im Herzen Brasiliens. Die Abendsonne scheint immer noch mit voller Kraft und schießt ihre Hitzepfeile auf den Asphalt. Ich bleibe stehen, um mich an das neue Klima zu gewöhnen, und blinzele zu Boden, als zwei Schuhe vor mir zum Stehen kommen. Genau genommen sind es zwei mit orangem Staub bedeckte Füße in Klettsandalen. Ich schaue hoch und sehe einem breit lächelnden, kahl geschorenen, ziegenbärtigen Mann entgegen. Ja klar – das ist Markus Mauthe.

Herzlich begrüßt er mich, nimmt mir meinen Rucksack ab und hievt ihn mit einem Schwung auf den Pick-up, wo André und Nick warten, bereit zur Abfahrt. Ich begrüße alle schnell, will das Team nicht aufhalten und ehe ich mich's versehe, sitze ich mit Markus auf dem Rücksitz des fahrenden Wagens. Markus hatte ich zuvor nur an einem Nachmittag in Friedrichshafen getroffen, Nick und André sehe ich heute zum ersten Mal. Beide lächeln und nicken mir zu, als ich die Autotür zuziehe.

»Leute, wir brauchen noch Proviant. Heute wird ein langer Tag, ich muss die Abendsonne bis spät ausnutzen«, sagt Markus zu den Jungs und tippt nervös auf das Kameragehäuse der Nikon in seinem Schoß. Dann zückt er sein Handy und eine Landkarte leuchtet auf seinem

Display mit lauter roten Punkten. »Das größte Feuer ist ziemlich genau zwei Stunden von hier entfernt.«

Ich werfe selbst einen Blick auf die Karte. Es ist eine Webseite der NASA, wo alle Feuer der letzten 48 Stunden weltweit vermerkt sind (schau mal hinein, es ist verrückt: https://firms.modaps.eosdis.nasa.gov/map/). Je größer der rote Punkt, desto größer das Feuer. Wenn man die Karte etwas herauszoomt, scheint es, als wäre das ganze Display durch all die roten Tupfen komplett rot gefärbt. Ein Display in Flammen. Wir zoomen wieder hinein. Der Punkt, also das Feuer, auf das Markus zeigt, ist riesig. Ich schlucke.

Wir halten kurz bei einem Supermarkt. Da ich nach der Ankunft keine Zeit hatte, meine weißen Sneaker und die Jogginghose gegen ein ansatzweise feuerfestes Outfit umzutauschen, ziehe ich mich nun auf der Supermarkt-Toilette um. Erst als ich mich bücke und nach meinen Schnürsenkeln greife, bemerke ich, dass meine Finger zittern. Mein Herz klopft bis zum Hals. Ich setze mich auf den Klodeckel. *Ein und aus. Ein und aus*, versuche ich in Gedanken meinen Atem zu beruhigen.

Als ich wieder auf den Parkplatz hinauskomme, sehe ich Markus mit aufgeklapptem Laptop im Wagen sitzen, während André und Nick sich an die Karosserie anlehnen und in ein tiefes Gespräch verwickelt sind. Jetzt mustere ich die beiden zum ersten Mal. Andrés blaue Augen kann man hinter der Sonnenbrille nur erahnen und seine schwarzen Locken liegen sanft über der Stirn. Als Filmemacher und Aktivist aus São Paulo engagiert er sich schon seit Langem mit seinen Filmen gegen den Bergbau und die damit einhergehenden Menschenrechtsverletzungen, vor allem an indigenen Menschen, hier in Brasilien.

Neben ihm steht Nick. Seine weichen Gesichtszüge spiegeln sein Gemüt wider. Er ist groß gewachsen und von kräftiger Statur, seine mandelbraunen Augen schauen gütig und meistens trägt er eine Kappe. Er hat Markus als Kameramann bereits durch Kamerun und Angola begleitet und ist ein absoluter Technikprofi. Als ich an ihnen vorbei ins Auto steige, spüre ich, wie ihre Blicke mich mustern. Erst jetzt wird mir klar, dass ich die einzige Frau im Team bin. Eigentlich war mir das völlig egal, aber jetzt denke ich plötzlich darüber nach. Doch schnell sollten sich all meine nervösen Grübeleien in Luft auflösen.

Brennende Vögel in Mato Grosso

Ich hocke hinten bei Markus, Nick ist Beifahrer und André sitzt hinterm Lenkrad. Wir biegen auf den Highway 163, während wir aus Sinop hinausfahren. Das Ende der Straße kann ich nicht ausmachen, es verliert sich irgendwo im Rauch, der hier überall schwer in der Luft liegt. Ich blicke durch das Fenster hoch in den Himmel. Selbst die Sonne sieht hier anders aus – die giftigen Nebelschwaden lassen ihren Feuerball krank wirken. Sie glüht magentarot und lässt den endlosen Asphalt flimmern.

Wir lassen die Stadt hinter uns zurück. Stunde um Stunde fahren wir durch dichten Rauch eine Strecke von mehreren Hundert Kilometern – ich versuche die ganze Zeit, gedanklich festzumachen, wie weit wir fahren. *Ist es eine Strecke von Köln bis Hannover?! München bis Berlin?!* Doch die giftige Schicht lichtet sich nicht. Draußen ziehen meilenweit ausschließlich braune Felder an uns vorbei. Ich habe so etwas noch nie zuvor gesehen. Ich hätte es mir nicht ausmalen können, wie sich hier Monokulturen an Monokulturen reihen, um so viel Ertrag wie möglich aus den Feldern zu pressen, bis der Boden keine Nährstoffe mehr zu geben hat. Mir wird schlecht. Wo bleibt die nächste Ortschaft? Wo sind Bäume und Menschen? Wo ist das Wasser? Brasilien ist fast 24-mal größer als Deutschland und so zieht sich der Highway endlos hin, wie die Blutbahn für extraktive Industrien, immer tiefer ins Herz des Amazonas.

Riesige Trucks überholen uns und wirbeln ungeheure Staubwolken hinter sich auf. André stoppt den Wagen, damit Markus schnell hinaushüpfen kann, um die vorbeifahrenden Transporter abzulichten. Er macht die Tür auf und ich muss husten, weil sofort ein Schwall des

Rauchs in das Wageninnere hineinfliegt. Schnell schließe ich die Tür hinter ihm. Transporter, vollgestopft mit Soja und Mais, rollen an uns vorbei. Einer, dann zwei, dann wirkt es wie eine endlose Karawane, die niemals zum Stillstand kommt. Plötzlich folgt eine Reihe Lkws, auf denen mich durch Gitter, mit weit aufgerissenen Augen, Hunderte Rinder anschielen. Das sind die Waren, die hier im Bundesstaat Mato Grosso am häufigsten exportiert werden. Die gigantischen Schlachthöfe rieche ich schon aus mehreren Kilometern Entfernung. Der Gestank von Leder sticht in der Nase. Ich schaue weg und zur anderen Straßenseite. Dort sehe ich kümmerliche Reste dessen, was vielleicht einmal Regenwald gewesen ist. Dürres Geäst und Sträucher sind unter der dicken Staubschicht kaum zu erkennen. Ich bin verwirrt. Überall, wo ich jetzt braune Felder, angereiht an Schlachthöfen und Produktionshallen von Düngemittel sehe, musste doch einmal Regenwald gestanden haben?

Ich zucke zusammen, als Markus draußen brüllt: »Kacke! Was hab ich mir denn auch gedacht?!« Nick lacht auf dem Vordersitz. Er hatte Markus gewarnt, er solle in dem Rauch vorsichtig mit seiner Kamera umgehen, sonst würden sich die Partikel im Kameragehäuse absetzen. »Mist, Kacke noch mal!«, ruft Markus wieder. Jetzt lacht André mit, obwohl er durch das deutsche Gefluche nur erahnen kann, worum es sich handelt.

Ich nehme mein Handy heraus, doch haben wir nur noch sehr schlechten Empfang. Wir sind bereits zu weit entfernt von der letzten Ortschaft. Es dauert lange, bis die Seite von Google Earth vollständig lädt. Auf der Webseite gibt es die Funktion von Zeitraffern. Hier können Satellitenbilder von vor dreißig Jahren abgerufen werden. Ich stelle Sinop ein und starte den Zeitraffer. Tatsächlich: Noch vor fünfzehn Jahren war hier alles grün – alles Wald. Doch plötzlich frisst sich etwas wie ein Virus durch die grünen Flächen. Der Bildschirm verwandelt sich in ein braun geflecktes Mosaik. *Wie kann es sein, dass wir alle seit Jahrzehnten von den enormen Waldbränden hören und sich immer noch nichts geändert hat? Und vor allem: Wieso wird dafür niemand zur Verantwortung gezogen?* Immer mehr Fragen schießen mir durch den Kopf.

Markus springt zurück in den Wagen. Auf seiner schweißbedeckten Stirn hat sich der Dreck in der Luft in winzigen Klumpen abgesetzt. Bekümmert inspiziert er die Nikon in seiner Hand: »Die Kamera ist vielleicht bald hinüber durch den Staub, aber die Fotos sind echt wichtig. Das ist doch Wahnsinn, oder?! Habt ihr gezählt, wie viele Laster das waren? Wie kann bei so vielen Lkws, die täglich hier entlangrauschen, überhaupt noch etwas vom Planeten übrig sein?«

Als André das Lenkrad dreht, bleibt mein Blick plötzlich an etwas Glänzendem an seinem Handgelenk hängen. Es ist ein buntes Armband aus winzigen Perlen und Mustern, das sehr grazil und zerbrechlich aussieht. »So etwas habe ich noch nie gesehen!«, staune ich. »Ach das«, André schüttelt sein Handgelenk, »das ist ein Armband, das indigene Menschen in Brasilien gemacht haben, es ist eine Art Symbol der Solidarität mit ihnen. Ich trage es jeden Tag. Spätestens seit Belo Monte will ich alle wissen lassen, auf welcher Seite ich stehe.« Meine Augen mustern ihn über den Rückspiegel. Zögerlich frage ich nach: »Was genau ist Belo Monte?«

André zieht überrascht die Augenbrauen hoch. »Ach, davon hast du noch nie etwas gehört?«, fragt er verblüfft, doch dann sprudelt es nur so aus ihm heraus: »Belo Monte ist ein gewaltiger Staudamm, der zweitgrößte seiner Art weltweit. Er wurde 2011 im Herzen des Amazonas gebaut. Es war wie ein Dolchstoß. Sein Bau erforderte eine Umleitung des Xingu-Flusses, einer der lebenswichtigsten Wasserstraßen Brasiliens, und es kam zu schwerwiegenden und unwiderruflichen ökologischen Veränderungen, weil weitläufige Gebiete des uralten Regenwalds überflutet wurden. Aber Belo Monte gefährdete nicht nur empfindliche Ökosysteme, sondern er stellte eine gewaltige Bedrohung für indigene Völker dar, deren Leben untrennbar mit dieser Umgebung verbunden ist. Schätzungsweise 30 000 Menschen mussten daraufhin ihre angestammten Gebiete verlassen. All diese harten Realitäten habe ich in meinem allerersten Film gezeigt. Zwar konnten wir den Bau des Staudamms nicht aufhalten, doch mit dem Film konnten wir ganz viele Menschen informieren! Er hat eine ganze Welle der Empörung ausgelöst. Der Aufschrei war gigantisch! Aus ganz Brasilien kamen Menschen aus den Städten mit indigenen Völkern zusammen.« Er verstummt und es wirkt, als würde er alle Erinnerungen wie in einem Katalog durchfliegen. Doch während er nachdenkt, presst er plötzlich die Zähne aufeinander.

»Es hat sogar für so viel wirtschaftlichen und politischen Aufruhr gesorgt, dass mein Telefon bereits dreimal verwanzt wurde.« *Telefon? Verwanzt? In welchen CIA-Film sind wir denn jetzt abgedriftet?*, denke ich. Wegen seines sehr erfolgreichen Engagements wurde André bedroht und überwacht. *Was würde ich tun, wenn ich so direkt gefährdet wäre?* André hat trotzdem immer weitergemacht. Ich bin froh, dass Markus ihn ins Team geholt hat. Seine Expertise und langjährige Zusammenarbeit mit indigenen Menschen sind für uns unentbehrlich.

Ich beobachte wieder die Sojafelder, die schier endlos an uns vorbeiziehen. Ohne meinen Blick vom Fenster abzuwenden, rufe ich nach vorn: »Für mich ergibt all das gar keinen Sinn. Das ist doch eine unfassbare Arbeit, bis man hier mal etwas anbauen kann? Vom feuchten Regenwald zum Ackerland. Das will nicht in meinen Kopf.« Jetzt blicke ich über den Rückspiegel zu André, aber seine Miene bleibt unverändert. Für ihn ist dieses Vorgehen schon lange zur Normalität geworden. »Die Frage ist ja – was hat in unserem Wirtschaftssystem einen Wert? Hat grüner Regenwald einen Wert? Oder könntest du nicht die größten, massivsten, geradesten Bäume abholzen, zu Möbeln verarbeiten und verkaufen? Sind die mächtigsten Bäume, wir sagen auch Mutterbäume, erst einmal weg, fehlt dem Regenwald ohnehin die Balance und das Ökosystem kann sich nur schwer aufrechterhalten.«

Ich hake nach: »Wenn die großen Bäume geschlagen sind, was ist dann der nächste Schritt?« Diesmal antwortet Markus: »Schau raus – das ist der nächste Schritt. Es bleiben nur Geäst und Gehölz übrig, die mit großen Maschinen entfernt werden. Alles wird geschlagen, abgerissen und ausgerissen. Stück für Stück, Jahr um Jahr wird der

Wald mit dieser Zerstörung immer trockener und lässt sich noch besser plattmachen, bis der Rest einfach abgebrannt wird. Dann sind die Flächen frei und du kannst anbauen, was du willst: Soja, Mais, Kautschuk, Palmöl, was auch immer.« André ergänzt mit einer erschreckenden Gleichgültigkeit: »Rinder nicht vergessen! Du kannst viele, viele Rinder halten.«

Die Sonne steht tief am Horizont und nach einer gefühlten Ewigkeit biegen wir vom Highway in einen Feldweg. Die Straße wird holpriger und sandiger. Zwar schwebt der Rauch überall um uns herum wie eine transparente Schicht, doch nur wenige Hundert Meter entfernt sehe ich riesige, dunkle Rauchschwaden über einem Waldstück aufsteigen. Der Ruß leuchtet orange und undurchsichtig. Wir fahren weiter, tiefer und tiefer in den Rauch hinein, bis wir irgendwann das Feuer fast direkt neben der Waldschneise entdecken, an der wir entlangfahren. André hält das Auto an einem sicheren Platz an, während Markus und Nick sich blitzschnell an die Ladefläche des Pick-ups begeben. Mit einer fließenden Bewegung zücken sie die großen, schweren Koffer, in denen das gesamte Filmequipment verstaut ist, und haben im Nullkommanichts Kameras, Stativ und Zubehör in der Hand, um den Hals und um die Hüfte geschnallt. Alle drei sind nun draußen am Arbeiten, ein eingespieltes Team, während ich noch im Auto verharre. Die Hitze spüre ich bereits durch die Glasscheiben hindurch und einen Moment lang möchte ich einfach nur im Wagen sitzen bleiben. *Vielleicht ist all das nicht real, solange mein Körper diese Blechhülle nicht verlässt.*

Irgendwann drücke ich dennoch zögerlich die Türklinke herunter. Sofort dringt das laute Knistern des Feuers an meine Ohren und Rußpartikel fliegen mir in die Augen. Erst einen Fuß, dann den anderen setze ich vorsichtig auf den trockenen Boden. Niemals hätte ich gedacht, dass ich einmal im Regenwald stehen würde – vor allem nicht im brennenden. Ich huste, doch der Qualm hat sich schon tief in meine Lunge geschlichen. Die Sonne ist untergegangen, aber es ist taghell, denn der Regenwald, in dem ich stehe, brennt lichterloh. Der Wald schluchzt laut, es zischt und knackt. Langsam gehe ich die lange

Waldschneise entlang. Es müssen mehrere Hundert Hektar sein, die die Flammen um uns herum auffressen.

Ein unerträgliches Knirschen fährt durch die Luft und ein Baum fällt genau vor mir quer über die Schneise. Unter lautem Donner schlägt er auf und mit dem letzten Atemzug entweichen abertausend kleine Funken, die noch ein wenig durch die Nacht wirbeln, ehe sie verglimmen. Plötzlich spüre ich ein Stechen auf meinem Arm und schlage schnell den Funken aus, der mir ein paar Haare abbrennt. *Ich muss hier raus,* fährt es mir scharf durch den Kopf. Schnell drehe ich mich um und erkenne im Qualm vor mir eine Wildschweinfamilie, die wohl den gleichen Gedanken hatte. Laut quiekend rennen sie auf mich zu, doch als sie mich sehen, bleiben sie abrupt stehen und schießen dann genau wieder ins Feuer hinein. Bin ich etwa eine größere Gefahr?

Als ich nach einem Ausweg suche, bleiben meine Augen an einem Baum hängen. Unfähig, den Blick abzuwenden, beobachte ich, wie er von innen nach außen von den Flammen zerfressen wird. In seiner Rinde klafft ein großes, lang gezogenes Loch und während ich beobachte, wie das Feuer darin züngelt, sieht es aus, als würde der Baum schreien. Ich horche auf. *Nein – da schreit wirklich etwas.* Suchend wende ich mich um und blicke nach oben: Etwas Leuchtendes hetzt im Zickzack über den Nachthimmel. Ungläubig beobachte ich die Feuerkugel eine Weile, wie sie über mir schreiend zappelt, um dann, in aller Stille, vom Himmel zu fallen. Eine Hand auf meiner Schulter reißt mich aus der Situation. André schaut mir tief in die Augen. »Ja«, sagt er, »hier fliegen brennende Vögel.«

An den folgenden Tagen bleiben wir noch in Mato Grosso. Wir kommen vorbei an Berg- und Goldminen, riesigen Rinderfarmen und Ranches, Menschen mit Cowboyhüten und einer Prärie, die einst Regenwald war.

Als wir gerade dabei sind, eine weitere Brandrodung aus der Ferne zu dokumentieren, höre ich plötzlich, wie ein Truck auf uns zukommt. André dreht sich um und ist sichtlich angespannt. Schnell packen Markus und Nick ihre Kameras weg, legen sie ins Auto und führen eine geschauspielert lockere Unterhaltung. Erst sehe ich ihnen verständnislos dabei zu, doch dann verstehe ich allmählich. Auch wir, als europäisches Filmteam und Umweltschützer:innen, müssen uns in Acht nehmen.

Der Wagen hält neben uns, wirbelt eine braune Staubwolke auf und ein Mann steigt aus. Er trägt ein schmutziges Shirt, Schweißtropfen rollen von seiner Schläfe über sein faltiges Gesicht und hinterlassen eine helle Spur, während sie den Dreck von seiner Wange waschen. Sein Name ist José und es stellt sich raus, dass ihm einige der Waldflächen gehören, die jetzt in Flammen stehen. Fast unmerklich schüttelt er den Kopf, während wir eine Weile die Brände beobachten. »Die Feuer weiten sich immer mehr aus, man kann sie kaum noch kontrollieren«, erklärt José. »Hier ist alles so unerträglich trocken. Kein Wunder, dass alles abbrennt. Ein Funke, ein Windhauch und die Brände springen auf die umliegenden Felder über. Wie kann ich das nur eindämmen?!« Zu meiner Überraschung plaudert er mit uns, als wären wir alte Bekannte.

»War es hier immer schon so trocken?«, frage ich. José schaut mich mit kastanienbraunen Augen an. Ich erkenne, dass sein Augenweiß ebenfalls eine braune Farbe angenommen hat. Es wirkt, als wäre es verrußt. José denkt nach. »Mein ganzes Leben arbeite ich als Landwirt, aber vor allem in den letzten Jahren ist es heißer geworden. Ich glaube, seit der Wald nicht mehr da ist, fehlt der Regen und unsere Ernten fallen immer mickriger aus.« Er runzelt die Stirn, zückt sein Handy und beginnt, Fotos zu machen.

»Damit ich später Beweismittel habe. Sonst werde ich vielleicht noch beschuldigt, ich hätte die Brände gelegt«, erklärt er, doch ich verstehe nicht ganz. »Wer, glaubst du, steckt hinter diesem Brand?«, hake ich nach. José zuckt mit den Schultern: »Na ja, es können viele sein. Vielleicht war es diesmal mein Nachbar, der Besitzer vom Feld nebenan. Oft sind es Landwirte wie ich oder Landspekulanten, die die Flächen frei machen, um sie zu verkaufen. Aber was bleibt uns auch anderes übrig? Fallen die Ernteerträge immer kleiner aus, dann müssen wir mit dem Verkauf von Land das Überleben unserer Familien sichern.«

Während José immer noch Fotos von den Bränden macht, müssen wir weiter, denn Markus hat einen anderen dicken roten Punkt auf der NASA-Karte ausgemacht. Schnell verabschieden wir uns und fahren los. Doch im Auto plagen mich weiterhin Fragen. Es ergibt immer noch keinen Sinn. »All diese Brände können doch unmöglich Kleinbauern gelegt haben, oder?«, rufe ich zu André nach vorn. »Es ist, wie José gesagt hat, es können viele dafür verantwortlich sein«, antwortet er. »Aber ich finde, ein riesiger Problemtreiber ist die industrielle Landwirtschaft. Sehr oft sind es Großkonzerne, die sowohl die Zerstörung vorantreiben und die Kleinbauern in Armut drängen als auch indigene Völker bedrohen. Hast du mal zum Beispiel von Cargill oder Estrondo gehört?«

Tatsächlich hatte ich von diesen beiden Großkonzernen gehört. Der Agrarbetrieb Estrondo ist mit 305 000 Hektar größer als Luxemburg und steht häufig in den Schlagzeilen: Betrug, Landraub, Zwangsarbeit und immer wieder Gewalt gegen die einheimische Bevölkerung[6] – die Liste der Vergehen ist lang. Recherchen von Greenpeace belegen zudem, dass Estrondo im ganz großen Stil Wald und Boden vernichtet. Mehr als hunderttausend Hektar Natur wurden seit dem Jahr 2000 abgeholzt, um Platz für Rinderfarmen, Mais- und vor allem Sojaplantagen zu schaffen.[7]

Das größte Märchen, das uns erzählt wird, ist, dass diese Art des An- und Abbaus von Soja notwendig sei, »um die Welt zu ernähren«. Dabei zeigt ein Blick auf die Lieferkette ein ganz anderes Bild: Das Soja landet nicht auf den Tellern von Menschen, sondern in den Mägen von Tieren. Nahezu 90 Prozent werden als Viehfutter für die Fleischproduktion verwendet.[8] Zum Beispiel Cargill: Der Milliardenkonzern ist der weltweit größte Hersteller von Rinderhackfleisch und beliefert die Fast-Food-Ketten McDonald's und Burger King genauso wie die Lebensmittelkonzerne Danone, Nestlé und Unilever. Wir produzieren weltweit so viel an Nahrungsmitteln, dass wir damit leicht die Weltbevölkerung ernähren könnten, doch stattdessen hungern Milliarden Menschen. Megakonzerne wie Cargill[9] dringen immer tiefer in die

Wälder vor und verdrängen gewaltvoll Kleinbauern sowie indigene Menschen, die in ihnen leben.[10]

Die Sonne glüht rot und schwer am Horizont, bald würde sie weg sein. Markus rutscht nervös auf seinem Sitz hin und her, er verliert die Geduld. »Wir gurken jetzt schon Stunden hier herum und nirgends ist das Feuer.« Ich halte kurz inne. Er hat recht, wo ist das Feuer? Es ist total absurd: Zwar wird der Rauch immer dichter und dichter, doch die Brandquelle ist nicht auszumachen. Sie scheint nah und fern zugleich. Ich habe schon lange die Orientierung verloren inmitten der monotonen Landschaft, dem Braun in Braun.

»Yes! Ich hab Empfang!«, ruft Nick auf dem Vordersitz. Für ein paar Sekunden können wir uns neu orientieren, bis das Signal wieder abbricht. Wir kommen an einer recht düsteren Szenerie vorbei. Es gibt vereinzelt ein paar wenige Farmen und Höfe, die über ihren Hofeingängen Rinderschädel hängen haben. Die Menschen, die dort wohnen, schauen uns argwöhnisch nach, als wir an ihrem Grundstück entlangfahren. So viel Besuch bekommen sie anscheinend nicht. Mir wird unwohl. Doch bevor ich etwas sagen kann, biegen wir schon in eine Schneise ein, flankiert von etwas, das man kaum noch als Wald bezeichnen kann. Lange Zeit kommen wir nur an Gestrüpp vorbei, bis sich plötzlich ein Platz vor uns lichtet. Ich beuge mich nach vorn und reiße die Augen auf, um die Kulisse besser zu erfassen. Was sich vor uns zeigt, kann ich nur schwer beschreiben. Ich schnappe nach Luft.

Meilenweit sehen wir abgeholzte Felder, auf denen in regelmäßigen Abständen Haufen aus Resten von Ästen, Baumstämmen und Blättern aufgetürmt sind und in Flammen stehen. Es müssen Hunderte sein. Selbst mit der Drohne, die Markus sofort losschickt, können wir nicht die gesamte Fläche mit all den einzelnen Feuerstellen ausmachen.

»Was zur Hölle ist das?!«, stoße ich hervor. »Das – das ist die Endstation«, antwortet André, ohne den Blick von der Szenerie abzuwenden. »Hier wurde schon über Monate, vielleicht sogar Jahre hinweg alles abgeholzt und ausgerissen. Was du siehst, sind die letzten Reste dessen, was einst Regenwald war. Bald werden hier Sojaflächen sein.«

Markus springt aus dem Wagen, läuft in die Nähe eines der Haufen und beginnt zu fotografieren. »Markus! Komm zurück!«, ruft André aus dem Fenster. »Wir sollten erst einmal das Areal sichern. Das brennt hier noch nicht allzu lange, es ist noch frisch.« Seine Finger tippen nervös auf das Lenkrad. Aber Markus scheint ihn nicht zu hören und fotografiert unbekümmert weiter.

»Markus! Ich mein's ernst. Komm zurück ins Auto.« Doch Markus ist in seinem Element. Nur kurz dreht er sich zu uns um und versucht, uns zu beschwichtigen: »Fahrt ihr, ich bleib hier – holt mich nachher einfach wieder ab!« Dann macht Markus kehrt und verschwindet zwischen den Feuerhaufen.

Wir fahren an der Grenze des Gebiets entlang und erkunden die Brandfläche. Auf einer Seite umgeben uns die kahlen Felder mit den einzelnen Feuerhaufen, auf der anderen Seite steht ein intaktes Waldstück. *Was war das?* Verwirrt drehe ich mich um und schaue aus dem Rückfenster. *Waren das zwei Motorräder am Wegesrand? Ich habe mich sicher geirrt,* denke ich noch, als plötzlich nach der nächsten Abbiegung ein parkendes Auto neben uns steht. Unsicher sehe ich zu André, dessen Miene sich langsam verdunkelt.

»Wir sollten umdrehen, oder? Zurück zu Markus?«, frage ich zögerlich. Mein Herz schlägt schnell. »Ja«, antwortet er bestimmt. »Wir wenden.« Doch wir kommen nicht weit. Wir sind gerade um die nächste Ecke gebogen, als André mit einem heftigen Tritt auf die Bremse donnert. Der Sitzgurt schneidet in meine Kehle, ich ringe nach Luft. Sekunden vergehen, bis ich erkenne, wer da vor unserem Wagen steht.

Es sind fünf Männer, einige halten eine Machete in der rechten und einen Benzinkanister in der linken Hand, andere tragen eine Flinte. Alle haben ihre Gesichter unkenntlich gemacht mit Tüchern, die sie sich um Kopf, Mund und Nase gebunden haben, nur die Augen blitzen hervor. Niemand bewegt sich, weder sie noch wir. *Wer ist ängstlicher?* André starrt mit aufgerissenen Augen geradeaus, seine Finger sind so fest ums Lenkrad geschlungen, dass die Knöchel weiß hervortreten. »Fuck!«, stößt er hervor, als er blitzschnell den Rückwärtsgang einlegt und mit einem Zug den Wagen um 180 Grad wendet. Wir brettern davon, zurück und hinaus aufs Feld, wo wir Markus gelassen haben. André ruft mir zu: »Kurbel das Fenster runter! Hörst du weitere Motoren?!« Ich lehne meinen Kopf aus dem Fenster und tatsächlich – mehrere Motoren heulen hinter uns auf. Motorräder und Autos folgen uns. Alles passiert in Sekundenbruchteilen, aber es fühlt sich an wie eine Ewigkeit, bis wir Markus finden und fliehen. Doch wohin?! Es gibt nur eine Straße.

Die Sonne steht schon so tief, dass es sich nur noch um Minuten handeln kann, bis sie verschwindet und die Dunkelheit uns Schutz bieten wird. »Los! Fahr aufs Feld raus, direkt zwischen die Feuer!«, ruft Nick. Seine sonst so ruhige Stimme ist einem angsterfüllten Klang gewichen. Die Feuerhaufen sind zu unserem Glück deutlich größer als unser Wagen, sodass wir scheinbar von ihnen verschluckt werden.

»Los, los, los! Motor und Lichter aus!«, raunt Markus von hinten. Wir alle haben die Fenster unten und lauschen. *Sie kommen.* Das Röhren der Motoren wird lauter, lauter und lauter. Wie eine Horde Hyänen schießen sie in unsere Richtung. Ich schließe die Augen, ziehe die Beine so dicht wie möglich an meinen Körper heran. Ich will verschwinden, nur zurück. Die Motoren sind jetzt so laut, dass sie direkt neben uns zu sein scheinen. Doch gerade, als sie am lautesten sind, flachen die Geräusche plötzlich ab, werden leiser und verlieren sich irgendwann in der Ferne.

Noch in der Stille halte ich die Luft an und meine Augen geschlossen. Ich kann nicht genau sagen, wie lange wir so zwischen den Feuern ausharren. Irgendwann traue ich mich wieder, mich zu bewegen. Um uns herum ist nur das unerträgliche Knistern des Feuers, Funken gleiten in den Nachthimmel. Andrés Stimme dringt zu mir: »Das waren auf jeden Fall Grilleiros, illegale Holzfällerbanden.« Meine Gedanken rasen. Was habe ich mir auch gedacht?! Kurz bevor ich nach Brasilien kam, habe ich Artikel über die Gefahren für Umweltschützer:innen in Lateinamerika gelesen. Das tödlichste Jahr war 2020, in dem weltweit

227 Aktivist:innen getötet wurden. Diese Zahl stellt die höchste jemals dokumentierte Anzahl von Morden an Personen dar, die sich für den Schutz der Umwelt einsetzten. Zwanzig Morde geschahen in Brasilien. Menschen, die sich Grilleiros, Agrarunternehmen oder auch Goldgräbern in den Weg stellen, bringen ihr Leben in Gefahr. Auch André hat bereits viele Freunde verloren, er selbst wurde häufig bedroht.

Ich sehe ihn via Rückspiegel an. Seine Hände sind immer noch fest um das Lenkrad gelegt. Auch er hat sich keinen Zentimeter gerührt. Plötzlich drückt er die Türklinke hinunter und steigt aus. Nick, Markus und ich folgen ihm langsam nach draußen. Als ich einen Fuß neben den anderen setze, muss ich kurz innehalten. Ich lehne mich nach vorn, stütze meine Arme auf meine Oberschenkel, zu stark zittern meine Beine. Bis dato dachte ich eigentlich, dass »zitternde Knie« nur etwas ist, das in irgendwelchen Thrillern vorkommt. Jetzt weiß ich, wie es sich anfühlt.

André stolpert zu einem der Feuerhaufen und bleibt nur wenige Meter davor stehen. Seine Silhouette ist tiefschwarz, während das Feuer ihn umzüngelt. Er fällt auf die Knie und landet weich auf der Asche, während er seine offenen Handflächen in seinem Schoß ruhen lässt. Auf einmal beginnt er ein sanftes Gemurmel, das sich mit den Funken vermischt und gen Himmel steigt. Er betet.

Markus, Nick und ich beobachten ihn eine Weile. Als er verstummt, lege ich sachte eine Hand auf seine Schulter. Er schaut zu mir hoch und zieht angestrengt seine Mundwinkel wenige Millimeter hoch. Zu mehr ist er nicht imstande. »Ich bete nicht für mich, ich bete für sie«, flüstert André und tippt auf sein Perlenarmband, das im Schein der Flammen leuchtet.

Wie konnte ich so blind sein? Wie konnte ich glauben, dass mich meine deutschen Privilegien auch hier schützen würden, während weltweit das Leben von Umwelt- und Menschenrechtsverteidiger:innen bedroht ist? Jetzt, während ich hier stehe, wird mir mit voller Wucht bewusst, dass meine Meinungsfreiheit, mein Lautsein und Demonstrieren auf deutschen Straßen keine Selbstverständlichkeit sind. Noch nie habe ich mich so sehr in der Verantwortung gefühlt, von diesem Recht und Privileg noch mehr Gebrauch zu machen – um in Solidarität für diejenigen laut zu sein, die hier täglich ihr Leben und die sie umgebende Natur verteidigen müssen und nicht wie ich und mein Team morgen auch wieder abreisen könnten. Es sind vor allem indigene Menschen, die bedroht werden. Die indigenen Yanomami, die wir schon bald besuchen werden, kämpfen gegen extraktive Industrien, die ihre Heimat zerstören wollen. Umso erschreckender ist es, dass auch in Deutschland immer mehr Klimaaktivist:innen kriminalisiert werden. Im internationalen Vergleich gilt mittlerweile Deutschland als eines der Länder, wo Menschen sich nicht mehr sicher für Klima- und Menschenschutz einsetzen können.

Es ist keine Selbstverständlichkeit, dass wir frei unsere Meinung sagen können, dass wir demonstrieren können, dass wir eine Demokratie haben. Meinungsfreiheit ist das Fundament von allem und wir müssen sie verteidigen. Das wird mir inmitten der meilenweit lodernden Feuerhaufen schlagartig bewusst. André hat sein Gebet beendet; wir alle lauschen und als wir nichts weiter hören, setzen wir uns wieder ins Auto und fahren aus dem flammenden Krater hinaus.

Zwischen Grillen, Politik und Großkonzernen

Todmüde falle ich ins Bett eines kleinen, modrigen Motels. Es ist zwei Uhr nachts und ich kann nicht schlafen. Meine Augen glühen, doch mache ich sie zu, glüht stattdessen mein Kopf. *Was habe ich da heute erlebt? Worauf habe ich mich eingelassen?* Ich massiere meine Schläfen. Meine Gedanken wandern zurück zu den vielen Informationen, die ich heute von André erfahren habe. Er hat mir erklärt, dass der Großteil der Brände, die wir gesehen haben, illegal passiert. In Deutschland können wir uns gar nicht vorstellen, wie es sein kann, dass Menschen sich durch illegale Rodung von Wäldern riesige Flächen aneignen können. Während bei uns Landbesitz klar geregelt ist, sieht das in Brasilien ganz anders aus. Hier gibt es ein kompliziertes System aus Schwindel, Betrug und einer Regierung, die die Kriminalität deckt.

Allein der Amazonas-Regenwald ist 15-mal so groß wie Deutschland, bedeckt also eine riesige Fläche. Es herrschen zum Teil unkontrollierte und mafiöse Zustände. André erzählt mir, dass früher Dokumente über Landtitel gefälscht wurden, indem man die Papiere in einer Schachtel mit Grillen, auf Portugiesisch »grilos«, künstlich altern ließ. Durch die Grillen nahm das Blatt eine gelbliche Farbe an und sah älter aus. So konnten Menschen zum Amt gehen und so tun, als ob ihnen das Landstück seit Langem gehört, obwohl sie erst letzte Woche den Waldstrich gerodet, umzäunt und ihre Rinder daraufgestellt hatten. Darum werden Menschen, die illegal Land beanspruchen, immer noch »Grilleiros« genannt. Heutzutage werden keine Grillen mehr zur Fälschung genutzt, Papier wurde durch digitale Systeme ersetzt und die Techniken, um Regeln, Gesetze und das Registrierungssystem zu umgehen, sind raffinierter und komplizierter geworden. Zum Beispiel werden Landtitel untereinander innerhalb einer Gruppe enorm oft und schnell ausgetauscht. Du verkaufst dein Land und kaufst es wieder zurück und zwar so oft, dass es irgendwann absolut undurchsichtig wird, wem das Land am Anfang wirklich gehörte und ob es nun legal oder illegal erworben wurde. Sehr oft kommen Menschen jahrzehntelang damit durch. Es wird abgeholzt, um Holz zu verkaufen, es werden Flächen frei gemacht, um Boden zu verkaufen, es wird abgebrannt, um etwas anzubauen, was verkauft werden kann. Es geht schon lange nicht mehr darum anzubauen, um zu essen. Gesunder Regenwald, der »einfach so« wächst, fällt in unserer Ökonomie aus dem Raster und hat keinen Wert. Es geht nur ums Geld.

Ich halte meinen dröhnenden Kopf mit beiden Händen und lasse mir weiter durch den Kopf gehen, was André mir erklärt hat. Unser derzeitiges Wirtschaftssystem ist der Kapitalismus und sein einziges Ziel der Profit. Wenn die Wirtschaft nicht wächst, kollabiert sie. So einfach ist das. Darum muss sie jedes Jahr um drei Prozent wachsen und die Weltwirtschaft muss sich alle zwanzig Jahre verdoppeln. Um den Wachstumszwang aufrechtzuerhalten, muss immer mehr hergestellt, produziert, abgeholzt, gedrillt, gefördert – kurzum: ausgebeutet werden. Auch wenn der Kapitalismus ständiges Wachstum braucht, um sich selbst zu erhalten, wird das System früher oder später zusammenbrechen, weil wir die planetarischen Grenzen und den Kipppunkt des Waldes erreichen.

Ich setze mich im Bett auf und patsche unbeholfen mit der flachen Hand gegen die Wand, bis ich endlich den Lichtschalter finde. Auf Zehenspitzen schleiche ich zur Tür und versuche den Ameisen auszuweichen, die auf dem Boden herumkrabbeln. Ich streife mir schnell meine Schuhe über die Füße und gehe auf die Straße hinaus. An Schlaf ist ohnehin nicht mehr zu denken. Immerhin sind die Temperaturen etwas gefallen, also gehe ich einige wenige Meter die Straße hinunter und stehe plötzlich vor einem riesengroßen Wahlplakat von Jair Bolsonaro. Sein Gesicht wird durch das nervöse Flackern einer Straßenlampe erhellt.

Als wir im September Ende 2022 vor Ort sind, ist der rechtsextreme Bolsonaro Präsident Brasiliens und im Endspurt des Wahlkampfs. Er ist bekannt dafür, dass er das Amazonasgebiet für wirtschaftliche Zwecke nutzen möchte. Darum wurden Kontrollen umfänglich abgebaut: Umweltbehörden, die Verstöße gegen Umweltauflagen kontrollieren, wurden deutlich unterfinanziert und reduziert. Bolsonaro leugnet den Klimawandel und hat Menschen dazu aufgestachelt, das Amazonasgebiet wirtschaftlich auszubeuten, also Regenwald abzubrennen und Gesetze zu ignorieren. Auch wenn Waldrodungen während seiner Amtszeit illegal waren, kündigte er immer wieder an, diese bald gesetzlich zu erlauben. Wissentlich förderte er Grilleiros. Während seiner Präsidentschaft ist die Abholzung des Amazonas-Regenwalds im Vergleich zum vorherigen Jahrzehnt um 75 Prozent angestiegen. *Wie um Gottes willen soll das aufgehalten werden? Wie können wir das noch stoppen?*, frage ich mich.

Ich gehe wieder zurück ins dunkle Motelzimmer und mein Körper sackt müde auf dem Bett zusammen. Mein Blick schweift leer durch den Raum, doch bleibt er plötzlich an einem Buch hängen. Auf dem Nachttisch neben mir liegt die Biografie *The Falling Sky* von Davi Kopenawa, dem indigenen Schamanen und spirituellen sowie politischen Vertreter der Yanomami. Ich habe den schweren Wälzer die ganze Zeit auf der Reise mit mir herumgeschleppt. Vor Jahren habe ich ihn gekauft, um mehr über das Leben indigener Menschen zu verstehen, und fand das Buch wahnsinnig faszinierend und so hoffnungsvoll. Erst kurz vor Beginn meiner Reise erfuhr ich, dass wir tatsächlich gerade sie, die Yanomami, besuchen würden. Schon in wenigen Tagen würden wir uns auf den Weg zu ihnen begeben, aber ich wünsche mir, wir würden sofort aufbrechen. *Wie kann man Sehnsucht haben nach etwas, das man noch gar nicht kennt?*

Ich nehme das erste Buch, das je ein Yanomami geschrieben hat, in die Hand und blättere. Auf 700 Seiten erzählt Davi Kopenawa von seinem Leben: wie er als kleiner Junge das erste Mal mit weißen Menschen in Kontakt kam, wie sie sich erst als Freunde inszenierten und dann als Feinde entpuppten. Wie die Yanomami gewaltsam vertrieben und getötet wurden, damit sich extraktive Industrien immer mehr Land aneignen konnten. Er beschreibt sein Leben im Kolonialismus und erzählt vom langen Kampf um das Land, davon, wie die Yanomami es seit jeher geschützt haben und weiterhin schützen. Er spricht von ihrer Kosmologie und warum es, wenn es sie als Gemeinschaft nicht mehr gibt, auch keinen Regenwald mehr geben wird.

Ich greife nach meinem Handy. Grell leuchtet der Bildschirm vor meinem Gesicht auf. Ich kneife die Augen zusammen, um navigieren zu können. Google Earth lädt wieder zaghaft, doch diesmal geht es mir nicht um die Feuer, um Abholzung und Zerstörung, sondern ich schaue mir die indigenen Gebiete an. Smaragdfarbene Parzellen erscheinen auf der Karte wie grüne Brandmauern. Da ist sie, die Hoffnung.

Die Yanomami leben mit ungefähr 30 000 Menschen an der brasilianisch-venezolanischen Grenze an der 1500 Meter hohen Serra Parima, zwischen den Flüssen Orinoco und Amazonas, in einem Gebiet ungefähr so groß wie Syrien. Es gibt mehrere Yanomami-Völker, doch wir besuchen die Gemeinschaft der Watoriki. Sie schützen ihr Land allein durch ihre bloße Existenz. Es ist erwiesen, dass indigene Völker und lokale Gemeinschaften mit gesicherten Landrechten sowohl Regierungen als auch privaten Landbesitzer:innen weit überlegen sind, wenn es darum geht, Entwaldung zu verhindern, biologische Vielfalt zu erhalten und nachhaltig Nahrungsmittel zu produzieren. Sie sind die besten Verwalter:innen ihres Landes – sie wissen, wie man in Symbiose mit der Natur lebt. Eine Zahl finde ich unglaublich mächtig und hoffnungsvoll: Derzeit machen indigene Völker nur fünf Prozent der Weltbevölkerung aus, aber sie schützen 80 Prozent der weltweiten Biodiversität.[11] Jüngste Analysen haben gezeigt, dass es ohne den Schutz der Rechte indigener Völker nicht gelingen wird, die globalen Temperaturen unter dem im Pariser Abkommen festgelegten Ziel von 1,5 Grad Erderwärmung zu halten.

Etwa 13,8 Prozent der Landfläche Brasiliens sind als »Terra Indígena« ausgewiesen, als Gebiete, die den indigenen Völkern gehören und als Schutzgebiete anerkannt sind. Der Abbau von Bodenschätzen ist dort verboten und bei Infrastrukturprojekten müssen die indigenen Gemeinschaften einbezogen werden.

Trotz dieser Schutzmaßnahmen stehen diese Gebiete seit Langem unter Druck. Illegale Landnahme, rechtliche Auseinandersetzungen und rohe Gewalt prägen seit Jahrzehnten die Konflikte um indigenes Land und nicht selten kommt es zu Morden, teils auf offener Straße, ohne ausreichende strafrechtliche Verfolgung.

Die Regierungen bekämpfen die Kriminalität ineffizient und in vielen Fällen begünstigen Regierungsbeamt:innen und Politiker:innen die Kriminalität in der Region. Wir müssen es sagen, wie es ist: Nicht selten sind korrupte Politiker:innen mit Großkonzernen eng verbandelt. Oftmals sitzen sie in Gremien oder Aufsichtsräten von klimaschädlichen Industrien und gestalten Politik zu deren Gunsten: Um Kosten zu senken, werden Regularien für den Schutz von Mensch oder Natur aufgeweicht. Um Profit zu maximieren, ist es zur Notwendigkeit geworden, vermehrt Menschen und Natur auszubeuten. Das bedeutet auch, dass die Menschen abgewertet werden müssen, die die Natur schützen oder mit und unmittelbar von ihr leben. Indigene Menschen werden durch Rassismus diskriminiert. Ihr Leben wird als weniger wert dargestellt, um leichter ihr Land ausbeuten zu können – denn im Prinzip sind sie die reichsten Menschen Brasiliens: Unter ihrem Land gibt es Bodenschätze wie Gold, Diamanten oder Bauxit.

Ein kalter Schauer läuft mir über den Rücken. Ich denke zurück an die Feuerfelder, in denen wir noch vor wenigen Stunden standen. Unsere flüchtige Begegnung mit den Grilleiros ist nichts im Vergleich zur Bedrohung, der viele indigene Umwelt- und Menschenrechtsverteidiger:innen weltweit ausgesetzt sind. Die Yanomami stellen sich vor allem der Zerstörung durch Garimpeiros, illegale Goldgräber, in den Weg. Weder sie noch irgendeine andere indigene Gemeinschaft auf diesem Planeten hat sich diesen Kampf ausgesucht. Allein durch die Tatsache, dass sie auf dem Land ihrer Vorfahr:innen leben, sind diese Gemeinschaften gezwungen, die Industrie zu bekämpfen, die dort den Abbau von Rohstoffen betreibt: Es ist eine aufgezwungene Realität. Nur wenn wir uns weltweit an die Seite indigener Menschen stellen, ihre Geschichte und Lebensrealitäten verstehen, haben wir eine echte, reale Chance darauf, die Klimakrise zu bewältigen. Wir müssen Allianzen schmieden.

Indigene Gemeinschaften überall, vor allem auch hier in Brasilien, sind stark bedroht. Dennoch sind sie eine der größten Hoffnungen im Kampf gegen ausbeuterischen Extraktivismus. Ich lege mich schlafen und langsam weicht das laute Pochen meines Kopfes den Träumen einer anderen Welt, in die wir in den folgenden Tagen eintreten werden.

Boa Vista – ein Herz aus Gold schlägt nicht

Wir befinden uns etwa 220 Kilometer von der Grenze zu Venezuela entfernt in einer Stadt namens Boa Vista. Die Kommunikationsstelle der Yanomami versteckt sich in einem unscheinbaren, alten Haus.

Ich schaue mich um. In diesem winzigen Raum hängt unsere Nervosität mindestens so schwer wie die Hitze. Es wirkt, als hätten wir uns in einem alten Gangsterfilm verlaufen. Die Wände sind vergilbt, die Tapete hängt an den oberen Enden lose herab, nur ein Schrank mit ein paar verstaubten Akten steht im Raum. Kleine Schweißperlen sammeln sich auf meiner Stirn, während der Propeller an der Decke summt.

Markus, Nick, André und ich sitzen auf der einen Seite einer langen Tafel, während uns gegenüber Dario Kopenawa, der Sohn von Davi Kopenawa, in ein Buch schreibt. Dario leitet die Administration der Yanomami. Wir haben uns Monate zuvor bei ihm angemeldet, um die Erlaubnis der Yanomami zu erhalten, ihr Territorium zu betreten und sie zu besuchen. Langsam und konzentriert führt Dario den Stift über das Papier. Ich betrachte sein rundes Gesicht, seine kurzen Haare glänzen tiefschwarz. In seinem Blick liegt etwas Hartes und Weiches zugleich. Er ist sehr darauf bedacht, sein Volk zu schützen, zu viel Negatives ist ihm schon widerfahren.

Wir sind angespannt. Es grenzt an ein Wunder, dass wir nach vielen Monaten schließlich die Erlaubnis erhalten haben, hierherzukommen. Ohne die langjährige, intensive Zusammenarbeit von André mit indigenen Menschen Brasiliens hätten wir als weißes, europäisches Filmteam vermutlich niemals eine Zusage bekommen. Es ist eine enorme Ehre und eine gewaltige Chance. Ich wische mir eine Schweißperle von der Schläfe und falte die Hände in meinem Schoß, um sie still zu halten. Dario informiert uns darüber, was wir im Dorf der Yanomami beachten müssen, denn dort gelten andere Regeln. Er betont mehrfach, wie wichtig es ist, dass wir uns vor unserem Besuch gründlich waschen. Ich sehe ihn erst grinsend an, bis ich merke, dass er dies nicht als Scherz meint. Erst Tage später würde ich verstehen, warum er so auf dem Waschen beharrt.

Wir wollen gerade aufstehen und uns verabschieden, als ich ein großes gerahmtes Bild an der Wand hinter mir bemerke. Der ganze Raum wirkt wie aus einer lang vergangenen Zeit, doch dieses Bild sticht modern und sauber hervor. Es zeigt ein Yanomami-Volk mit der Überschrift: »O futuro é indigena« – die Zukunft ist indigen. Ich halte inne. *Das kenne ich doch?* Als hätte Dario meine Gedanken gelesen, steht er jetzt neben mir: »O futuro é indigena«, wiederholt er. »Wir Indigenen kämpfen gegen Gewalt, Bergbau, Invasionen und Entwaldung in unseren Territorien. Diese Worte sind unsere Antwort auf die Zerstörung der Vergangenheit, der Gegenwart und unsere Botschaft an die Zukunft. Ohne uns gibt es keine Zukunft auf unserem Planeten Erde.«

Mein Blick bleibt weiter an dem Bild haften: Vier Worte, die die Macht haben, eine ganze Welt zu gewinnen. Bevor Dario den Raum verlässt, schweifen seine Augen einzeln über Markus, Nick, André und bleiben zuletzt auf mir ruhen. »Es ist ein gesamtes Wertesystem. Ihr werdet verstehen.«

Ich befolge alle Anweisungen akribisch genau. Noch nie habe ich mich so gründlich gewaschen wie am folgenden Morgen. Mit den ersten Sonnenstrahlen des Tages werden wir von Dario in einem Van abgeholt. Ich klettere hinein, als ich auf den hinteren Sitzen eine Frau mit zwei kleinen Kindern sehe und plötzlich, dazwischen, den stillschweigend dasitzenden Davi Kopenawa. Er trägt ein blaues T-Shirt und Jeans und wirkt ganz und gar fehl am Platz – der Schamane inmitten der Stadt, die verschiedener von seinem Zuhause im Wald nicht sein könnte. Neben ihm ist ein Platz frei.

Als würde Beyoncé dort vor mir sitzen, zögere ich. Nervös wie ein Groupie, weiß ich nicht so recht, wie ich mich verhalten soll. Nachdem ich Davis Buch gelesen hatte, wirkte seine Person auf mich so mystisch, so unnahbar. Jetzt sitzt er direkt vor mir – ein ganz normaler Mensch. Ich traue mich trotzdem nicht, den Platz neben ihm einzunehmen, also setze ich mich ein bisschen beschämt auf die Bank vor ihm.

André hingegen begrüßt Davi wie einen alten Freund, den er lange nicht gesehen hat. Ich bin verwirrt. *Kennen sie sich etwa?* Erst bleibt Davis Gesicht ernst, er schaut sogar etwas verwirrt, bis sich seine Miene schlagartig erhellt. Sie umarmen sich. Davi und André haben sich 2012 auf der UN-Konferenz »Rio+20« kennengelernt und später haben sie nochmals auf einer Veranstaltung zu Davis Buchveröffentlichung in São Paulo miteinander gesprochen. Ich sehe ihnen zu, wie sie sich fast schon brüderlich gegenseitig die Schultern tätscheln und angrinsen. Es hat etwas Bittersüßes, wie schnell echte, tiefe Verbindungen entstehen, wenn man für die gleiche Sache kämpft.

Es ist heiß. Die Straßen von Boa Vista wirken verlassen und einsam. Die Hauptstadt des brasilianischen Bundesstaates Roraima bietet kaum etwas und ich wundere mich, an wie vielen Läden für Goldankauf, Goldjuwelieren und Schmuckhändlern wir vorbeikommen. Manche von ihnen sehen neu aus, andere marode. Wir fahren vorbei an einer riesigen steinernen Statue, die einen schürfenden Goldsucher darstellt. Sie ist eine Hommage an eine Zeit und eine Aktivität, die heute in diesem Gebiet illegal ist, aber dagegen wird nicht ausreichend vorgegangen. Boa Vista ist eine Stadt für Goldgräber. Während des Goldrauschs in den 1980er-Jahren ist sie durch den Zustrom an Menschen explosionsartig gewachsen – damit sind aber auch Entwaldung, Wasserverschmutzung und die Todesraten der Yanomami gewachsen.

Davi runzelt die Stirn und schüttelt fast unmerklich den Kopf. Als würde er meine Gedanken hören, sagt er zu André: »Dieses Gold stammt von unserer Mutter Erde. Sie ruinieren ein Stück Land, sie ruinieren unsere Flüsse. Dieses Gold kommt aus dem Land meines Volkes, um ihre Häuser zu schmücken.« Seine Sätze sind kurz und prägnant. Manchmal erinnern sie mich an den Satzbau und die Weisheit von Meister Yoda aus *Star Wars*. Er blickt aus dem Autofenster, während wir um das Monument zirkeln. »Sie werden nichts davon mitnehmen, wenn sie sterben. Sie werden nicht einmal ihre Unterwäsche mitnehmen. Das Gold aber, es bleibt.«

Ich würde den Goldabbau vielleicht noch ansatzweise verstehen, wenn er für intelligente Technologie verwendet werden würde, wie Mikrochips für Smartphones, Tablets oder Sicherheitssysteme. Jedoch finden nur etwa fünf Prozent des Goldes dort Verwendung. Der Rest wird zu Schmuck verarbeitet – oder liegt als Investition oder Staatsabsicherung in irgendwelchen Safes. Es ist das erste Mal, dass ich Gold so sehr infrage stelle wie hier. Ich denke an einen Goldring, den mir meine Oma geschenkt hat und der schon jahrelang in unserer Familie weitergegeben wird. Nostalgie und Erinnerung machen ihn für mich wertvoll. Er könnte auch aus Holz sein und hätte für mich denselben Wert. Was also gibt etwas einen Wert? Sind es nicht die Verbindungen, die wir mit einem Gegenstand, einem Material oder einer Ressource eingehen? *Es ist so viel Gold im Umlauf, warum braucht es immer und immer noch mehr?*

Nach wenigen Minuten kommen wir zum kleinen Flugplatz am Stadtrand von Boa Vista. Wir steigen in ein kleines, zweimotoriges Flugzeug, in dem wir auch Medikamente, Lebensmittel und eine Krankenschwester für die Yanomami mitnehmen. Als wir gen Himmel steigen und der Beton der Stadt nicht mehr zu sehen ist, macht sich ein gigantisches, grünes Federbett unter uns breit. Abertausende oder gar Millionen kleiner Bäume, die man im städtischen Häusermeer fast vergisst; doch jetzt lässt mich der grüne Ozean die Stadt vergessen.

Selbst in den späten Nachmittagsstunden liegen feine Nebelschwaden über dem Wald. Ich schaue hinab auf den Rio Demini, einen Flusslauf im Territorium der Yanomami, aber er ist es nicht, der meine Aufmerksamkeit fesselt. Stattdessen beobachte ich einen noch viel größeren Fluss, der direkt neben mir am Himmel schwebt. Dicke Regenwolken umarmen uns von allen Seiten. Wir fliegen tiefer hinein und irgendwann sehe ich nur noch sattes Weiß. Meine Augen kleben förmlich an den Wolken. *Das sind sie, das sind die fliegenden Flüsse! Oh mein Go-…* – meine Stirn knallt gegen die Fensterscheibe. Während ich mir die Stirn reibe, schwelge ich in Ehrfurcht.

Niemals hätte ich gedacht, mich einmal so über Wolken zu wundern. Über dem Atlantischen Ozean und hier im Amazonasbecken verdunstet Wasser, das dann von Ost nach West ins Landesinnere zieht. Dieser tropische Luftstrom nimmt auf seiner Reise immer mehr Feuchtigkeit auf und so entstehen diese Regenflüsse am Himmel, die eben neben mir vorbeiziehen. Der Regenwald erschafft seinen eigenen Regen – und auch den Regen für weit entfernte Regionen in Südamerika. Die dicke Watte um uns herum führt bis zu 20 Milliarden Tonnen Wasser, während der Amazonas-Fluss, der größte Fluss unseres Planeten, täglich 17 Milliarden Tonnen Wasser in den Atlantischen Ozean entlässt. *Der größte Fluss der Welt fließt also durch den Himmel – direkt neben mir.*

Ohne seinen eigenen Regen könnte der Regenwald gar nicht existieren. *Wie auch?* Vor meinem inneren Auge tun sich wieder die braunen Savannen Mato Grossos auf, ich spüre die Rußpartikel in meinen Lungen, sehe die endlosen Schlachthöfe. *Autsch* – ein stechender Schmerz durchfährt meine Gedanken. Ich halte meinen Kopf. Doch rasch vergesse ich das schmerzende Pochen, als sich mein Blick wieder in den Wolken verfängt. Die dicke Watte lichtet sich ein wenig und ich erkenne erneut den Rio Demini, aber seine Farbe verwundert mich: tiefbraun und krank. Die giftigen und durch Quecksilber verseuchten Abwässer des Goldabbaus fließen Tag für Tag in ihn hinein. Dann bemerke ich die Schneisen, die am Ufer entlang in den Wald geschlagen wurden. Wie kleine Mondlandschaften ziehen sie sich durch das Gebiet.

Ich blicke zu Dario auf dem Sitz vor mir, der mit wachen Augen das zerstörerische Schauspiel unter uns betrachtet. Ich lege eine Hand auf seine Schulter. Er schaut flüchtig zu mir, nickt kurz und flüstert mehr zu sich selbst als zu mir: »Fora garimpo« – »Goldgräber raus«.

Watoriki – willkommen bei den Yanomami

Nach anderthalb Stunden taucht vor uns ein winziger Landestreifen auf. Inmitten des gewaltigen Grüns wirkt er wie ein Pinselstrich. Wir landen und erreichen die gleichnamige Radiostation Demini, die einzige Kommunikationsstelle in dieser Region, mitten im Regenwald. Die Luft fühlt sich an wie eine feuchte Heizdecke, die sich schwer auf meine Haut legt. Ich sehe mich um. Trotz der Hitze läuft es mir plötzlich eiskalt den Rücken hinunter. Auf einer kleinen Terrasse vor dem

Gebäude der Radiostation sitzen Männer der Yanomami in einer Reihe. Einige halten Speere in der Hand, andere Bögen und Pfeile. Einige tragen T-Shirts, manche Shorts, andere haben nackte Oberkörper und nur einen Lendenschurz umgebunden. Alle sitzen aufrecht und beobachten uns mit wachsamen Augen. Ich fühle mich wie ein Eindringling. *Bin ich hier, nach ihren Erfahrungen mit weißen Menschen, überhaupt willkommen?*

Vor einer zweiten kleinen Steinhütte sitzen einige Frauen mit Kindern, die entweder um sie herumtollen oder auf ihren Schoß klettern. Ihre Brust ist nur mit einer langen Perlenkette bedeckt, die sich mittig über dem Brustbein kreuzt und die Frauen tragen einen kleinen Rock aus Wollfäden, der ihren Intimbereich bedeckt. Sie sitzen gelassen auf den Stufen und erscheinen fast gelangweilt, als sie uns kurz ansehen, bevor sie sich wieder ihren Kleinen widmen.

Wir entladen unseren Proviant und ich greife nach meinem blauen Rucksack. Davi ist bereits im Wald verschwunden und auch Dario hat es eilig. Er lässt uns kaum Zeit, uns an die neue Umgebung zu gewöhnen. Um in den Wald zu gehen, müssen wir an den Männern vorbei. Als ich nah genug bin, fasse ich all meinen Mut zusammen und sage mit zittriger Stimme: »Wa-totihi-tha«, das in ihrer Sprache Yanoma so viel bedeutet wie »Wie geht's?«. Zum Glück habe ich zuvor noch einen kurzen Sprachgrundkurs bei Dario gemacht. Plötzlich verziehen sich die strengen Gesichter der Männer zu schiefem Grinsen. Viele fangen an zu lachen. Ich lache mit.

In einer Kolonne durchqueren wir den Wald. Vor uns läuft Dario und hinter uns folgen die Männer, die zuvor auf der Terrasse saßen. Markus, Nick, André und mir fällt es unglaublich schwer, Schritt zu halten; der Boden ist zu uneben, die Pfade durch das Dickicht zu eng. Ständig schlagen mir Blätter ins Gesicht, ich muss mich von Spinnweben befreien, in die ich achtlos hineinlaufe, hier und da sehe ich Taranteln, auf die ich beinahe trete. Ehe ich es mich versehe, liegt auch schon Markus am Boden und macht Bilder von den Spinnen. Ich bin hilflos überfordert und fühle mich wie ein Elefant im Glashaus, während die

Yanomami elegant und gekonnt durch ihren Wald gleiten. Den Blick immer nach vorn gerichtet, kennen ihre nackten Füße den Weg um jeden Stock und jedes Palmblatt genau. Ehrfürchtig beobachte ich, wie sie mit der Natur verschmelzen. Plötzlich bleibt André abrupt vor mir stehen. Mein Gesicht vergräbt sich tief in seinen Rucksack, als ich in ihn hineinlaufe. Seine Lippen formen ein Lächeln. »Hörst du das?« Ein melodischer Ruf, immer zwei Intervalle hintereinander, hallt aus dem Dickicht des Waldes. »Capitão do Mato – der Kapitän des Waldes. Er kündigt unsere Anwesenheit an«, murmelt André, während er suchend die Baumkronen mustert. Ich sehe den Vogel kein einziges Mal, doch sein Gesang verfolgt uns wie ein unsichtbarer Wächter, der das Yanomami-Dorf warnt, dass wir kommen.

Plötzlich werde ich geblendet und kneife meine Augen zusammen. Wir sind an einem kleinen Flusslauf angelangt und als ich mich an die Helligkeit gewöhnt habe, kann ich kaum glauben, was ich vor mir sehe. Wenn in der Bibel von einem Garten Eden die Rede ist, dann war vermutlich dieser Ort das Vorbild: Schwärme von Schmetterlingen flattern über dem Wasser, Sonnenstrahlen fallen sanft durch die Baumkronen und brechen sich in Abertausend funkelnden Wellen auf der Wasseroberfläche. Ich höre Kinderlachen und sehe, dass am unteren Ende des Flusslaufs große Felsen aus dem Wasser ragen, wo nackte Yanomami-Kinder auf die Steine krabbeln und unter freudigem Geschrei ins Wasser springen. Erst jetzt merke ich, wie tief ich atme – anscheinend hatte ich mir inmitten der Waldbrände einen kurzen, flachen Atem angewöhnt, um nicht so viele Schadstoffe in meinen Körper zu befördern. Hier kann ich wieder reine Luft atmen.

Unwillkürlich ziehen sich meine Mundwinkel nach oben. Dieser fremden Macht kann ich nicht trotzen. Ich muss einfach lachen. Es ist so unwirklich, so utopisch, so lächerlich schön, was dort vor mir liegt. Selbst jetzt, während ich zu Hause in Deutschland sitze, frage ich mich manchmal, ob das alles wirklich real war. Noch nie habe ich etwas so Harmonisches gesehen wie dieses Stück Natur und die Menschen in und mit ihr.

Dario tapst ins Bild, breitet beide Hände aus und trinkt aus dem Fluss. Ich sehe ihm etwas argwöhnisch dabei zu. Während ich ihn beobachte, fühlt sich mein Körper an wie eine drei Wochen lang nicht gegossene Zimmerpflanze. Erst jetzt bemerke ich meinen unendlichen Durst und weiß um die Begrenztheit unseres eigenen Wasservorrats. Also bücke ich mich, bilde eine kleine Wasserlache in meinen Händen und – *Stopp, Louisa!* – inspiziere erst mal das Wasser. Die Stimme in meinem Kopf erinnert mich an das letzte Mal, als ich aus einem Bach in meiner Heimat trank. Resultat: drei Tage auf dem Klo. Ich schaue auf das Wasser in meinen Händen, erkenne aber nichts, was mich erkranken lassen könnte, also trinke ich und spüre, wie das Wasser meine Kehle hinunterträufelt – ein Segen.

Aus meinem Rucksack zücke ich eine leere Plastikflasche und fülle sie gerade mit Flusswasser, als Davi wie aus dem Nichts auf mich zukommt und kurz vor mir stehen bleibt. »Wasser aufpassen!«, sagt er zu mir. »Ihr müsst euer Wasser schützen!« Meine Augen blicken auf die Plastikflasche in meiner Hand, zurück auf Davi, dann auf das fließende Wasser zu meinen Füßen. Eiskalt und glasklar strömt es scheinbar endlos nach, kommt aus dem Nichts und verschwindet im Nichts. *Welcher Luxus*, denke ich, *einen so endlosen Trinkwasserstrom direkt neben der Haustür zu haben.*

Davi dreht wieder ab und während ich ihn davonstapfen sehe, macht es bei mir Klick. »Wasser aufpassen! Wasser schützen!« – klar. In Europa gibt es kaum einen Fluss, kaum eine Wasserquelle, die nicht von Industrieabwässern verschmutzt ist. Wir müssen das Wasser aufbereiten und abfüllen. Große Industrien haben dieses Allgemeingut privatisiert und aus einem Menschenrecht eine weitere Businessidee gemacht. Als Folge der Klimaerhitzung wird in Frankreich bereits Wasser rationiert und in Brandenburg deckelt der Wasserverband der Region den Wasserverbrauch der dort lebenden Menschen, weil Teslas Gigafactory das Wasserproblem der Region drastisch verschärft. Wasser schützen – wenn wir von »nachhaltig« sprechen, scheinen wir vergessen zu haben, dass dies eigentlich nur ein anderes Wort für »dauerhaft«

ist. Hier nutzen und schützen die Yanomami ihr Wasser nachhaltig. Hier ist das Wasser heilig. Ist das Wasser gesund, sind die Yanomami gesund; und nur wenn sie gesund sind, haben wir eine echte Chance auf einen starken, gesunden Wald.

Nach weiteren zwanzig Minuten Fußweg kommen wir endlich zum Lebensmittelpunkt der Yanomami – nach Watoriki. Die späte Nachmittagssonne ruht tief, streift sachte mit ihrer warmen Hand die Baumwipfel des Waldes und erhellt die äußeren Bambuswände des Dorfes. Dario wartet nicht auf uns, sondern öffnet eine kleine Holztür, bückt sich und verschwindet dahinter. Markus, Nick, André und ich sehen uns an, zögern kurz, folgen ihm dann aber schnell.

Es ist ein vollkommen ungewohntes Bild, das sich vor mir auftut. Überall ist reges Treiben: Ich stehe unter einem Dach, kreuz und quer sind Hängematten angebracht, ein Meer aus Laken, Löffeln und anderen Utensilien hängt von der Decke. Manche Menschen tragen Wasserbehälter auf dem Kopf, andere waschen ihre Klamotten im Fluss, vereinzelt sehe ich kleine Feuerstellen, wo Yanomami kochen, und überall rennen kleine Kinder herum.

Ich trete auf einen großen Platz in der Mitte hinaus und drehe mich im Kreis. Von oben sieht das Dorf aus wie ein kleiner Donut mitten im riesigen Regenwald. Hier leben über 200 Yanomami unter ein und demselben kreisrunden Dach, nur die Dorfmitte ist nicht überdacht. Der Platz wird für Rituale, Feste oder Spiele genutzt, aber das alltägliche Leben spielt sich unter dem Runddach ab. Ich blicke hoch und sehe, wie die Palmen über das Dorf hinausragen und sich leicht über die Dächer lehnen, als würden sie die Gemeinschaft umarmen und in sich aufnehmen.

Eine völlig andere Welt, denke ich und drehe mich weiter im Kreis, als ich auf einmal gegen André stoße. Unsere Blicke treffen sich; die letzten Sonnenstrahlen lassen sein Gesicht aufleuchten. Im diffusen Zwielicht strahlt sein rechtes Auge etwas grüner, sein linkes Auge bleibt tiefblau. Während ich ihn anschaue, wirkt es, als hätten sich Wald und Himmel in seinem Blick vereint. Sein Mund verzieht sich leicht und Freudentränen füllen seine Augenwinkel. Wir fallen uns in die Arme.

In der Berührung seiner Umarmung lasse ich los. Meine Gedanken schweifen zurück nach Mato Grosso zu den Feuerhaufen, ich höre wieder das Gemurmel seiner Gebete. Ich spüre, wie wertvoll es ist, dass wir hier sein dürfen, wie ernst es ihm ist, diesen Ort an der Seite der Yanomami zu bewahren. Gerade als wir uns aus der Umarmung lösen, sehe ich Davi auf uns zukommen. Er trägt jetzt nur noch Shorts und hat einen Schmuck aus roten, blauen und grünen Papageienfedern auf dem Kopf. »Da ist er«, denke ich, »das ist Davi aus dem Buch.« Hier wirkt er größer, fast so, als würde er aufblühen; hier scheint er hinzugehören. Er spricht zu mir und André übersetzt sein bruchstückhaftes Portugiesisch. »Circulo« – »Kreis«, sagt er und zeigt auf das Dorf, während er sich langsam um die eigene Achse dreht. Ich drehe mich mit ihm. »Omama é nossa terra« – »Omama ist unsere Welt«. Er dreht sich ein Stück weiter, bis er den Kreis schließt.

Es fällt mir hier so leicht zu verstehen. In seinem Buch schreibt Davi: »Wenn weiße Menschen vom Wald sprechen, benutzen sie oft ein anderes Wort: Sie nennen ihn ›Umwelt‹. Dieses Wort ist nicht das unsere. Wir verwenden es nicht. Es beschreibt für uns das, was vom Wald übrig geblieben ist, nachdem sie ihn zerstört haben.« Nach einer kurzen Pause sieht Davi an mir vorbei und zu den Palmen hinauf. »Man kann die Erde nicht so aufteilen, als ob der Wald nur ein Rest wäre. Wir sind Bewohner dieses Waldes und wenn er auf diese Weise zerlegt wird, wissen wir, dass wir mit ihm sterben werden.«

Anstatt von »Umwelt« zu sprechen, sehen sich die Yanomami als Teil ihrer Natur – statt Umwelt ist sie ihre Mitwelt. Wir hingegen sind abgekoppelt von der Natur. Darum brauchten wir ein neues Wort dafür: Umwelt. Es fällt uns schwer, zwischen den Supermarktregalen zu erkennen, wo unsere Lebensmittel herkommen. Es ist in der globalisierten Welt so einfach geworden, sich abzugrenzen. Wenn ich Autoreifen sehe, kommt es mir nicht in den Sinn, dass der Kautschuk, aus dem sie bestehen, aus einer Baumrinde im Regenwald stammt.

Davi erhebt den Zeigefinger und deutet auf mich. »Weiße Menschen sind quadratisch«, sagt er. Sonst nichts. Ich warte auf eine Erklärung, eine weitere Reaktion, doch es folgt nichts. Stattdessen wendet er sich um und geht zurück unter das Dach zu seiner Hängematte. Erst Tage später sollte ich verstehen, was er damit meinte.

Die Sonne würde bald den Tag verabschieden und bevor es dunkel wird, gehen wir zum Fluss, um uns zu waschen. Ich warte, bis die Jungs fertig sind, um dann selbst zum Wasser zu gehen. Vorsichtig schaue ich mich um, aber ich sehe niemanden kommen, also ziehe ich mein Shirt aus. Kurz denke ich, dass ich mich doch gar nicht schämen muss, hier sind ohnehin fast alle Menschen nur halb bekleidet. Also steige ich ins Wasser. Das kühle Nass ist wie ein Segen und ich bin mehr als dankbar, den Schweiß des Tages von meinem Körper zu waschen. Ich tauche ins Wasser, als ich plötzlich Schritte höre, ein regelmäßiges und langsames Platschen. Schreckhaft bedecke ich meinen Oberkörper, verlasse das Wasser und verstecke mich halb im Gebüsch, als ich eine alte Frau sehe, die durch den Flusslauf trottet.

Wie die anderen trägt auch sie nur eine Perlenkette um den Brustkorb und ein Baumwolltuch um die Intimzone, aber sie hat außerdem drei filigrane Holzstäbe in der Unterlippe, ein alter Schmuck, den sie trägt ähnlich wie wir Ohrringe. Die alte Frau bemerkt mich erst, als sie fast neben mir steht. Vielleicht braucht sie Hilfe, also komme ich ihr vorsichtig entgegen. Auch sie tritt näher und näher an mich heran, bis sie direkt vor mir steht. Ich verspanne mich, während ich nach wie vor meinen nackten Körper bedecke. Jetzt steht sie so nah, dass ich erkennen kann, dass ihre Augen getrübt sind. Ein paar Sekunden lang schaut sie mir so tief in die Augen, als sähe sie durch mich hindurch. Ohne ihren Blick von meinem abzuwenden, hebt sie die Hand und lässt sie bedächtig auf mein Brustbein nieder. Dann legt sie mir ihre zweite Hand auf die Schulter. Ich lasse es einfach geschehen und wundere mich über den warmen Schauer, der plötzlich meinen Rücken hinabläuft. Meine Mundwinkel ziehen sich nach oben, als mir die alte Frau ein zahnloses Lächeln schenkt. Was war geschehen? Ich merke, dass sich mein ganzer Körper entspannt hat. Wir entfernen uns etwas voneinander, als sie ein halb gehecheltes, halb gekrächztes Lachen ausstößt und auf meine Brüste zeigt. Ich lache mit, denn ja, mein Körper, meine Haut, meine hellbraunen Haare sehen so ganz anders aus, als es die Menschen hier gewöhnt sind. Ich bin hier »die andere«. Doch in ihrer Gemeinschaft gibt mir niemand das Gefühl, fremd zu sein. Stattdessen werde ich aufgenommen, willkommen geheißen und umarmt.

Immer noch lächelnd, zieht die alte Frau an mir vorbei und erst jetzt sehe ich die zwei Wasserkannen, die sie frisch aufgefüllt zurück zum Dorf trägt. Ihr kommen Kinder entgegen, die mit flinken Schritten über den Waldboden laufen. Überall sind Ameisen, doch die nackten Kinderfüße kümmern sich nicht darum. Lachend stürmen sie an mir vorbei und hinein ins Wasser.

In Watoriki ist bereits Ruhe eingekehrt, als ich zurückkomme. Markus und Nick gehen mit ihrer Ausrüstung zum Steinhaus der Radiostation zurück, das gleichzeitig die Krankenstation ist, und übernachten dort. André und ich entschließen uns dazu, bei den Yanomami zu bleiben. Alle ziehen sich in ihre Hängematten zurück, manche werden so aufgehängt, dass sie wie in Dreiecken um die kleinen regelmäßigen Feuerstellen hängen, die Wärme spenden. Ich erkenne, dass ein Dreieck aus Hängematten jeweils eine Kernfamilie der Yanomami bildet – Mutter, Vater und die Kinder. Manchmal hängen Menschen ihre Schlafplätze dazu, manchmal hängen sie sie um.

Eine Frau namens Aida lädt André und mich ein, unsere Hängematten zu ihr und ihrer Familie zu hängen, in unserer Mitte eine kleine Feuerstelle. Während ich meine Finger und Hände verknote, hat André seinen Schlafplatz schon fertig installiert. Überheblich grinsend schaut er mir eine Weile zu, bis ich aufgebe und er in wenigen Sekunden auch meine Hängematte aufgehängt hat. Etwas peinlich berührt gehe ich zu einer Holzbank und breite mein gesamtes Equipment aus: Moskitonetz, Mückenspray, Kissen und so weiter. Doch mir fällt auf, dass niemand sonst all dieses Zeug braucht. Alle schlafen ohne Decke, mit nackter Haut in ihren Matten. Also entscheide ich mich, es ihnen gleichzutun.

Ich sehe nochmals auf mein Handy: kein Empfang. Es überrascht mich ein wenig, wie erleichtert ich darüber bin. Es fühlt sich gut an, sich nicht mitteilen zu müssen, nicht erreichbar zu sein, nicht ständig Informationen aufzunehmen oder auf Social Media aktiv zu sein. Es ist dieser ständige Stress, dem ich bewusst oder unbewusst immer ausgesetzt bin, der gerade mit jedem sachten Schwung der Hängematte ein bisschen weiter davongetragen wird.

Andrés Stimme dringt zu mir herüber: »Das erste Mal habe ich in einem indigenen Dorf übernachtet, da war ich genau so alt wie du, 23 Jahre.« Lässig liegt er in seiner Hängematte, die Arme hinter dem Kopf verschränkt. »Damals war ich bei den High Xingu und habe an meinem Film über Belo Monte gearbeitet, es war Recherchearbeit. Ich blieb mehrere Monate bei ihnen. Ich wollte so dringend dieses Projekt stoppen. Ich wollte helfen und vor allem wollte ich so viel wie möglich von ihnen lernen.« Er mustert mich von meinem Haarschopf bis zu meinen Zehenspitzen. Etwas beschämt ziehe ich meine Füße ein, meine Wangen glühen. *Laufe ich etwa rot an?*

»Ich muss mich bei dir entschuldigen«, seine Augen fixieren meine. »Ich hatte ein falsches Bild von dir, ich habe zu schnell geurteilt. Als ich dich das erste Mal sah, wusste ich nicht, wer du bist. Ich dachte, da kommt eine deutsche Influencerin, mit ihrem Blick auf die Welt, ihrem deutschen Wissen von der Welt. Ich dachte, du würdest uns deine Meinung aufdrängen. Stattdessen hast du nicht aufgehört, Fragen zu stellen.« »Und du hast einfach nicht aufgehört zu antworten.« Ich grinse. André steht aus seiner Hängematte auf und kommt zu mir herüber. Er zieht sein buntes Perlenarmband aus und sagt: »Ich sehe so viel von meinem damaligen Ich in dir, Louisa.« André nimmt meinen Arm und streift sein Armband über meine Hand. »Das ist für dich. Es ist ein Zeichen der Solidarität mit indigenen Menschen.« Ich mustere das Armband, das er jeden einzelnen Tag bis heute selbst getragen hat und das er mir nun schenkt. »Ich verstehe jetzt, dass sie mir viel mehr geholfen haben, als ich ihnen jemals helfen könnte. Ihre Art zu leben, ihre Art, die Natur und einander zu sehen. Sie haben mein Leben gerettet. Und ich glaube, sie werden auch deines retten.« Sekundenlang schaut er mich einfach nur an, bevor er sich zurück in seine Hängematte legt. Er lässt sich rücklings hineinfallen, sieht an die Bambusdecke hoch und holt tief Luft. »Hör niemals auf, Fragen zu stellen!« Er lächelt mir zu und knipst seine Stirnlampe aus.

Die tiefblaue Decke der Nacht legt sich behutsam über uns. Das Gemurmel leiser Gespräche vermischt sich mit dem Knistern des Feuers. Laut zirpen die Grillen um uns herum, Nachtvögel zwitschern müde und manchmal raschelt und ruft es schrill durch die wache Dunkelheit. Der Wald ist zu jeder Stunde laut und lebendig. Ich bin erstaunt, wie friedlich ich trotz dieser ungewohnten Umgebung in meiner Hängematte liege und sachte von ihr in den Schlaf geschaukelt werde. Als ich hochblicke, sehe ich die Abermillionen grellen Sterne zusammen mit dem Sichelmond am Firmament schweben. Noch nie habe ich mich so entblößt und so verwundbar gefühlt und dennoch so ruhig und friedvoll wie in diesem Moment.

Gerade, als ich einzuschlafen drohe, durchfährt Davis Stimme die Luft. Ich richte mich auf und erkenne seine Silhouette in der Dorfmitte. Er spricht auf Yanoma zur Gemeinde und nur vereinzelt wird seine Stimme durch andere ergänzt. Ich höre ihn »napë« sagen, was unter anderem auch so viel heißt wie »die Weißen«, und merke, dass er über unser Team spricht.

Die Yanomami sind eine egalitäre Gesellschaft. Hier werden alle unabhängig von ihrem Geschlecht, ihrer Herkunft, ihrem Aussehen et cetera als gleichwertig betrachtet und haben gleiche Rechte, den gleichen Zugang zu Ressourcen und alle werden an Entscheidungsprozessen beteiligt. Teilweise dauern Debatten Monate an, bis gemeinsam ein Konsens gefunden wird. Davi Kopenawa ist nicht ihre Führungsperson oder »Häuptling«, sondern lediglich das Sprachrohr, weil er als kleiner Junge Portugiesisch lernte, um seine Gemeinschaft zu schützen.

Ich lehne mich wieder zurück. *Quadratisch,* fährt es mir wieder durch den Kopf. Ich denke die ganze Zeit darüber nach – was meint er nur damit? Mit meiner Stirnlampe lese ich ein paar Zeilen in Davis Buch nach, doch finde ich nichts, was seine Worte erklärt.

Mit dem Rauschen des Regenwalds und dem Gemurmel von Davis Stimme falle ich in einen tiefen Schlaf. Meine Träume sind klarer und durchdringender als jemals zuvor. Ein warmer Schauer fährt mir über den Rücken, so ungewohnt scharf sind meine Gedanken hier, inmitten des Regenwalds.

Die folgenden Tage fließen nur so dahin. Überall raschelt es. Es hämmert und klopft, die Yanomami murmeln in den Nachmittag hinein und im Dorf pulsiert das Leben im Rhythmus des Waldes. Zusammen mit André gehe ich still durchs Runddorf und sauge alles auf, als müssten meine Augen ewige Momentaufnahmen für meine Erinnerungen erstellen. Ich sehe zu, wie ein Mann Ohrringe aus Papageienfedern bastelt, eine Frau mit hoch konzentrierten, präzisen Bewegungen einen Korb flechtet und ein Kind eine Schüssel mit Acaí anrührt. Am Rande des Dorfes sehe ich kleine Mädchen, wie sie mithelfen, Nahrungsmittel auf Plantagen zwischen Bäumen und Sträuchern anzubauen. Hätte ich nicht gewusst, dass es eine Plantage ist, hätte ich sie kaum vom restlichen Wald unterscheiden können. Hier spenden die Bäume und Sträucher Feuchtigkeit und Schatten in einem zunehmend heißen Klima mit Extremwettern. Dadurch kann beispielsweise das angebaute Gemüse wie Maniok besser gedeihen. Eigentlich ist dies eine seit Jahrhunderten weitergegebene indigene Anbaumethode – bei uns wird sie als moderne und fortschrittliche Landwirtschaft namens »Agroforst« angepriesen.

Mir kommt Aida entgegen, bei der ich gestern mit meiner Hängematte übernachtet habe. Ihre Augen lachen mir zu. Sie geht an uns vorbei in den Wald und bleibt plötzlich an einem Baum stehen, legt eine Hand an die Rinde und blickt an ihm hinauf. Als würde sie den Baum lesen, fühlt sie die Rinde, schaut sich die Blätter ganz genau an und beobachtet, wie die Äste sich leicht im Wind neigen. Auf einmal macht sie kehrt und läuft zielstrebig in den Wald, als hätte sie einen inneren Kompass. Sie weiß so viel und erhält aus der Natur enorme Mengen an Informationen. Die Yanomami verwenden ungefähr 500 Pflanzen für Nahrung, Medizin, Hausbau und Gebrauchsgegenstände, ihr botanisches Verständnis ist gewaltig. Ich kann nur erahnen, wie viel ich im Gegensatz zu ihr nicht weiß.

Mit purem Staunen sehe ich Männer für fünf Minuten im Wald verschwinden, um dann mit einem erlegten Vogel zurückzukommen, und beobachte, wie Frauen Maniok vorbereiten und daraus auf einer Steinunterlage und Feuer kleine Teigscheiben backen. Das Erjagte macht nur einen Bruchteil der Ernährung aus und immer wird alles geteilt. Die Ressourcen des Waldes scheinen unerschöpflich und die Yanomami sind reich, solange der gesunde Wald sie nährt. Ich sehe, wie hart das ganze Dorf arbeitet, aber das Tun der Menschen wirkt unglaublich friedvoll, stressfrei und harmonisch. Unwillkürlich vergleiche ich mich mit ihnen – wie ich, getrieben durch ein unbestimmtes Gefühl, in den letzten Jahren immer mehr arbeitete, immer weniger Freizeit hatte, immer gestresster wurde. Wie ich die Notbremse ziehen musste, um nicht in einen Burn-out zu geraten. Wenn ich an Freund:innen denke, sehe ich den Stress und die Umtriebigkeit, die Mentalität von »High Achievern«, von »Machern« oder »High Performern«, die uns, früher oder später, in Depression, Angstzustände oder einen Burnout treiben. Ich hatte den Kapitalismus internalisiert. Nun arbeite ich daran, ihn wieder loszuwerden. Doch bei den Yanomami scheint es, als würde ihr Leben ewig so friedlich weiterlaufen, wenn der Kreislauf des Ökosystems nicht gestört wird.

Der fallende Himmel

Ich ziehe weiter durch Watoriki. Durch das Palmendach tropft die Sonne und malt helle Lichtkegel auf den staubigen Boden. Meine Augen verfolgen die leuchtenden Lichtflecken über mir an der Decke. Sie wirken wie funkelnde Edelsteine. Auf mich übt diese Umgebung eine magische, paradoxe Macht aus. Es ist, als würde ich tagträumen, doch nie zuvor war ich so wach. Nebel vermischt sich mit den Lichtstrahlen, ich beobachte die feinen Partikel, bis mein Blick am Rücken eines Mannes hängen bleibt. Es ist Bohomé, der auf seinem Kopf ein Bandana aus Pumafell trägt. Vor wenigen Monaten wurde er von einem Puma im Wald angefallen und hatte sich gerade noch retten können. *Pumas? Hier? Merk dir, Louisa, nicht mehr allein in den Wald gehen*, mahnt mich die Stimme in meinem Kopf.

Ich knie mich zu ihm nieder und erkenne, dass er gerade blutrote Farbe aus den Samen der Urucum-Frucht herstellt. Rot und dick wie Lippenstift bildet sich eine kleine Lache in der Holzschale. In einem zweiten kleinen Topf rührt er schwarze Farbe aus Asche und der Frucht Jenipapo an. Dieses Schwarz bleibt wochenlang auf der Haut wie ein Henna-Tattoo. Seine Hände sind von dem Gemisch bereits tiefschwarz gefärbt, doch es kümmert ihn nicht. Er lehnt seinen Kopf etwas zu mir und murmelt: »Para mais tarde« – »Für später«.

Für was später? Etwas verwirrt will ich gerade zurück zu Markus, Nick und André gehen, als ich sehe, dass sie wie drei Schüler auf einer Bank vor Dario und Davi sitzen. Davi trägt wieder seinen Kopfschmuck aus prachtvollen bunten Papageienfedern, aber diesmal schmücken Striche aus dicker roter Farbe seine Wangen und seine beiden Oberarme. Ich bemerke, dass auch andere Männer ihre Finger in schwarze oder rote Farbe tunken und sich in unterschiedlichen Mustern die Stirn, Wangen, Oberarme und teils auch ihre Beine bemalen. Im schwarzen Zickzack über die Stirn, mit roten Punkten auf den Wangenknochen oder gar das ganze Kinn schwarz bemalt, verzieren sich alle mit einer ernsthaften Genauigkeit. Einige von ihnen bedecken sogar die noch nasse Farbe auf ihrer Stirn mit winzigen weißen Flaumfedern.

Ich setze mich zu den Jungs auf die Bank und höre Dario zu, wie er uns das heutige Ritual erläutert. »Nun«, er holt Luft und lässt sich Zeit, als würde er jedes Wort noch einmal überdenken, »in unserer Kosmologie hat Omama Regeln aufgestellt. Sie schuf Grenzen für den Wald und Wege, wie wir mit dem Wald umgehen können, wie wir den Wald schützen können, wie wir mit Mutter Natur kommunizieren können.«

Mein Herz schlägt wild in meiner Brust und meine Gedanken drehen ab. Omama ist die Göttin der Yanomami. Sie ist die Göttin der Natur, sie verkörpert die Natur und lebt permanent in ihr fort. Dario erklärt uns die Regeln von Omama. Er spricht davon, dass sie kein Gebiet abholzen dürfen, ohne es selbst für ihre Gemeinschaft zu nutzen, und dass sie nur so viel aus der Natur entnehmen dürfen, wie Omama ihnen geben kann, um danach ebenso viel wieder zurückzugeben, damit Omama weiterlebt.

»Als ein Volk des Waldes, das Volk der Yanomami, betrachten wir den Wald als unser Zuhause. Der Wald gibt uns saubere Luft, er gibt uns Nahrung, Früchte, er gibt uns alles Wissen, das wir heute nutzen. Der Wald ist unsere Mutter. Wir kümmern uns um unsere Mutter, wir respektieren sie. Omama ist mit den Bergen, mit dem Wald, mit dem Wasser, mit den Menschen und den Xapiripë. Wir sind mit allen Wesen seit Beginn der Zeit und des Universums. Deshalb kommunizieren wir Indigenen mit dem Wald, wir träumen von ihm, wir hören gut zu, was er fragt und was er sagt.«

Die Xapiripë, wiederholen meine Gedanken. Das sind die Geister der Yanomami. Darüber schreibt auch Davi ausführlich in seinem Buch. Die spirituelle Welt ist ein existenzieller Teil des Lebens der Yanomami. Jedes Lebewesen, jeder Stein, jeder Baum und jeder Berg besitzt einen Geist. Davi sah Xapiripë zum ersten Mal als Kind und sie erschienen ihm immer wieder im Schlaf, als er heranwuchs. Als er erwachsen wurde, bat er darum, als Schamane geweiht zu werden. Mein Blick schweift zu Davi, der vor uns sitzt und den Worten seines Sohnes lauscht. Er setzt sich auf: »Wir Yanomami lernen von den großen Geistern. Wir lernen die Xapiripë kennen, lernen, sie zu sehen und ihnen zuzuhören. Nur Schamanen – diejenigen, die die Xapiripë kennen – können sie sehen, weil sie wie Menschen aussehen, aber winzig wie funkelnde Staubflecken und hell wie Licht sind. Ihre Lieder sind kraftvoll und ihr Denken ist klar.«

Manche Männer sind nun fertig mit ihren Vorbereitungen, holen kleine Sitzhocker und reihen sich wenige Meter entfernt neben uns unter dem Dach auf. Schweigsam und geduldig sitzen und warten sie. Einige schauen zu uns. *Warten sie etwa auf uns?*

Davi blickt mich direkt an: »Wenn du zum ersten Mal das vom Yakoana-Baum hergestellte Pulver aufnimmst, versammeln sich Xapiripë-Geister um dich. Zuerst hört man von Weitem ihre Glücksrufe, so leise wie das Summen von Mücken. Dann beginnst du, funkelnde Lichter hoch oben zu sehen, aus allen Himmelsrichtungen kommen sie. Allmählich offenbaren sich die Geister, die mit sehr langsamen Schritten vor und zurück gehen.«

Ein warmer Schauer läuft mir über den Rücken. Dario und Davi stehen jetzt gemeinsam auf und gehen zu den Männern hinüber. Sie haben sich alle in einer Reihe versammelt. Wir folgen ihnen und setzen uns neben die Männer auf den Boden. Niemand von uns sagt etwas, wir schauen stillschweigend zu. Manche Yanomami-Männer halten lange Horoma-Röhren in den Händen, die traditionell aus dem Stamm einer Palme hergestellt werden. Ein Mann namens José wartet mit wachsamem Blick, er trägt weiße Federn auf dem Kopf und hat drei lange, rote Schwanzfedern eines Papageis am Oberarm befestigt. Langsam gibt er etwas schwarzen Puder in die Röhre. Ich schaue ihm gespannt dabei zu, denn ich weiß aus Davis Buch, was als Nächstes passieren wird.

Davi kniet sich vor José nieder, während dieser ihm vorsichtig die Horoma-Röhre entgegenstreckt und das Rohrende unter seine eigene Nase setzt. Mit einer meditativen Ruhe atmet Davi tief und gleichmäßig ein, Brust und Bauch wölben sich, als er plötzlich in die Röhre pustet – direkt in die Nase von José. Mit einem Mal bildet sich eine kleine Wolke um ihre beiden Köpfe und für eine Sekunde sehe ich keinen mehr. Wie in Zeitlupe verfängt sich die tief stehende Sonne in den Partikeln des Yakoana-Puders, der jetzt in feinsten Partikeln um sie herumschwebt. Yanomami-Schamanen inhalieren das Yakoana-Pulver, um in einen Traumzustand zu gelangen. Durch Träume und Trancen überwinden sie die physischen Grenzen ihres Körpers und die Grenzen des menschlichen Bewusstseins, um mit den Xapiripë zu kommunizieren.

Langsam steht Davi aus dem feinen Nebel auf und kommt zu uns, während ich jetzt auch José wieder erkennen kann, der seine Augen noch fest geschlossen hält. Davi beugt sich zu uns: »So bringen wir die Geister zum Tanzen. Es gibt viele, viele Xapiripë, nicht nur ein paar, sondern Tausende, wie Sterne. Manche leben in der Luft, manche unter der Erde und wieder andere leben in den hohen Bergen voller Wälder und Blumen. Wir nennen diese heiligen Orte ›Hutu Pata‹. Wenn die Sonne hoch am Himmel steht, schlafen die Xapiripë. In der Abenddämmerung beginnen sie zu erscheinen. Wenn wir schlafen, tanzen sie.«

Just in dem Moment, als Davi aufhört zu sprechen, schlägt auf einmal José seine Augen auf, steht auf und beginnt, die Bewegungen der Xapiripë, die er sieht, zu imitieren. Er macht drei langsame Schritte vorwärts, breitet seine Arme aus, beugt sich nach vorn und wieder zurück und lässt seine Arme wieder sinken. Er macht erneut drei Schritte vorwärts, wiederholt den Tanz wieder und wieder. Aller Augen ruhen auf ihm und verfolgen aufmerksam, was José den Yanomami zu berichten hat.

Pow, pow, pow – mehrere Männer knien jetzt vor den Röhren und helfen sich gegenseitig, mit den Geistern in Kontakt zu treten. Davis Stimme dringt an mein Ohr, während ich den Blick nicht vom Geschehen vor mir lösen kann: »Wenn es die Xapiripë nicht gäbe, wären wir nicht mehr am Leben. Die bösen Geister hätten uns längst verschlungen. Aber die Xapiripë sind gut, sie wissen um die Krankheiten, die uns befallen. Sie werfen die Krankheit weit weg, in die Unterwelt. Und so heilen sie uns.« Yanomami-Schamanen nehmen die Hilfe von Xapiripë in Anspruch, um zu heilen. Die Diagnose und das Erkennen von Krankheiten erfordern jahrelange schamanistische Erfahrung. Sie verwenden verschiedene Heilpflanzen zur Behandlung von Fieber, Bauchschmerzen, Muskelschmerzen und anderen Beschwerden. Im Allgemeinen gibt es für jede Krankheit ein Heilmittel, mit Ausnahme von Krankheiten, die von Außenstehenden eingeschleppt wurden und gegen die die Yanomami kaum immun sind. Ich bin froh, dass ich mich vor der Anreise so gründlich gewaschen habe. Bis heute haben Indigene kaum Immunität gegen Krankheiten, die bei uns in Deutschland regelmäßig auftreten können wie zum Beispiel grippale Infekte. Vor allem die Corona-Pandemie war eine Katastrophe für die Yanomami und andere indigene Völker. Und deswegen war es ganz und gar kein Scherz, als Dario uns so eindringlich sagte, wir müssten uns gründlich waschen.

Nach einigen Minuten tropft der Schweiß von Josés Rücken, er setzt sich hin. Jetzt ist Pedrinho dran. Er ist etwas jünger und trägt eine lange schwarze Linie, die von einer Schläfe über die Nase zur anderen Schläfe führt. Er sieht aus wie ein Krieger und in etwa so tanzt er auch. Drei Schritte vor, einen Schritt zurück. Ein Bein schiebt er nach hinten, sinkt in die Knie und weist mit seinem ausgestreckten Arm hinter sich. Seine Ausführung ist präzise und wirkt fast schon einstudiert wie die eines Ninjas, nur viel langsamer.

Ich beobachte jetzt die Augen der Yanomami-Männer. Ihre Pupillen huschen schnell von rechts nach links und verfolgen etwas im Licht, was ich nicht ausmachen kann. Urplötzlich richten sich Augenpaare auf mich. Ich verkrampfe mich. Ohne den Blick von mir abzulassen, kommt Pedrinho mit langsamen Schritten auf mich zu. Er hebt den Arm und streckt bedächtig den Zeigefinger aus. Seine Lider blinzeln nicht, während er meine Stirn anvisiert. Mir stellen sich die Armhaare auf und ich lehne mich leicht nach hinten, als Pedrinho abrupt stehen bleibt. Jetzt ist er so nah, dass ich erkenne, dass er nicht etwa mich fokussiert, sondern etwas direkt vor mir. Nervös presse ich meine Zähne aufeinander. *Wie kann er etwas so in den Blick nehmen, wenn es nicht wirklich da wäre?* Er muss etwas wahrnehmen, das durch seine Pupille und Linse auf seine Netzhaut prallt. Ich bin erstarrt, traue mich nicht, mich zu bewegen, bis er ruckartig von mir ablässt. Er dreht sich um, sein Blick nach wie vor vom Unsichtbaren gefesselt. Plötzlich zeigt

Pedrinho an die Decke in einen Lichtkegel über seinem Kopf. Auch die anderen Männer schauen nach oben, manche stöhnen verwundert auf, manchen entweicht ein kleines »Oh!«. Angestrengt schaue auch ich hoch, doch außer den funkelnden Licht-Edelsteinen, die ich schon vorher bemerkt habe, erkenne ich nichts. *Oder sind die Xapiripë die Edelsteine? Schlummern sie etwa in der Schönheit selbst?*

Jemand tippt mir auf die Schulter. Es ist José, der mir Yakoana-Pulver in seiner Handfläche anbietet. Ich bin maßlos überfordert, damit hatte ich nicht gerechnet. *Bin ich bereit für dieses Pulver? Bin ich bereit, das zu sehen, was die Yanomami sehen? Kann ich jemals wirklich Teil davon sein?* Mein Zögern nimmt er als Antwort und bietet stattdessen Nick und André etwas an, die sich beide etwas Pulver in die Hand geben lassen. Markus ist in der Zwischenzeit aufgestanden, um aus anderen Winkeln die Zeremonie videografisch zu begleiten. *Hätte auch er mitgemacht? Wann würde mir jemals in meinem Leben noch einmal Yakoana-Puder von einem Yanomami angeboten werden?* Ich habe so unfassbaren Respekt vor der entheogenen Substanz. Ich verwende bewusst nicht den Begriff »Droge«, weil er oft mit Abhängigkeit, Missbrauch und Kriminalität in Verbindung gebracht wird. Der Begriff »entheogen« hingegen würdigt die rituelle und zeremonielle Nutzung in indigenen Kulturen. Er stammt aus dem Altgriechischen und setzt sich aus den Wörtern »entheos« (ἐν θεός), was »göttlich inspiriert« oder »von einem Gott erfüllt« heißt, und »genesthai« (γενέσθαι), was »bewirken« oder »hervorbringen« bedeutet, zusammen. Wörtlich übersetzt bedeutet »entheogen« also »das Göttliche in sich erzeugen«. Ich weiß, welche Ehre es ist, Teil dieser Zeremonie sein zu dürfen und von den Yanomami eingeladen worden zu sein, Yakoana zu probieren. Während ich zuschaue, wie sich José wieder zu den anderen setzt, fälle ich eine Entscheidung. Zwar ist Nicks Pulver bereits in seiner Nase verschwunden, aber ich kann André noch bitten, etwas von der entheogenen Pflanze in seiner Hand mit mir zu teilen.

Als ich Davis Buch über eine der Yanomami-Zeremonien las, in meiner kleinen Welt in Deutschland, habe ich es nicht wirklich verstanden. Doch hier, während ich am Ritual der Yanomami teilnehme, kann ich nicht anders, als zu glauben, als zu sehen und verstehen zu wollen. Ich weiß, dass ich nicht alles verstehen kann und auch niemals vollständig verstehen werde, das können nicht einmal Anthropolog:innen, die Kulturen langjährig studieren. Aber alles, was ich in diesem Moment tue, ist zu fühlen, anzunehmen und aufzunehmen, was sich gerade vor mir, in mir und um mich herum abspielt – welche Verbindung die Yanomami mit der Welt in diesem Ritual eingehen.

Vielleicht brauchen wir genau das? Die Besonderheit der Kosmologie der Yanomami liegt darin, dass sie neben einer Verbundenheit zwischen den Menschen auch eine Verbundenheit von Mensch zu Natur eingehen. Sie sehen in der natürlichen Welt etwas Lebendiges. Ich glaube, dass auch wir, nicht nur in Deutschland, sondern überall auf der Welt, diese Verbindung dringend wiederherstellen müssen. Vielleicht brauchen wir eine ganzheitliche Sichtweise – eine Art Religion, Spiritualität oder Kosmologie –, die uns hilft, die Welt als Ganzes zu betrachten. Anstatt nur dem biblischen Gebot »Macht euch die Erde untertan« zu folgen, sollten wir uns mehr auf »Liebe deinen Nächsten« konzentrieren, und das bedeutet auch, die Natur zu lieben, die uns am nächsten ist. Die Kosmologie der Yanomami betont nicht nur die Liebe und Fürsorge zwischen den Menschen, sondern auch die Liebe und Verantwortung gegenüber der Gesundheit unseres Planeten, von dem wir alle abhängig sind.

Das Pulver juckt ein wenig in der Nase und ich versuche, mich stark zu konzentrieren. Dabei habe ich fast vergessen, dass Davi immer noch neben mir steht. »Wir, die Schamanen, arbeiten auch für euch, die Weißen«, sagt er und schaut zu mir nieder. »Unsere Schamanen wissen, dass sich unser Planet verändert. Wir kennen die Gesundheit des Amazonas. Wir wissen, dass es gefährlich ist, die Natur zu missbrauchen, und dass man, wenn man den Regenwald zerstört, die Arterien der Zukunft durchschneidet und die Kraft der Welt nachlässt. Der Himmel ist voller Rauch, weil unser Regenwald abgeholzt und verbrannt wird. Der Regen kommt spät, die Sonne verhält sich seltsam. Die Lungen des Himmels sind verschmutzt. Die Welt ist krank. Der Wald wird sterben, wenn er von den Weißen zerstört wird. Wohin werden wir gehen, wenn wir unsere Welt zerstört haben? Wie werden wir lernen, wenn der Planet schweigt?«

Davis Blick durchdringt mich für eine Sekunde. Ich kann ihm nicht standhalten und sehe zu Boden. Ich kann zwar den Planeten nicht hören, aber ich kann ihn fühlen. Wie so viele andere fühle ich den Weltschmerz immer und immer wieder, aber meine Gefühle basieren nicht auf dem, was mir die Xapiripë zuflüstern, auch wenn ich gern zuhören würde, sondern auf unserer westlichen Wissenschaft.

Indigenes Wissen ist zwar anders als unsere westliche Art der Wissenschaft, aber deswegen nicht weniger valide. Statt empirischer Methodik, Katalogisierung, Experimenten und Analysen nutzen sie das Yakoana-Pulver und ihre Kosmologie. Das ist ihre wissenschaftliche Methodik, die sie zum gleichen Ergebnis kommen lässt: Das Klima verändert sich. Das wissen sie schon länger, als die westlichen Forschungsergebnisse es uns bestätigen – von den Ursachen über die Symptome bis hin zu den Konsequenzen. In seinem Buch berichtet Davi sogar davon, dass er vom Bienensterben in Europa wusste, ohne vorher jemals physisch dort gewesen zu sein. Er erlangte die Information durch einen seiner Träume mit den Xapiripë.

Die Wissenschaft der Yanomami betrachtet Phänomene nicht isoliert und versucht nicht, sie durch eine analytische Linse zu verstehen, sondern durch ihr indigenes Wissen und ihre Kosmologie setzen sie alles in den Kontext eines größeren Ganzen, eines Kosmos, in eine Beziehung zwischen Natur und Mensch, aber auch zum Sichtbaren und Unsichtbaren, zum Spirituellen. Ich glaube, indigenes Wissen und westliche Wissenschaft sollten nicht miteinander konkurrieren, sondern diese Wissenssysteme sollten zusammengeführt werden, weil sie sich gegenseitig ergänzen. Davi versucht, uns in diesem Moment einen Teil der wissenschaftlichen Methodik der Yanomami zu demonstrieren.

Mein Kopf rattert und pocht, es fühlt sich an, als würde sich mein Gehirn losreißen wollen von all den Vorurteilen, die ich vor meinem

Besuch hier bewusst oder unbewusst hatte. Mein Kopf war besetzt von kolonialem Denken und hat meinen Blick auf die Yanomami und indigene Völker weltweit verschleiert. Lange Zeit wurden indigene Menschen durch viele rassistische Mythen und Lügen herabgesetzt. Weil sie über andere Wissenssysteme verfügen, weil ihr Wertesystem nicht auf Geld, sondern auf Beziehungen beruht, weil sie nicht die europäischen Vorstellungen von Landbesitz teilen, wurden sie als unzivilisiert, primitiv oder als unwissend herabgesetzt. *Aber wie können sie unwissend sein, wenn sie länger als die westliche Wissenschaft über den Klimawandel Bescheid wissen?*

Davi fährt fort: »Wir wollen, dass der Wald ruhig und der Himmel klar bleibt, die Abenddunkelheit wirklich alles verdunkelt, sodass die Sterne zu sehen sind. Die Länder der Weißen sind verschmutzt, sie sind von einer Rauch-Epidemie bedeckt, die sehr weit in den Himmel reicht. Dieser Rauch kommt häufig auf uns zu, hat uns aber noch nicht erreicht, weil der himmlische Geist Hutukarara dies immer noch unaufhörlich verhindert. Über unserem Wald ist der Himmel noch klar.« Jetzt hockt auch Davi sich hin und José ist derjenige, der das Yakoana-Puder in seine Nase pustet. Einen Moment lang bleibt er im Sprühnebel sitzen, ehe er aufsteht und eine Weile nur nach oben schaut. Auch seine Pupillen bewegen sich von einem Augenwinkel zum anderen, mal schnell, mal langsamer, aber immer verfolgt er etwas ganz Bestimmtes.

Plötzlich reißt er seine Arme gen Himmel. Sein Gesicht verzieht sich angestrengt, seine Armmuskeln zucken und auch seine Bauchdecke verspannt sich unter einer unsichtbaren Last. Ich sehe, wie der Himmel sich verdunkelt, dicke Watte liegt über uns und in der Ferne sehe ich bereits die Flüsse auf uns zukommen. Bald wird es regnen. Auch wenn ich nichts mit bloßem Auge erkennen kann, scheint es, als würde Davi das Gewicht der gesamten Welt auf seinen Handflächen tragen. Seine Arme erscheinen wie Säulen des Firmaments, als ob er den Himmel stützen würde. *The falling sky* – der Titel seines Buches ploppt vor meinem inneren Auge auf wie eine Leuchtreklame am Times Square. Davi beschreibt darin, dass die Yanomami laut ihrer

Kosmologie den Himmel halten. Gibt es die Yanomami nicht mehr, verschwindet mit ihnen der Wald und ohne den Wald wird der Himmel fallen. Unsere Welt gerät ins Wanken. Ein Ökosystem zerbricht, ein Klimasystem kippt. *Ist der fallende Himmel vielleicht eine Metapher für den kippenden Regenwald?*

José und Pedrinho eilen Davi zu Hilfe und weitere Männer kommen hinzu. Zusammen formen sie eine Traube, während alle die Arme mit offenen Handflächen nach oben in den Abendhimmel strecken. Einigen entfährt ein angestrengtes Stöhnen, sie scheinen sich gegenseitig zu stabilisieren. Ich kann es kaum fassen, wovon ich gerade Zeugin werde. *Sie halten den Himmel für uns alle.* Der Regen der Nacht spült alles sauber und mich in einen so klaren Traum, wie ich ihn noch nie zuvor hatte.

O futuro é indigena

Am nächsten Tag gehen wir zusammen mit Dario tief in den Wald hinein. Ständig schaue ich mich um und spähe zwischen die Sträucher. *Gar keine Lust, hier auf einen Puma zu treffen*, denke ich, aber mit Dario fühle ich mich sicher. Er führt uns zu einer winzigen Lichtung vor einen Sumaúma-Baum. Das letzte Mal hatte ich nur die Überreste eines dieser mächtigen Bäume in den Feuerhaufen Mato Grossos gesehen. Jetzt ragt der lebende, majestätische Baum über allen anderen in seinem Umfeld hervor, seine Wurzeln sind so dick, als würde er schon Jahrtausende über den Wald wachen. Ich lege meinen Kopf tief in den Nacken, um seine gesamte Größe ausmachen zu können. Er ragt hoch in den Himmel, so hoch, dass es aussieht, als würde er eine direkte Verbindung zwischen dem Himmlischen und dem Irdischen herstellen: als würde er zusammen mit den Yanomami den Himmel halten.

Direkt vor dem Baum stellen wir ein kleines Interview-Set auf. Mit wenigen Bewegungen hat Markus sein Stativ aufgebaut, neben ihm steht Nick konzentriert mit seinem dicken Kamerastabilisator. »Dann wollen wir mal anfangen«, sagt Markus. Dario setzt sich auf eine der dicken Wurzeln, während er sachte mit seinen Händen über sie streift. Mit leicht zusammengekniffenen Augen durchdringt er mich mit seinem Blick. Langsam mustert er nacheinander jeden einzeln: André, Nick und Markus. Eine Weile ruhen seine Augen auf jeder Person. Nervös verschiebe ich mit meinen Füßen ein paar Blätter auf dem Waldboden.

»Wir haben eine Nachricht an euch«, beginnt Dario. »Wir wollen, dass ihr unsere Botschaft hinaustragt. Wenn wir Yanomami über den Klimawandel sprechen, sagen wir, dass er die Rache der Natur ist. Mutter Natur antwortet mit heftigem Regen, Blitzen und Hurrikanen. Es wird heißer und heißer werden. Das ist ein Signal an die nicht indigene Gesellschaft. Die Erde blutet, weil wir uns nicht um die Wälder kümmern. Wir Yanomami sind fast dreißigtausend Menschen. Wenn wir sterben, wird die Rache auch auf die nicht indigene Gesellschaft fallen.«

Mein Herz rutscht in meinen Schoß. Ja, vielleicht übt die Erde Rache. Aber trifft sie denn »die Richtigen«? Diejenigen, die diese Krise wirklich zu verantworten haben? Wenn Omama, Mutter Natur, tatsächlich Rache üben wollte, warum sind es dann gerade die Menschen, die am wenigsten zur Klimakrise beigetragen haben, die am meisten unter den Auswirkungen leiden? Warum rächt sich Mutter Natur nicht an den 100 Unternehmen, die seit 1988 für 71 Prozent der weltweiten industriellen Treibhausgasemissionen verantwortlich sind?[12] Warum rächt sich Omama nicht an dem reichsten einen Prozent der Weltbevölkerung, das mehr als das Doppelte der Emissionen der ärmsten Hälfte der Welt produziert?[13] Sie sind es – die Milliardär:innen, die reichsten ein Prozent, die Geschäftsführer:innen der fossilen Brennstoffunternehmen und die PR-Firmen, die in ganz großem Stil Greenwashing und Klimaleugnung betrieben haben –, die die Klimakrise verursacht und mit ihr am meisten Gewinn gemacht haben. Und es sind sie, die sich mit all dem Geld am besten schützen können, sei es durch sichere Infrastrukturen, Warnsysteme oder gar Luxusbunker. Sie können sich aus den schlimmsten Auswirkungen herauskaufen.

Dario lehnt sich leicht vor und schaut tief in die Kameralinse: »Ich erzähle euch ein Geheimnis«, er flüstert wie ein Großvater, der seinem Enkel eine Lebensweisheit verrät. »Unser Geheimnis ist der Himmel. Wenn der Himmel fällt, wird das Leben der nicht indigenen Gesellschaft ausgelöscht. Die Regierungen zerstören die Natur mit ihren Projekten, Bergbau, Wasserkraftwerken und Gesetzen.« Wasserkraftwerke – ich denke an Belo Monte. Lange Zeit dachte ich, dass Wasserkraftwerke Energie aus Wasser herstellen, also erneuerbare Energien produzieren und daher generell gut sind. Jetzt weiß ich, dass selbst für einen »grünen Kapitalismus«, eine grüne Energiewende, die Wende nicht nur grün, sondern vor allem auch gerecht sein muss. Belo Monte ist zwar ein Wasserkraftwerk, aber mit gigantischen Verlusten für Biodiversität, die lokale Bevölkerung und vor allem indigene Menschen, die ihr Zuhause beim Bau des Megaprojekts verloren haben.

»Das ist der Grund für den Klimawandel. Es ist ein Machtkampf«, fährt Dario fort. Ich nicke, mehr zu mir selbst, als zu Dario. *Ja, es ist ein Machtkampf.* Es geht darum, diejenigen, die die Macht haben, zur Verantwortung zu ziehen. Die Klimakrise ist keine unausweichliche Tatsache, an der wir alle gleichermaßen schuld sind. Wir können keine Zeit mehr mit gegenseitigen Schuldzuweisungen verschwenden oder uns in Defätismus verlieren. Die großen Verschmutzer können nicht einfach so ungeschoren davonkommen.

Die Erderhitzung und die extremen Wetterereignisse, die wir heute erleben, sind die Folge der Ansammlung von Kohlendioxid über Jahrhunderte hinweg. Ganze 92 Prozent der globalen Emissionen, die die Kapazität unseres Planeten übersteigen, stammen aus den wohlhabendsten Ländern des Globalen Nordens wie Europa, USA oder Kanada. Die USA allein tragen 40 Prozent dazu bei. Im Gegensatz dazu sind die Länder des Globalen Südens, die sowohl in Bezug auf ihre Ressourcen ausgebeutet werden als auch die schlimmsten Folgen des Klimawandels ertragen müssen, für nur acht Prozent der überschüssigen Emissionen verantwortlich, die den Klimawandel antreiben. Weniger als ein Fünftel der Weltbevölkerung ist für den Konsum von 80 Prozent der natürlichen Ressourcen verantwortlich. Diese Gruppe besteht aus den reichsten Menschen der Welt. Hier zeigt sich eine Wiederholung des kolonialistischen Modells: Der Globale Süden wird ausgebeutet, damit der Globale Norden immer reicher wird.[14]

Darios Stimme durchfährt meine Gedanken: »Der Geschäftsmann ist die größte Gefahr für unseren Wald. Er versteht nicht, er sieht nicht. Die Blätter, sie haben Leben, sie haben ein Herz, sie haben ein Atmungssystem, so wie wir atmen, der ganze Wald hat eine Seele.« Der Wind lässt die Blätter rascheln, ich beobachte, wie die feinen Nebelschwaden über dem Sumaúma vorüberziehen. Hier atmet der Wald, hier kann er Wasser über seine Wurzeln aufnehmen und über die Blätter wieder abgeben. Die Flüsse schweben über unseren Köpfen. Die Härte in Darios Blick nimmt ab, seine Stimme ist klar und ruhig, als hätte er sich seine Worte bereits im Kopf fein säuberlich zurechtgelegt. »Nicht indigene Menschen denken nur an Profit. Es ist das kapitalistische System, das aus Europa kam. Die erste Invasion fand um das Jahr 1500 statt. Diese Krankheit breitet sich auch heute noch aus. Heutzutage verstehe ich als Yanomami, als indigene Person, was das Problem ist, mit dem wir konfrontiert sind.« Ich schlucke. Dario spricht hier inmitten des Regenwalds vom Kapitalismus und nennt ihn »Krankheit« und er bezeichnet den Kolonialismus als »Invasion«.[15]

Wälder, in denen die Yanomami seit Tausenden von Jahren existieren, werden zerstört; indigene Gemeinschaften, die von der Natur leben konnten, werden vertrieben und ganze Ökosysteme ausgelöscht. All dies geschieht, damit der Großteil dieser Ressourcen abgebaut wird, um von Menschen im Globalen Norden verbraucht zu werden und einer kleinen Gruppe von Unternehmer:innen Gewinne zu bescheren. Von den Kolonialzeiten bis heute findet ein direkter Transfer von Ressourcen, und damit von Reichtum, vom Süden in den Norden statt.

Während der Kolonialzeit wurden die Yanomami, wie viele andere indigene Völker, durch europäische Kolonialmächte stark bedroht. Sie wurden Opfer von Gewalt, Krankheiten und Zwangsarbeit durch Kolonialherren und Missionare. Die systematische Einführung von

Krankheiten wie Grippe, Masern und Pocken, gegen die die Yanomami keine Immunität besaßen, führte zu verheerenden Epidemien und einem massiven Bevölkerungsrückgang. Dieser Terror schuf die notwendigen Bedingungen, um die kolonisierten Menschen zu unterwerfen und zu kontrollieren. Aktuelle Schätzungen gehen davon aus, dass zwischen 80 und 90 Prozent der von den Kolonisatoren angetroffenen indigenen Bevölkerung im heutigen Lateinamerika zwischen 1519 und 1568 zu Tode gekommen sind. Im Laufe der Zeit haben verschiedene Regierungen und Unternehmen versucht, in das Land der Yanomami einzudringen, um natürliche Ressourcen wie Gold und Holz zu gewinnen. Das führte zu Konflikten und zu einer weiteren Bedrohung der Lebensweise und des Lebensraums der Yanomami.

Die Gewalt, der die Yanomami ausgesetzt sind, ist kein Zufall. Ausbeutung und Gewalt gegen marginalisierte Gemeinschaften und gegen unsere Natur sind für Rohstoffindustrien unerlässlich. Der Kapitalismus benötigt ständiges Wachstum und Expansion, um zu überleben. Der Kolonialismus bot und bietet die Möglichkeit, ganze Regionen für den industriellen Extraktivismus dieser Industrien zu opfern, um wirtschaftliches Wachstum zu sichern.

Doch kolonisierte Menschen waren nie widerstandslose, passive oder ohnmächtige Opfer. Sie organisierten aktiven Widerstand, schlossen Bündnisse und Allianzen über Generationen und weitläufige Gebiete hinweg. Seit Jahrhunderten kämpfen die Yanomami zusammen mit anderen indigenen Gemeinschaften um die Anerkennung ihrer Rechte. Durch die hart erstrittene neue Verfassung von 1988 wurden erstmals in der Geschichte Brasiliens die Rechte indigener Völker auf ihr angestammtes Land und ihre traditionellen Territorien, von denen sie vertrieben wurden, anerkannt. Sie legte fest, dass die indigenen Gebiete »unveräußerlich« sind, was bedeutet, dass sie weder verkauft noch an Dritte übertragen werden können. Erst 1992 wurde das Gebiet der Yanomami »demarkiert«, das heißt, dass die Grenzen ihres Territoriums auf der Landkarte eingezeichnet und völkerrechtlich anerkannt wurden.

Trotz der zunehmenden Anerkennung der Rechte indigener Völker besteht ein großer Unterschied zwischen den Versprechungen, die die Regierungen machen und unterschreiben, und ihren Taten. Doch die Demarkierung des Landes und die völkerrechtliche Anerkennung bieten immer noch keine Sicherheit, dass die Gebiete in der Realität erfolgreich geschützt und die Rechte der Yanomami vor Gericht verteidigt werden können. Ihre in der Verfassung von 1988 erworbenen Rechte auf juristischem und legislativem Gebiet werden ständig infrage gestellt und angegriffen. Raubbauprojekte wie Goldabbau oder Abholzung – in anderen Gebieten Ölbohrungen oder Mineralienabbau – werden von den Regierungen ohne die Zustimmung der indigenen Völker, die von ihrem Land abhängig sind, genehmigt. Regierungen, die nichts tun, sind niemals passiv. Sie entscheiden sich aktiv dafür, nicht zu handeln. Aber die Kämpfe indigener Völker zeigen uns, dass Regierungen durch aktiven Widerstand dazu gebracht werden können zu handeln.

»Ich möchte, dass Führungspersonen und nicht indigene Menschen diese Botschaft verstehen. Respektiert das Volk des Waldes, die Yanomami, und den Wald. Wenn ihr euch nicht um den Wald kümmert, wo wollt ihr Wasser trinken? Wo wollt ihr leben? In der Zukunft wird es Kämpfe um Wasser und Land geben. Wir wollen das verhindern und die Natur bewahren. Es gibt nur eine Erde, unsere einzige Mutter, die wir schützen müssen.« Markus' Kamera piepst kurz, als er die Aufnahme stoppt. Wir packen ein, doch niemand sagt etwas. Darios Worte hallen in uns nach. Bevor wir gehen, schaue ich noch einmal zum Sumaúma hoch, während Omama zu mir hinuntersieht.

Ich spiele mit ein paar Kindern in der Dorfmitte. Mit kurzen, wackeligen Beinchen schießen sie mir immer wieder einen Ball zu. Ihre Gesichter und Körper sind verschmiert von frischem Açaí, der Frucht einer Palme. Ich sehe, wie Yanomami-Frauen gemütlich in den Hängematten plaudern, eine Frau stillt unbekümmert ihr Kind, ich rieche frische Teigtafeln aus Tapioka, die sie ums Feuer sitzend unter sich, den Männern und den Kindern aufteilen. Ein

Mutum (Hokkohuhn) sitzt neben ihnen wie ein Familienmitglied so dicht am Feuer, dass ich Angst habe, es verbrennt sein Gefieder, aber nichts passiert. Stattdessen streut ein Kind kleine Teigkrümel vor seinen Schnabel. Als Aida mich sieht, streckt sie mir direkt ein bisschen Teig entgegen. Ich setze mich zu ihnen und taste mit meinen Sinnen ein letztes Mal alles ab. Ich fühle die Wärme des Feuers, schmecke das frische Tapioka aus der Maniok-Wurzel im Regenwald, höre das endlose Rauschen des Wassers. Ich mustere uns, wie wir im Kreis ums Feuer sitzen, betrachte das runde Dach über uns, überfliege die Palmen, die uns ummanteln. Ein kleiner Kolibri fliegt über uns hinweg, ich fliege mit ihm hinaus, zum Berg hoch und in den Abendhimmel, wo der zunehmende Mond bereits zu sehen ist. Ich fliege hoch in den Himmel und sehe uns in Watoriki sitzen – auf diesem runden Planeten, in diesem runden Dorf, in unserem runden Kreis am wärmenden Feuer.

Alles ist ein Kreis. Das System der Yanomami ist rund; es ist ein Kreislauf. Die Kosmologie von Omama beruht auf der Verbundenheit zu allem, auf dem Wissen, dass die Natur genug sauberes Wasser zum Trinken und genug Nahrung gibt, wenn wir innerhalb der physikalischen und planetaren Grenzen wirtschaften. Es beruht auf Kreislaufwirtschaft, während unser System, das System der »weißen Menschen«, das Gegenteil eines Kreises darstellt. Davi nennt es quadratisch. Mit Monokulturen, mit Überkonsum, mit Industrien, die auf fossilen Brennstoffen beruhen, sprengt der Raubbau planetare Grenzen, bricht den Kreislauf des Waldes und die Regeln von Omama.

Der Kapitalismus ist quadratisch, sozusagen wie der eckige Würfel, der nicht ins runde Loch, unsere Erde, passt. Es gibt kein grenzenloses Wirtschaften auf einer Erde mit begrenzten Ressourcen. Um unsere Art zu wirtschaften zu verändern, müssen wir nicht alle unsere Hängematte einpacken und in den Regenwald ziehen. Es gibt viele Studien, die belegen, dass ein anderes Wirtschaften möglich ist. Unser aller Leben wird aufs Spiel gesetzt im Namen des »Wachstums« und des »Fortschritts«, dabei sollten wir ganz dringend neu definieren, was das überhaupt bedeutet. Bedeutet Fortschritt nicht, dass mehr Menschen gesund leben, weil ihre Luft sauber ist? Sollte Wachstum nicht bedeuten, dass mehr sichere Arbeitsplätze unter gesunden Arbeitsbedingungen angeboten werden? Bedeutet Wohlstand nicht auch, dass indigene Menschen in Würde und Gesundheit alt werden dürfen? Genau dafür gibt es bereits hervorragende Pläne. Die brasilianische Wirtschaft könnte sich von der ewigen Abholzung und von fossilen Brennstoffen verabschieden und dabei sogar die Wirtschaft stärken. Ein neuer Bericht mit dem Titel »New Economy for the Brazilian Amazon« (NEA) vom World Resources Institute Brasil (WRI Brasil)[16] zeigt, dass der Stopp der Entwaldung und der Schutz des bestehenden Waldes nicht den Fortschritt in der Region bremsen, sondern vielmehr eine Chance darstellen, um neue Arbeitsplätze zu schaffen, das Bruttoinlandsprodukt zu steigern, die Natur zu schützen und das Leben der Einheimischen zu verbessern, während gleichzeitig globale Klimaziele erreicht werden.

Über zwei Jahre hinweg wurde der Bericht mit verschiedenen Forschungseinrichtungen in ganz Brasilien erarbeitet. Er argumentiert, dass wir eine reale Chance haben, uns von dem räuberischen Modell zu lösen, das dieses einzigartige Biotop an den Kipppunkt zu bringen droht, und es durch ein regeneratives Modell ersetzen können. Dabei könnten bis 2050 erstaunliche 312 000 neue Arbeitsplätze in der brasilianischen Amazonasregion sowie 833 000 neue Arbeitsplätze in den Bereichen Bioökonomie und Wiederherstellung, die die mit der Abholzung verbundenen Tätigkeiten ersetzen, geschaffen werden. Zudem würde damit die Ungleichheit in der Bevölkerung durch nachhaltigere und gleichberechtigte Beschäftigungsmöglichkeiten verringert werden. Die Yanomami könnten geschützt werden, der Kapitalismus könnte sich verändern. Der Wald würde atmen. Es wäre alles möglich.

O futuro é indigena – die Zukunft ist indigen. Das bedeutet, in Verbindung zueinander und zur Natur zu stehen, es bedeutet, ein Wertesystem zu teilen, das niemanden zurücklässt, das für uns alle und für die Natur gesund ist. Es bedeutet, Macht und Privilegien zu teilen, in anderen Menschen keine Fremden zu sehen und anzuerkennen, dass wir alle miteinander verwandt und der gleichen Liebe und des gleichen Respekts würdig sind. Das Konzept bedeutet, dass wir eins sind, miteinander und mit der Natur. Es gilt zu verstehen, dass die Klimakrise jetzt stattfindet, dass ganze Gemeinschaften in Not sind und wir alles daransetzen müssen, in Solidarität an ihrer Seite zu stehen, ihnen zuzuhören und von ihnen zu lernen.

Die Yanomami zeigen uns, dass eine andere Zukunft möglich ist; nicht, weil wir sie morgen erst erschaffen müssen, sondern weil sie heute schon gelebt wird.

Auf einer kleinen Holzbank unter dem Dach des Runddorfs sitzend, lese ich ein paar Zeilen in Davis Buch nach. *The falling sky* – der Kipppunkt einer Gesellschaft und eines Ökosystems, das gleichermaßen von den Menschen abhängt, wie die Menschen von ihrer Natur abhängig sind. Werden die Yanomami weiterhin durch neokolonialistische Politik, durch den Kapitalismus und extraktive Industrien bedroht, dann wird dies auch den Wald zerstören.

Plötzlich steht Davi neben mir. Stumm blickt er auf seine eigenen Worte hinab. »Inglês?« – »Englisch?« Anscheinend hatte er sein Buch noch nicht so oft in Englisch gesehen, und noch seltener hier, mitten in seinem Zuhause. Er grinst und brummt »então«. Dann setzt Davi sich neben mich auf die Bank und blättert ein wenig durch sein Buch, bis er es aufschlägt, einen Stift von mir in die Hand nimmt und langsam ansetzt. Ich weiß nicht, was er vorhat, aber ich schaue ihm einfach dabei zu. Bedacht, als würde er mit jedem einzelnen Buchstaben einen ganzen Roman transportieren, fährt das Stiftende fokussiert über die Seite. Seine Schrift ist krakelig wie die eines Kindes, aber in seiner Konzentration versammelt sich das Wissen von Jahrtausenden. André kommt hinzu, er lehnt sich dicht über mich und gemeinsam schauen wir Davi über die Schulter wie zwei Schüler einem Professor. Mein Herz pocht, als er mir nach ein paar Minuten das Buch zurückschiebt. »Para Louisa, napë, uma flecha no coração dos não indígenas.« André liest seine Worte und strahlt. »Für Louisa, die Weiße, sei wie ein Pfeil in die Herzen der Nicht-Indigenen.« Mein Körper vibriert, doch meine Brust ist leicht wie eine Feder. In der Ferne singt der Capitão do Mato leise sein »Auf Wiedersehen«.

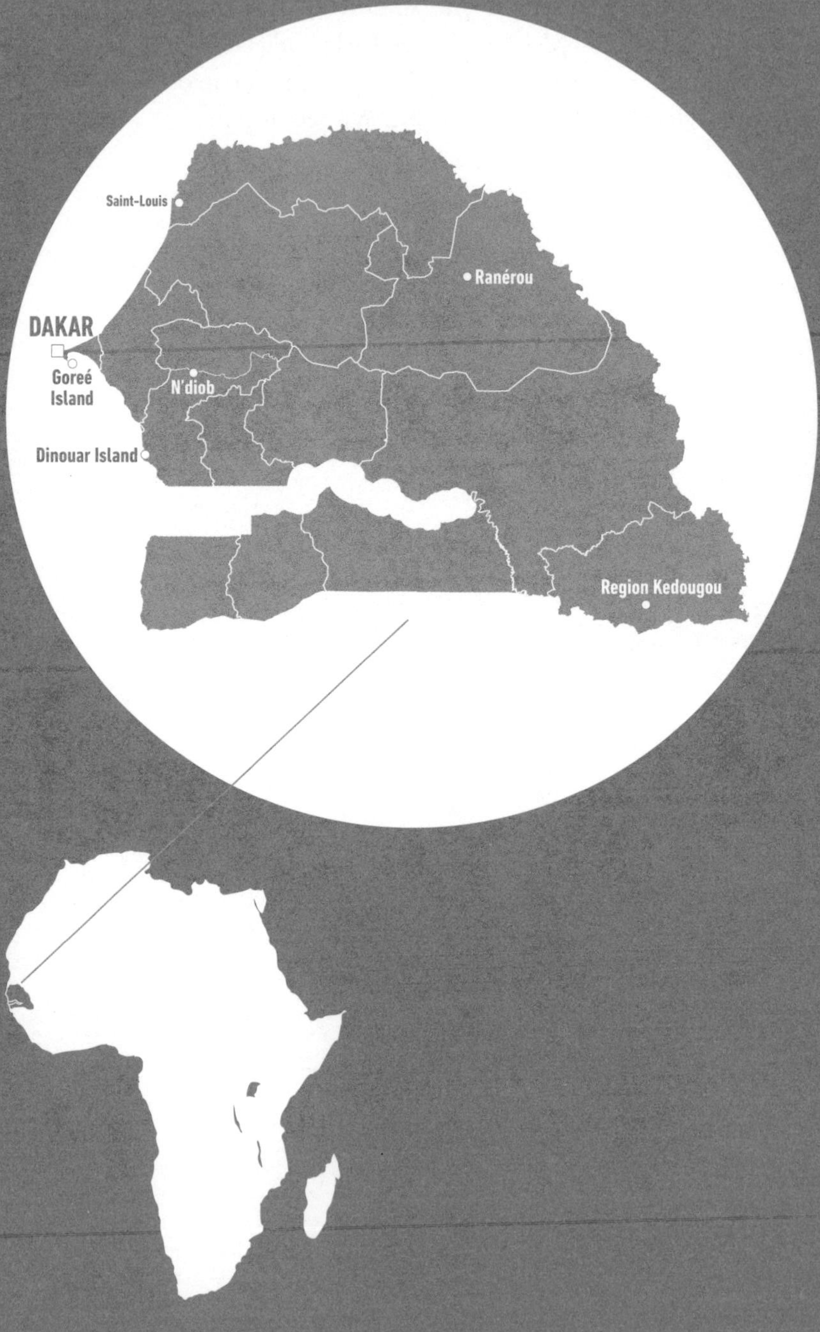
Saint-Louis
Ranérou
DAKAR
Goreé
Island
N'diob
Dinouar Island
Region Kedougou

ZWEI: SENEGAL – NICHT HILFE, SONDERN GERECHTIGKEIT

Vom satten Grün des Amazonas kommen wir in ein goldgelbes Land: Wunderschöne, von Muscheln oder Sand bedeckte Strände, das Ocker der senegalesischen Savanne, das wandernde Gelb im Zenit, das sich als kräftiges Orange zum Ende des Tages im Atlantischen Ozean schlafen legt.

Ich hatte vorher nie darüber nachgedacht, wie Brasilien und der Senegal miteinander verbunden sein könnten. Da sind zum einen die Kipppunkte: Kippt der Regenwald, dann könnte der westafrikanische Monsun, das Kippelement im Senegal, sich stark verändern. Der westafrikanische Monsun ist ein Windsystem, das durch unterschiedliche sommerliche Sonneneinstrahlung über dem nordafrikanischen Festland und dem südlich gelegenen Atlantik gesteuert wird und seinerseits die Regen- und Trockenzeiten des Landes bestimmt.

Für die Menschen im Senegal ist dieser natürliche Rhythmus zwischen Regen- und Trockenperiode von enormer Bedeutung, beispielsweise für die Landwirtschaft und den Wasserkreislauf. Monsune liefern den nötigen Regen für das Pflanzenwachstum und die Menschen vor Ort passen sich der jeweiligen Saison im Hinblick auf die Landwirtschaft und ihren Lebensstil an.

Doch könnte das Überschreiten des Kipppunkts bedeuten, dass der Monsun sich entweder intensiviert oder stark abschwächt – das Windsystem ist extrem komplex und die Wissenschaft ist noch dabei, genauere Daten zu sammeln und auszuwerten. Was wir aber bisher wissen: Die Klimaveränderungen könnten dazu führen, dass die benachbarte Sahelzone entweder deutlich feuchter oder trockener wird. Angenommen, der Monsunwind würde schwächer werden, könnte es dazu kommen, dass die Sahelzone und Teile der Sahara erneut ergrünen. Allerdings würde die Abnahme des Wüstenstaubs, der in den Atlantischen

Ozean gelangt, negative Auswirkungen auf Korallenriffe in der Karibik und auf Teile des Amazonas-Regenwalds haben, da ihnen dadurch wichtige Nährstoffe fehlen würden. Wissenschaftler:innen schätzen, dass der Kipppunkt bei einer Erderhitzung von 2 bis 3,7 Grad liegt. Am Beispiel des Senegal wird deutlich: Klimakrise bedeutet nicht nur, dass die Welt heißer wird, sondern dass sich schlichtweg alles verändern kann – egal, ob feuchter, trockener, grüner oder dürrer.

Es gibt noch etwas anderes, ganz Essenzielles, was den Senegal und Brasilien verbindet: Sie gehören beide zum Globalen Süden und teilen eine koloniale Geschichte, die bis heute Konsequenzen hat.

Oft wird behauptet, hinsichtlich der Auswirkungen der Klimakrise säßen wir alle im selben Boot. Nach meinen Erfahrungen im Senegal habe ich das hinterfragt und weiß jetzt: Obwohl wir alle von demselben Sturm betroffen sind, sitzen wir garantiert *nicht* im selben Boot. Die britisch-jamaikanische Klimaaktivistin und Autorin Mikaela Loach fand in ihrem grandiosen Buch *It's not that radical* ein gutes Bild dafür:

»Einige verfügen über robuste und klimaschädliche Ozeandampfer, finanziert durch kolonialen Reichtum, während andere in fragilen und geflickten Schlauchbooten sitzen, deren Situation durch eben diese koloniale Ausbeutung, die anderen zum Vorteil ist, immer gefährlicher wird.«[17]

Im Senegal wird mir die wahre Bedeutung von Klimagerechtigkeit am deutlichsten vor Augen geführt. Besonders in einkommensschwachen Ländern ist das Risiko, durch extreme Wetterereignisse vertrieben zu werden, deutlich höher als in »reicheren« Staaten, auch wenn in Staaten wie den USA und Großbritannien Menschen, die schon aufgrund von anhaltenden Diskriminierungen wie Race, Geschlecht und sozioökonomischem Status benachteiligt sind, überproportional die heftigsten Auswirkungen der klimatischen Schäden erfahren. Sie sind anfälliger für Umweltverschmutzung, Überschwemmungen und ähnliche Gefahren. Im Senegal sind die Hauptklimarisiken Fluten, Dürren, Epidemien und Stürme.[18]

Doch obwohl Länder des Globalen Südens überdurchschnittlich unter der Klimakrise leiden, haben sie meist kaum Ressourcen, um sich gegen die Extremwetter zu schützen, deren Verursacher:innen im Globalen Norden leben. Zum Beispiel hat der Senegal im Durchschnitt etwa vierzigmal weniger finanzielle Ressourcen pro Person als ein Land wie Schweden. Gleichzeitig stößt dort jede Person über sechsmal mehr CO_2 pro Jahr aus, als es im Senegal der Fall ist.

Zu lange habe ich nicht hinterfragt, warum »arme« Länder überhaupt arm sind. Gerade im Senegal gibt es enorm viele Bodenschätze wie Gold, Phosphat, Kalkstein, Salz und gigantische Reserven an Gas oder Öl. Das Land ist reich an Ressourcen, warum ist es dennoch arm? Der Politologe und Historiker Michael Parenti findet dafür klare Worte: Arme Länder sind nicht »unter-entwickelt«, sondern »überausgebeutet«.

Wo die Ausbeutung im Senegal begann, dort fängt unsere Reise an.

Gorée Island – Point of no return

Vor Dakar, der Hauptstadt des Senegal, liegt eine kleine Insel namens Gorée Island, besser bekannt als die »Sklaveninsel«. Die Mittagssonne steht grell im Zenit über unseren Köpfen, während wir durch die engen Gassen gehen. Hohe Wände flankieren den Weg, umgeben uns und ragen meterhoch über unseren Köpfen empor. Es ist heiß, doch der kalte Schrecken dieses Orts drückt sich durch meine Haut. Wir biegen in eine Art Festung ein. Vor uns wird eine massive Pforte geöffnet und zusammen mit einer Gruppe von Tourist:innen treten wir ein. Gedankenverloren greife ich Andrés Hand, hier will ich nicht allein sein. Niemand sagt ein Wort, als wir das Tor durchschreiten und sich vor uns ein kreisrunder, staubiger Hof öffnet. Der Platz wird rechts und links von offenen, kahlen Räumen gerahmt. Als wir näher an sie herantreten, sehe ich, dass an den einst hellen Lehmwänden, verschmiert mit rötlichen Schatten, schwere, eiserne Handschellen hängen. Meine Hand umschließt die von André noch fester. Mittig zum Hof hin liegt ein einstöckiges Gebäude, direkt über den Zellen. Oben sind die reichen und mächtigen Kolonialmächte, unten die ausgebeuteten, kolonisierten Menschen. Zwei sichelförmige Treppen führen wie die gespaltene Zunge einer Schlange zum Hof hinab. Dort, wo sich die Zungenspitzen der Treppen fast treffen, ist in der Mitte ein Durchgang. Er führt unter dem mächtigen Stockwerk auf ein Portal zu. Dahinter sehe ich nur das offene, raue Meer.

Jetzt löse ich meine Hand aus der von André. Wie betäubt gehe ich auf die Maueröffnung zu und kann nicht anders, als daran zu denken, wie viele versklavte Menschen sich hier unter Gewalteinwirkung aufreihen mussten, um dort hinauszutreten – Mütter, getrennt von ihren Kindern, geliebte Väter, Menschen, die ihrer Spiritualität und Kultur beraubt und aus ihrem eigenen Land entführt wurden. Sie gingen hier buchstäblich über die Planke, die von dieser Öffnung ausgelegt wurde, um Millionen Menschen auf Schiffe zu führen, die sie nach Amerika und überall in die Welt brachten – Millionen Menschen, eingepfercht in Boote, um dann, wenn sie überhaupt die Überfahrt überlebten, bis an ihr Lebensende unter brutalsten Zuständen zu arbeiten oder von den Kolonialherr:innen ermordet zu werden.

Ich stehe nun genau an der Kante des Portals. Der Ozean fletscht seine Zähne und schlägt gegen die Mauerwand, die salzige Luft sticht in meine Lunge. Hier, am »Point of no return«, schauten die Sklav:innen ein letztes Mal auf Afrika zurück. Ungläubig lese ich den Schriftzug über dem Portal noch einmal. *Point of no return?,* fährt es mir durch den Kopf, *so wird auch die kritische Grenze genannt, wenn Kipppunkte unwiderruflich überschritten werden und es kein Zurück mehr gibt.*

Noch nie war mir der Zusammenhang zwischen Klimakrise und Kolonialismus so bewusst – und stand mir so klar vor Augen – wie in diesem Moment. Ich erinnere mich, dass im jüngsten Bericht des IPCC zum ersten Mal »Kolonialismus« erwähnt wurde. Aber es tauchte nicht nur der Begriff auf, sondern es wurde ausdrücklich darauf hingewiesen, dass historische und andauernde Ungerechtigkeiten wie der Kolonialismus Milliarden Menschen anfälliger für den Klimawandel gemacht haben. Die koloniale Vergangenheit wurde damit als Ursache der Klimakrise offiziell anerkannt. Das ist radikal hoffnungsvoll. Zu lange wurden die Konsequenzen aus 500 Jahren Versklavung nicht ausreichend berücksichtigt. Vom Kolonialismus ausgebeutete Länder kämpfen immer noch mit den wirtschaftlichen, sozialen und klimatischen Folgen und die globalen Machtstrukturen, die damals entstanden sind, sind bis heute intakt. Die puerto-ricanische Anwältin Elizabeth Yeampierre drückt es so aus: »Der Klimawandel ist das Erbe der Ausbeutung, des Kolonialismus und der Sklaverei.«[19]

Greenpeace hat 2022 in Zusammenarbeit mit dem Runnymede Trust, einem britischen antirassistischen Thinktank, den unglaublichen Bericht »Confronting injustice: racism and the environmental emergency« veröffentlicht.[20] Er macht die Zusammenhänge zwischen Kolonialgeschichte, Sklavenhandel und heutiger fossiler Industrie sichtbar.

Im Laufe der Geschichte des transatlantischen Sklavenhandels wurden ungefähr dreizehn Millionen Menschen brutal gefangen genommen und aus rein profitgetriebenen Motiven ihrer Freiheit beraubt. Durch Rassismus wurden BIPoCs systematisch entmenschlicht. Durch das rassistische Narrativ, ihr Leben und Sein seien weniger wert als das weißer Menschen, wurde diese entsetzliche Praxis gerechtfertigt.

Auf der Berliner Kongo-Konferenz 1884/85, auch bekannt als »Wettlauf um Afrika«, teilten die europäischen Mächte den afrikanischen Kontinent unter sich auf. Mit Stift und Lineal wurde die gesamte Fläche Afrikas gespalten, um den Boden für Ressourcen wie Mineralien, Nahrungsmittel und Rohstoffe auszubeuten. Es wurde menschliches Leben als Ware ebenso exportiert wie ökologische Ressourcen und Lebensgrundlagen.

Togo, Kamerun, Namibia, Tansania, Ruanda und Burundi waren deutsche Kolonien in Afrika, mit grausamen Folgen. Durch die Ausbeutung des Landes wurden Menschen enteignet und vertrieben; die

Natur, von der sie lebten, wurde verschmutzt und zerstört und sie selbst in ausbeuterische Lohnarbeit getrieben.

Wir gehen an die Küste der kleinen Insel und schauen hinüber nach Dakar. Vor dem Hafen der Stadt liegen gigantische Frachter schwer im Wasser. Einen beobachte ich eine Weile aus der Ferne. Er sieht komisch aus. Auf seinem Deck liegen vier riesige rote Kuppeln wie übergroße Kaugummiblasen. Jetzt fällt es mir ein. Zwar hat niemand auf ihnen herumgekaut und sie aufgeblasen, aber tatsächlich ist in ihnen ein Gas, eher ein Flüssiggas. LNG (Liquified Natural Gas), ein klimaschädliches fossiles Erdgas, wird hier an den Küsten des Senegal gefördert. Über Bohrlöcher in den Tiefen des Ozeans wird das Gas zu einer Plattform gepumpt, dort verflüssigt und in diesen Kaugummiblasen abtransportiert – meist wieder in den Globalen Norden. Ich schaue dem Frachter zu, wie er weiter gen Norden hinaustreibt, und schweife mit meinen Augen zurück auf die Insel. Auch die fossile Industrie hat ihre Wurzeln in der Sklaverei. Nachdem der Sklavenhandel abgeschafft worden war, suchten die führenden Kolonialmächte nach neuen Wegen, um Profit zu machen. Das Zeitalter der fossilen Brennstoffe begann. Großbritannien zum Beispiel kurbelte seine industrielle Revolution an, indem die Royal Niger Company große Gebiete Nigerias ihrer Macht unterwarf. Auf großen Plantagen wurde Palmöl angebaut, das man als Schmieröl für Maschinen benötigte. Als die englischen Schiffsflotten von Kohle auf Öl umstiegen, kaufte Großbritannien einfach das ganze Gebiet der Royal Niger Company, was heute ganz Nigeria entspricht, und übergab es dem Konzern Shell, um exklusiv Öl zu fördern. Ich wiederhole: Ganz Nigeria wurde gekauft, um es exklusiv für Öl auszubeuten. Bis heute vergiftet Shell in Nigerias Niger-Delta die Gewässer, Fische sterben, der Regen spült Giftstoffe aus der Luft in den Boden und lässt Menschen an Krebs erkranken.

Meine Augen pinnen wieder den LNG-Frachter am Horizont an, der jetzt nur noch als kleine Silhouette erkennbar ist. Der direkte Transfer von Ressourcen hat es ehemaligen Kolonien unmöglich gemacht, sich zu industrialisieren, sondern ganz im Gegenteil: Ihre bewusste Deindustrialisierung hat die Industrialisierung anderer Länder überhaupt erst möglich gemacht.

Auch wenn die grausame Praxis der Versklavung von Menschen Afrikas endete, hörte jedoch die Gewalt gegenüber ihren Gemeinschaften nicht auf. Die Machtstrukturen sind geblieben. Im Greenpeace-Bericht wird in Fallbeispielen geschildert, wie sechs große Ölkonzerne mit Sitz im Globalen Norden zwei Drittel der weltweiten Investitionen in die Exploration von Öl und Gas tätigen und dabei auf Kosten der Menschen, die in den Gemeinden leben, in denen das Öl gefördert wird, enorme Gewinne erzielen. Bis heute führen große Ölkonzerne wie BP, Shell, Total Energies und Exxon Mobil den »Wettlauf um Afrika«[21] fort, vor allem auch hier, vor unseren Augen, im Senegal.

British Petroleum (BP), das in der Vergangenheit unter dem treffenden Namen »First Exploitation Company« bekannt war, macht sich derzeit im Senegal mit neuen Projekten breit. Wir wollen uns das aus nächster Nähe ansehen.

Saint-Louis – das zukünftige Atlantis?

Nördlich von Dakar, unweit der Grenze Mauretaniens, liegt die Hafenstadt Saint-Louis. Sie war während der französischen Kolonialzeit die Hauptstadt des Landes. Die Stadt liegt auf einer Landzunge zwischen dem Atlantik und dem Senegal-Fluss und ist in zwei Teile geteilt: das Festland und die Île de Saint-Louis. Der Ort wurde zum UNESCO-Weltkulturerbe gekürt – könnte aber vielleicht bald seinen Titel verlieren: *Die Stadt versinkt im Meer,* denke ich, als wir an der Uferpromenade entlanggehen. Wir sprechen mit Menschen, deren Häuser unmittelbar am Ozean stehen. Teils sehen sie heruntergekommen aus, teils sind sie vollends zerstört.

Sie berichten uns, dass der Meeresspiegel hier unaufhörlich ansteigt und sich immer tiefer in den Strand, zwischen die Häuser und in die Inselstadt frisst. Während die Menschen nicht wissen, wie viele Jahre, vielleicht sogar nur Monate, sie noch haben, bis ihr Zuhause überflutet sein wird, blicken sie auf genau die Industrie, die das Wasser steigen lässt. Mit bloßem Auge sehe ich die gigantische Gasplattform, betrieben von British Petroleum. Das Öl- und Gasunternehmen hat mit der Erkundung des Seegebiets »Grande Tortue Ahmeyim« (GTA)[22] begonnen. Dort will die Firma im großen Stil neue Gasreserven ausbeuten.

In der Ferne erkenne ich Markus mit seiner dicken Kamera, der Bilder vom Plastikmüll am Strand macht, der überall herumliegt. Nick versucht, ihm mit der Videokamera zu folgen, beide sehen ebenso angestrengt aus, wie ich mich fühle. Nick ruft Markus etwas zu, aber der stolpert trotzdem über ein paar Ziegen, die hinter ihm frei herumlaufen. Sie blöken, Möwen fliegen kreischend über unseren Köpfen, während junge Menschen an bunten Holzbooten arbeiten, die aufgereiht auf Holzrollen liegen, um bald schon in die Wellen des Atlantiks aufzubrechen.

Ich sehe acht junge Männer, die ein schweres Boot auf den Rollen ins Wasser schieben. Ihre durchschwitzte Kleidung klebt an ihren Körpern, während sie mit ganzer Kraft die Piroge ziehen und schieben. Die Jungs verziehen ihre Gesichter und die Kiefermuskeln treten hervor, während das Boot sich schwerfällig den Wellen nähert. Es ist harte Arbeit, vor allem, weil es an moderner Ausrüstung mangelt.

Ich erkenne eine schlanke Silhouette in der Ferne. Die Hitze flimmert über dem Strand, während Yero über den Müll auf uns zugelaufen kommt. Mit ihm haben wir uns hier am Strand für unsere bevorstehende Aktion verabredet. Er umarmt mich und es fühlt sich an, als würde ich einen guten Freund begrüßen, obwohl wir uns noch nie persönlich kennengelernt haben. Doch hatten wir schon öfter über Social Media Kontakt. Ich verfolge ihn und seine Arbeit schon lange auf Instagram. Ich grinse, als ich sein Pokémon-Shirt mit der Aufschrift »Gonna catch em all!« sehe und vielleicht bin ich genau darum so überrascht, als er zu reden beginnt. Jedes Wort von ihm fühlt und hört sich an, als würde ich vor dem nächsten senegalesischen Präsidenten stehen. Eine alte Seele im Pikachu-Gewand.

»Die Fischerei hat eine lange Tradition im Senegal«, beginnt er. Wir beobachten die Fischer, die den gesamten Strand beanspruchen. »Knapp 20 000 Menschen sind in der Branche tätig – Menschen, die fischen, handeln, Abertausende Frauen, die überwiegend in der Fischverarbeitung tätig sind, und Personal, das die Meeresfrüchte in die gesamte Sahelzone transportiert. Indirekt sind noch viel mehr Menschen vom Fischfang abhängig, man könnte fast sagen, das ganze Land. Doch seit der Gasplattform ist das Leben hier ein anderes. Die Menschen fangen deutlich weniger Fisch. Ihre Fischfangzone wurde in mehreren Hundert Metern Umkreis um die Plattform verkleinert. Wenn sie rausfahren, müssen sie darum immer länger auf dem Meer bleiben. Die Gasförderung nimmt ihre Lebensgrundlage.«

Ich schaue auf den Ozean. *Was für eine gigantische Scheiße*, denke ich. Die Fischer arbeiten mit den Augen auf die Industrie gerichtet, die ihre Gegenwart und Zukunft gefährdet. *Was würde ich tun?*, frage ich mich. Vermutlich das Gleiche wie Yero? Aber eigentlich ist das ein ziemlich privilegierter Gedanke. Ich habe eine Wahl. Yero hatte keine. Er setzt sich federführend in der deutsch-senegalesischen Allianz gegen die Gasausbeutung in seiner Heimat ein. Er ist zwar Klimaaktivist wie ich, aber nicht freiwillig. Seine Lebensrealität hat ihm keine Wahl gelassen. Er kommt aus dem Norden des Landes, wo enorme Dürren und Überschwemmungen sein Leben prägen. Ich denke daran, wie die Debatte in Deutschland immer nur darum zirkelt, unser »gewohntes Leben« zu verteidigen oder zu einer »Normalität« zurückzufinden. Aber hatte er unter solchen Extremen jemals ein normales Leben?

In seiner Landessprache Wolof schafft es Yero innerhalb weniger Minuten, mit einem alten Fischer namens Moustapha einen Deal auszuhandeln, um uns aufs Meer hinauszubringen. Erst schaut Moustapha freundlich und zuvorkommend, doch je länger Yero und er sprechen, umso mehr verdüstert sich seine Miene. Wir haben Glück, denn Moustapha ist selbst stark engagiert in seiner Fischereigemeinschaft und möchte uns helfen.

Mein Gesicht läuft grün an, während wir in einem traditionellen senegalesischen Holzboot aufs wilde Meer hinausfahren. Mit der Stirn auf meinen Knien sitze ich am Boden der Piroge. Unter mir schwimmen in kleinen Wasserlachen ein bisschen Sand, ein abgetrennter Fischkopf und andere stinkende Überreste. Mit jeder heftigen Welle habe ich das Gefühl, mich gleich übergeben zu müssen. Doch dann kommt eine weitere Woge, dann noch eine, und irgendwann hat sich mein Magen an die unrhythmischen Schwankungen gewöhnt. Ich atme tief aus.

Als ich den Kopf hebe, schwappt mir eine Welle Meerwasser entgegen. *Mist.* Aber was soll's, meine Rettungsweste ist ohnehin schon komplett durchnässt. Die brutzelnde Mittagssonne über uns trocknet sie garantiert schnell. Ich blinzle und sehe Yero, der unbekümmert neben mir sitzt. Ein bisschen argwöhnisch beobachte ich ihn – *Ist ihm etwa nicht übel? Das kann doch nicht wahr sein!* Aber er scheint den Wellengang gar nicht wahrzunehmen. Seine Augen ruhen fokussiert auf dem, worauf wir zusteuern: auf der Gasplattform. Lang und breit wie eine mächtige Betonmauer ragt sie am Horizont empor. Wir sehen einen massiven Wellenbrecher aus Gestein, dahinter liegt die eigentliche Gasplattform, von der tief in den Meeresgrund hinein gebohrt und das Gas gefördert wird. Yero lehnt sich zu mir und ruft durch die Motorengeräusche: »Würde das gesamte Gasvorkommen hier von BP erbeutet werden, entspräche das dem Ausstoß von 2,2 Milliarden Tonnen CO_2 – fast das Doppelte der derzeitigen jährlichen Energieemissionen des gesamten afrikanischen Kontinents. Auch euer Bundeskanzler Olaf Scholz hat zugesagt, das gefährliche Projekt mit Investitionen und technischer Entwicklungshilfe für die Kraftwerksinfrastruktur zu unterstützen.«

Yeros Augen blitzen auf. Ist es Wut? Oder liegt eher Trauer in seinem Blick? Durch den rauschenden Fahrtwind ruft er mir zu: »Das Vorhaben ist so gefährlich für die Menschen hier. Es verschlimmert unser aller Leben. Je mehr Infrastruktur gebaut wird, desto mehr Lebensräume von Fischen werden hier zerstört. An unserer Küste liegen außerdem wichtige Kaltwasserkorallenriffe. Fehlen sie, dann fehlen auch die Fische, von denen wir uns ernähren.« Hinter uns steht Moustapha. Vor ihm sitzen André und Markus. Nick ist an Land geblieben, um auf den Rest des Equipments aufzupassen, das nicht nass werden darf. André sieht aus, als hätte er so zu kämpfen wie ich. Er schaut besorgt auf den Kamerakoffer zwischen seinen Beinen, der von außen bereits pitschnass ist. Nur Markus scheint ganz froh darüber zu sein, dass wir die Plattform aus der Nähe dokumentieren können. »Sind wir gleich da? Meint ihr, ich kann schon meine Drohne starten?«, fragt er mit der Ungeduld eines Kindes auf einer langen Autofahrt. Seine Augen fixieren das Gasprojekt, während er seinen Bart zwischen den Fingerspitzen zwirbelt.

In einiger Entfernung taucht ein riesiges Marineboot vor uns auf und schneidet uns förmlich den Weg ab. Wir stoppen abrupt ab. Es sind noch 600 Meter bis zur Gasplattform, als Moustapha mit dunkler Stimme warnt: »Näher heran können wir nicht.« In seinem Blick liegt eine ungewöhnliche Strenge. Er kennt das Gebiet wie seine Westentasche. »Seit dem 16. Jahrhundert leben wir hier vom Fischfang. Dieser Ort, Diatara, war einst einer der fischreichsten Orte meiner Heimat. Schon unsere Vorfahren haben hier immer gefischt, um ihre Familien zu ernähren und die Region am Leben zu erhalten.« Yero pflichtet ihm bei: »Wie konnten sie diesen Ort wählen, wenn die Bohrlöcher noch 125 Kilometer entfernt sind und das Gas bis zu 85 Kilometer durch Pipelines transportiert werden muss? Warum konnte kein anderer Ort für die Plattform ausgewählt werden, sodass das Riff und die Fische verschont bleiben?«

Moustapha inspiziert die Festung vor uns, nickt und presst seine Lippen aufeinander. »Wir Fischer sind aufgebracht. Wir Eltern sind besorgt. Unsere Kinder müssen weiterhin rund um die Plattform fischen. Sie haben keine andere Möglichkeit, sie müssen leben und überleben.« Yeros und Moustaphas Blicke treffen sich. Yero fährt fort: »Unsere Gesetze sind klar. Artikel 57 des Erdölgesetzes spricht von Entschädigung. Wir fordern unsere Regierung auf, Verhandlungen zu beginnen. Es müssen Gespräche zwischen den Fischereiorganisationen, den Ölkonzernen und dem Staat geführt werden. Sie müssen über Entschädigungen sprechen und sicherstellen, dass BP unsere Verluste ausgleicht. Das würde uns die Möglichkeit geben, uns auf die neue Situation einzustellen und vielleicht mit besserer Ausrüstung an andere Orte zu fahren, um unseren Lebensunterhalt zu verdienen.«

Yero sieht mich jetzt an. Seine folgenden Worte sollen noch lange in mir nachhallen: »Ohne auch nur ein einziges Mal nach uns zu schauen, wird unser Leben zerstört. Würde so etwas jemals bei euch passieren? Würden Projekte so schamlos umgesetzt werden, ohne Rücksicht auf die Bevölkerung? Würde man euch bewusst jemals so gefährden? Es wirkt, als würde bei uns in Afrika mit zweierlei Maß gemessen im Vergleich zu dem, was bei euch in Deutschland und in Europa üblich ist. Unsere Natur und wir scheinen schlichtweg weniger wert zu sein. Das ist Umweltrassismus.«

Ich sauge Yeros Worte auf, während das Boot wild weiterschwankt. Mir wird wieder übel. Wie ein Hai schwimmt langsam das Marineboot an uns vorbei. Wir warten eine Weile und als wir uns nicht mehr beobachtet fühlen, startet Markus die Drohne. Ich habe ein ungutes Gefühl dabei, als er das teure Gerät emporsteigen lässt. Er möchte Fotos der Gasplattform aus verschiedenen Winkeln aufnehmen. Nach wenigen Sekunden verliert sich die Drohne als kleiner, schwarzer Punkt in der Ferne.

Schweißperlen sammeln sich auf Markus' Stirn, während er wild den Controller bedient, als würde er Playstation spielen. Plötzlich piepst sein Bildschirm und leuchtet rot. Die Verbindung fehlt. »Mist, Mist, Mist, Mist!«, stößt er hervor. Gibt es hier vielleicht Schutzsysteme? Eine Art Firewall für Drohnen? Ich könnte es mir gut vorstellen. Auch wenn man die Plattform an guten Tagen von der Küste vor Saint-Louis erkennen kann, finde ich sie nicht einmal auf Google Earth. Sicher lässt man nicht zu, dass ein Naturfotograf aus Deutschland hier einfach so Bilder macht und der Öffentlichkeit präsentiert.

Markus steht auf und geht zum Bug des Bootes. Mit aufgerissenen Augen sucht er den Himmel ab, doch seine Drohne ist nicht zu sehen.

Das andauernde Piepsen macht mich nervös. Oder bin ich nervös, weil unser Boot vom Wellengang fast umzukippen droht? Gedanklich bin ich bereits dabei, unseren Rückzug zu planen. *Wenn das Boot jetzt kentert, könnte ich dann wieder zurück an Land schwimmen? Wohl kaum. Wenn es nicht umkippt, würden wir dann in unserer kleinen Piroge schneller als das Marineboot zurück zum Festland kommen? Wohl kaum.* Ich versuche, meine Übelkeit wegzuatmen. *Ein, aus, ein und aus.*

»Da ist sie!« Yero zeigt auf die Drohne. Sie fliegt zielstrebig zu ihrer Startposition zurück und schwebt fast genau über uns. Markus streckt den Arm aus, möchte die Drohne schnappen, aber er schafft es nicht. Schwer schlägt das Boot wieder und wieder aufs Wasser, während die Wellen zu beiden Seiten sprühen. Es ist stürmischer geworden. Eine dicke Welle bricht auf mich zu. Schnell versuche ich, das Salzwasser aus meinen Augen zu wischen. Die Drohne piepst nun rapide, ihre Batterie ist fast leer. Markus ruft: »Irgendwer muss sie zu fassen kriegen, sonst fällt das Ding ins Wasser und die Bilder sind verloren!« Als wir alle aufstehen und zu einer Seite des Bootes hechten, kippt das Boot. Ich schreie auf. Das Boot drückt sich wieder hoch. Yero springt schnell zur Seite und wirft sein ganzes Gewicht auf die Reling, die immer weiter aus dem Wasser ragt. Ohne nachzudenken, reiße ich mich los und tue es ihm gleich. Wir knallen aufs Wasser, das Boot balanciert sich wieder aus. Dabei stoße ich mich hart an der Schulter.

»Halt mich fest, André!«, ruft Markus. Er streckt eine Hand aus, um das Gerät zu fassen. Erster Versuch – wie eine Katze, die an einem öden Nachmittag auf der Veranda nach einer Fliege schlägt, verfehlt er sie. »Komm schon, Markus!«, rufe ich, als er zum zweiten Versuch ansetzt, sich mit beiden Händen gen Himmel reckt, die Drohne packt und – stürzt. Im letzten Moment kriegt ihn diesmal Moustapha am Gürtel zu packen und zieht ihn mit einem heftigen Ruck zurück.

Der Schmerz in meiner Schulter pocht und meine Beine fühlen sich an wie Wackelpudding, als wir am Strand von Saint-Louis endlich wieder auf festem Boden stehen. Markus und Nick gehen zu unserer kleinen Unterkunft auf der Landzunge, um die Dateien zu sichern, während André, Yero und ich noch eine Weile am Strand entlangspazieren. Plötzlich wirbelt ein Fisch durch die Luft, zieht knapp an meiner geprellten Schulter vorbei und fällt hinter mir in den Sand. Ich schaue mich um und André sieht mich entsetzt an: »Hat den jemand auf dich geworfen?« »Warum sollte jemand einen Fisch nach mir werfen? Was habe ich denn getan?«, frage ich verwirrt zurück, als sich mein Blick in einer grünen Häkelmütze verfängt. Sie befindet sich auf dem Kopf eines Jungen, der in der Mitte einer kleinen Traube von jungen Männern sitzt und ohne auch nur einen Blick auf seine Finger zu werfen, mit präzisen Bewegungen das riesige Fischernetz in seinem Schoß flickt. *Er war es sicher nicht.* Geistesabwesend beobachtet er den Fetzen einer Plastiktüte, die vor ihm, halb unter Sand vergraben, wild im Wind flattert. Als würde er meinen Blick spüren, reißt er plötzlich seine Augen von der Tüte und schaut zu mir. Ich fühle mich ertappt. Etwas beschämt durch mein Starren, will ich gerade weitergehen, als er grinst und uns zu sich winkt.

Yero und ich gehen zu ihm und setzen uns zögerlich. Die Jungs um uns herum mustern uns erst etwas argwöhnisch von der Seite. Es dauert einen Moment, bis sie die Netze niederlegen und zu reden beginnen. Insgesamt sind es sechs junge Männer, nur ein paar wenige Jahre jünger als ich, gerade mal Anfang zwanzig. Sie sprechen Wolof, die Landessprache des Senegal, und Yero übersetzt alles für mich. Der Älteste von ihnen heißt Oumar, daneben sitzt Moussa, und auch der Junge mit der grünen Häkelmütze stellt sich schüchtern vor, sein Name ist Barbacar.

Barbacar fragt mich, wo ich herkomme und was ich hier mache. Als ich erkläre, dass ich eine deutsche Journalistin bin, weichen die Männer plötzlich meinen Blicken aus. Betretenes Schweigen. Manche fangen wieder an, ihr Fischernetz zu flicken. *Habe ich etwas Falsches gesagt?* Ich schaue zu Yero, aber seine Miene bleibt unverändert. Barbacar zögert etwas, dann flüstert er mehr zu sich als zu mir: »Ah, Deutschland, Europa also.« Er scheint in seinen eigenen Gedanken versunken. »Da würden viele von uns gern hin. Mein Bruder hat es schon dreimal versucht.« Moussa stupst ihn mit dem Ellbogen in die Seite, als sei er der Ansicht, er solle aufhören zu reden. Barbacar schüttelt kurz und schnell seinen Kopf und es wirkt, als würde er aus einem gruseligen Tagtraum erwachen. Ein Windstoß lässt die Tüte unter dem Sand wild flattern. Barbacar schiebt sich seine Mütze zurecht und wendet sich jetzt wieder zu mir. Er schaut mir direkt in die Augen, doch ich sehe, wie viel Kraft ihn das kostet. Er setzt nochmals an und haucht die Worte jetzt eher: »Dreimal hat mein Bruder es versucht«, wiederholt er. »Einmal schaffte er es bis nach Mauretanien. Beim zweiten Mal nach Marokko.« Er macht eine Pause. Die Tüte knistert laut im Wind. »Beim dritten Mal kam er weder an, noch kam er zurück«, flüstert er so sanft, dass seine Stimme in der Mitte des Satzes bricht. Eine Windböe reißt die Plastiktüte unter dem Gewicht des Sandes los. Sie steigt hinauf, zieht Richtung Ozean und landet sachte auf dem Wasser. Eine Weile sehe ich sie noch an der Oberfläche glänzen, ehe sie versinkt. Ich rühre mich nicht. Ich traue mich nicht, etwas zu sagen. Gedankenverloren schaue ich auf meine Hände, die in meinem Schoß liegen. Barbacars Stimme dringt nach einer Weile kaum merklich zu mir: »Ich will trotzdem gehen. Wir alle wollen es versuchen.« Seine Worte treffen mich wie ein Schlag. Ich schnappe nach Luft. »Wie kannst du das wollen? Wie kannst du diesen gefährlichen Weg auf dich nehmen wollen, wenn du doch um das Schicksal seines Bruders weißt?«, frage ich ihn. Ich bin überrascht vom Krächzen in meiner Stimme. Mein Herz pocht wild.

Jetzt ist alle Schüchternheit und Sanftheit aus Barbacars Gesicht gewichen. »Ich will nicht gehen, ich muss gehen! Was bleibt uns denn hier übrig? Ihr holt uns doch alles weg!«, zischt er mir zu. Eine kräftige Böe sticht mir eiskalt in den Rücken. Ich weiche etwas zurück und für ein paar Sekunden sehen wir uns schweigend an. Ich verstehe nicht ganz, was er meint, aber dann sagt er: »Ihr holt unser Gas für eure Energie, während unsere Meere steigen. Ihr holt unseren Sand für euren Beton, während unsere Strände und natürlichen Deiche verschwinden. Ihr nehmt unser Land für eure Erdnussplantagen, während wir hungern.«

Meine Gedanken überschlagen sich. Er hat recht. Es ist ein direkter Ressourcentransfer vom Globalen Süden in den Globalen Norden.[23] Für den Profit einiger weniger superreicher Konzerne wird die globale Mehrheit nicht nur ihrer Lebensgrundlage beraubt und die Natur zerstört, sondern sie wird auch viel verwundbarer für die Klimakrise gemacht. Diese Fixierung auf Gewinn, Konkurrenz und ständiges Wachstum ist tödlich.

Barbacar fährt fort: »Und jetzt holt ihr unsere Meere.« Er zeigt auf den Horizont hinaus. Im klaren Abendrot sehe ich nicht nur die Silhouette der Gasplattform, sondern auch die von Trawlern, gigantischen Frachtern, die am Horizont entlangsegeln. Dagegen wirken die Silhouetten der lokalen Fischerboote wie mickrige Sardellenbüchsen.

Einst gehörten die Gewässer des Senegal zu den fischreichsten der Welt, heute sind sie fast leer gefischt. Nicht nur die Ausbeutung der Gasreserven macht es für die Einheimischen immer schwieriger, ihren Lebensunterhalt zu verdienen, sondern auch riesige Fischfangflotten aus China, Russland und Europa überfischen die Meere. Mit gigantischen Schleppnetzen, so groß wie vier Fußballfelder[24], rauben sie den Fischbestand und zerstören dabei wichtige Lebensräume der Fische oder Korallenriffe, die als CO_2-Speicher unser Klima stabilisieren. Genauso wie das Soja in Brasilien für Tiermägen bestimmt ist, werden die Fische hier ebenfalls nicht gefangen, um den Hunger von Menschen zu stillen. Stattdessen werden Hunderttausende Tonnen Frischfisch zu Fischmehl oder Fischöl verarbeitet, um es in Zuchtbetrieben für Lachs oder Forelle zu verfüttern. Ein hoher Anteil landet in Schweine- oder Hundefutter oder in den Gesichtern weißer Menschen als Hautcreme. Der Fisch wird zu einem weiteren Handelsgut für den Globalen Norden. Während klimaschädliche Konzerne, die zumeist zu Kolonialzeiten entstanden sind, immer weiter Geld anhäufen, wissen die Menschen im Globalen Süden nicht, was sie morgen essen sollen. Wie können wir dieses System durchbrechen und ein besseres schaffen, das ausgehend von Menschen wie Barbacar gedacht wird?

Oft haben wir in Deutschland das Gefühl, dass wir etwas verlieren würden, wenn jemand anderem etwas gegeben wird. Stattdessen sehe ich Systemwandel vielmehr so: Wir lernen in der Grundschule, die schwarzen Buchstaben auf weißem Papier zu verstehen. Blinde Menschen fallen dabei aus dem Raster. Stellen wir uns vor, wir würden in der Grundschule stattdessen die Blindenschrift erlernen. Würden blinde Menschen lesen und schreiben? Ja. Würden alle anderen Menschen lesen und schreiben? Ja, auch. Wenn wir unsere Welt so umgestalten, dass niemand aus dem Raster fällt, bilden wir ein Sicherheitsnetz für alle. Das bedeutet keinen Verlust, sondern ein System, bei dem alle gewinnen. Wenn wir uns aus dem kolonialistischen System befreien und Ressourcen so verteilen, dass auch Barbacar in Sicherheit leben kann, dann heißt das für uns nicht weniger. Dann heißt das, dass wir uns aus der Wegwerfgesellschaft, dem Überkonsum, der Konzernmacht befreien und sichere Lebensbedingungen für alle Menschen herstellen.

Ich schaue in die Gesichter von Jungs, die in eine ganz andere Zukunft blicken als ich. Nie zuvor war mir klarer, dass meine Freiheit direkt mit ihrer Unfreiheit verknüpft ist. Dass meine europäischen Privilegien direkt an ihre Deprivilegierung gebunden sind. *Was würde ich tun? Wie würde ich an ihrer Stelle ins Gesicht dieses weißen Mädchens aus Europa blicken?*

Die Möwen rufen müde am Himmel, bald würde der Tag vorüber sein. Zusammen mit dem Team und Yero gehen wir an der Küste entlang, vorbei an zerstörten Häuserreihen. Große Steinbrocken liegen als Trümmerhaufen vor halben Hauswänden, Dächer fehlen gänzlich. Es sieht aus, als wären die Häuser mit einer Abrissbirne gezielt eingerissen worden, dabei waren es Naturgewalten. Wir gehen auf eine Schule zu. Auch sie wurde komplett von den Wellen zerstört. Yero geht voran und steigt auf die großen Steinhaufen, ich folge ihm. Vom höchsten Punkt des Hügels blicken wir auf den Innenhof der Schule, während der Wind heftig um unsere Ohren pfeift. Wir erkennen die Umrisse eines alten Basketballplatzes, der jetzt, mit Müll und Gesteinsbrocken bedeckt, seelenlos vor uns liegt.

Markus steht neben mir und flüstert mir zu: »So etwas hab ich noch nicht gesehen.« Ich schaudere. »Ja«, sage ich. »Während bei uns die Klimakrise scheinbar zögerlich an die Türen klopft, hat sie hier bereits ganze Häuser zerstört.« Plötzlich springt eine Herde Ziegen hinter den großen Steinblöcken hervor, ich trete zurück und falle fast rücklings hinunter. In letzter Sekunde kann mich Markus noch halten. Wir steigen hinab auf den Schulhof und gehen in einen Raum. Mit jedem Schritt knacken Dosen, Steinreste und Plastikmüll unter meinen Schuhen. Bis auf eine einsame Tafelwand ist der Raum leer. Auf der Ecke der Tafel erkennen wir einen grob verwischten Schriftzug: »Der letzte Unterricht war hier am 1. 3. 2017.« Hier haben Kinder gelernt.

Yero erklärt uns: »2017 und 2018 gab es so unglaublich heftige Sturmfluten, dass Hunderte Familien auf einen Schlag alles verloren haben. Die Menschen können sehen, wie das Wasser jedes Jahr ein bisschen mehr Strand wegnimmt und sich zu ihren Hauswänden schleicht. Und wenn ein Sturm aufzieht, haben ihre Häuser überhaupt keinen Schutz mehr. Sie werden von den meterhohen Wellen eingerissen.« »Wo sind all die Menschen jetzt? Die Familien?«, frage ich Yero und die Antwort darauf zeigt er uns knapp 20 Kilometer landeinwärts: ein Lager für Menschen auf Klimaflucht.

Diougoup – Teranga und das Paradies in der Hölle

Als wir ankommen, steht die Sonne im Zenit. Es ist superheiß und ich schirme meine Augen ab, um das Meer aus weißen Plastikhäusern vor mir besser erkennen zu können. Grell reflektieren die Häuserwände die Strahlen und selbst durch die Sonnenbrille fangen meine Augen an zu tränen. In Reih und Glied stehen Hunderte von diesen Kartenhäusern vor uns. Zwischen manchen spannen sich Wäscheleinen, hier und da huschen Kinder mit ihren noch jüngeren Geschwistern auf dem Arm vorbei, dort trägt eine Frau einen Wasserkanister auf dem Kopf, hier sitzt ein Mann im schützenden Schatten eines Zelteingangs.

In diesem Lager leben seit 2018 Tausende Menschen in mobilen Wohneinheiten.[25] Wir betreten das Gelände und gehen zwischen den Hütten entlang. Zögerlich klopfe ich an die Wand eines der Häuser – dünn wie Pappmaschee. Ich gehe weiter, als plötzlich eine kräftige, junge Frau in einem bunten Gewand vor mir steht. Mit gütigen Augen mustert sie mich. Sie heißt Maman und hat uns schon von Weitem beobachtet. Auch sie hat ihr Zuhause in den Fluten verloren und lebt seit nun fast fünf Jahren hier. Ihre Stimme ist weich, als sie uns ihre Lage schildert.

»Nichts ist, wie es einmal war. Wir haben alles verloren. Nicht einmal arbeiten können wir hier«, erklärt sie mir. »Die meisten von uns lebten von der Fischerei, doch wie sollen wir jetzt an die Küste kommen? Wir haben kein Auto, es fährt kein Bus. Wir wollen arbeiten, aber es gibt keine Möglichkeit.« Sie nimmt meine Hand und zieht mich hinter sich her. Ohne zu zögern, zeigt sie uns ihre Unterkunft. Wir gehen zwischen ein paar Zelten entlang, neugierige Kinderaugen folgen uns. Manche sehen freudig, manche verängstigt aus, aber alle beobachten uns aufmerksam. Plötzlich öffnet Maman eines der Zelte und lässt uns hineinspähen. Im Inneren gibt es kaum etwas zu sehen, ein paar säuberlich gestapelte Klamotten, quer gespannte Wäscheleinen, ein stark benutzter Wasserkanister, ein alter Teppich und darauf eine marode Matratze. Mehr erkenne ich nicht in dem kleinen Unterschlupf. Auf Mamans Stirn steht der Schweiß. Sie schaut mich angestrengt an und berichtet: »Tagsüber heizen sich die Hütten stark auf, abends zittern wir. Es fehlt an Toiletten und Wasser kommt per Lastwagen nur alle paar Tage.«

Ich trete zurück und stupse hinter mir aus Versehen ein Kind an, das daraufhin kichernd wegläuft. Mittlerweile hat sich um uns herum eine ganze Traube von Kleinkindern gebildet. Sie schauen mir direkt in die Augen, manche ziehen Grimassen, zupfen an den Taschen meiner Hose und fordern mich zum Spielen auf. Ich blicke über die Köpfe der

Kinder vor mir hinweg, sehe Maman, die jetzt mit Markus und André redet, sehe, wie Nick mit einem kleinen Mädchen an seiner Kamera herumhantiert und sie ein paar Knöpfe drücken lässt. Sie lacht. Unter ihrem Kichern versetzt es mir auf einmal einen eiskalten Stich.

In Deutschland wird über diese Menschen unter hetzerischen Schlagzeilen getitelt. Da geht es um »Flüchtlingswellen«, um »Migrationsströme«, da werden die Menschen selbst als Naturkatastrophe verunglimpft. Doch hier, hier sind es Gesichter von Müttern, Augen von Kindern, Lächeln von Familienvätern. Hier sind es Menschen, die nicht gehen wollen, aber gehen müssen, weil ihnen alles von einer Krise genommen wurde, die sie nicht verschuldet haben.

Ich erstarre. Es ist, als würde ich mein eigenes Herz zerreißen hören. Kurz verschlägt es mir den Atem. Ich drehe mein Gesicht weg und wische mir mit den Enden meiner Ärmel über die Augen. *Nicht jetzt, Louisa, nicht jetzt. Es geht nicht um dich*, denke ich. Auf keinen Fall sollen Maman oder die anderen meine Tränen sehen. Doch es ist schon zu spät, die Kugeln rinnen über meine Wangen und fallen dick und rund auf meine Hose hinab. Angestrengt versuche ich, das verdammte Rinnsal aufzuhalten, streiche mir wild über Gesicht und Hose.

Bilder aus meiner Vergangenheit schießen durch meinen Kopf. Als ich 16 Jahre alt war, habe ich einen jungen Mann auf einem Feldweg neben meinem Heimatdorf kennengelernt. Rafat war 28 Jahre alt und aus dem Krieg in Syrien geflohen. Ich habe ihn dort öfter beim Spazierengehen getroffen, wir lächelten uns immer nur zu, bis er mich irgendwann bat, ihm Nachhilfe in Deutsch zu geben. Ich unterrichtete ihn ein Jahr lang jeden Dienstag und half ihm manchmal mit Dokumenten im deutschen Bürokratie-Dschungel. Aber ich habe ihn nie gefragt, woher er die lange Narbe hatte, die von seiner Stirn über sein linkes Auge bis hinunter zu seiner Wange reichte. Ich wollte keine Narbe aufreißen, die oberflächlich schon verheilt war.

Plötzlich legt mir Maman eine Hand auf die Schulter. Ich traue mich nicht einmal, sie anzuschauen, als sie mich in den Arm nimmt.

»Danke, dass es dir nicht egal ist«, flüstert sie mir ins Ohr. »Danke, dass du hier bist und unsere Stimmen hinausträgst.«

Ich dachte lange, meine Tränen wären nicht angebracht angesichts des Leids, das andere Menschen erfahren. Doch jetzt spüre ich durch die Umarmung hindurch Mamans Herzschlag und fühle mich durch die Emotion noch verbundener mit ihr. Ich habe das Gefühl, alle bisherigen Eindrücke würden auf einmal auf mich einprasseln. Ich schluchze. Es überrascht mich, wie sehr ich weine. Aber es gibt noch ein anderes Gefühl in mir. Es bahnt sich langsam einen Weg durch meinen Körper und wärmt meine Brust, bis es endlich mein Bewusstsein erreicht: Es ist Freude. Seitdem ich inmitten der Feuer in Brasilien stand und ich bei den Yanomami war, selbst auf Gorée Island oder an der Küste vor Saint-Louis habe ich nicht geweint. Es war, als wäre ich eingefroren, erstarrt von der Gewalt, die ich gesehen hatte. Es ist so leicht zu verhärten. Während aber die salzigen Tropfen über meine Wange laufen, ist da nicht nur Trauer in mir, sondern auch Freude darüber, dass mein Herz noch weich geblieben ist. Solange mein Herz noch bricht, weiß ich, dass ich mit der Welt, mit meinen Mitmenschen und meiner eigenen Menschlichkeit im Kontakt geblieben bin. Solange ich mich noch über Gewalt empöre und mich nicht anpasse, solange ich noch von ihr überrascht bin, kann ich ihr all meine Hoffnung entgegensetzen.

Maman umarmt mich ein Stück fester. Als wir uns aus der Umarmung lösen, sehe ich, dass sich auch Nick, Markus und André in den Arm genommen haben. Ein solches Team, das Emotionen nicht nur zulässt, sondern sie als Stärke erfasst, bedeutet mir sehr viel. Ich gehe zu ihnen und lege auch meine Arme um ihre Schultern.

Am Abend lädt Maman uns zu sich ins Zelt ein. Wir sitzen im Schneidersitz auf dem Boden, in unserer Mitte steht ein kleiner Wasserkocher. Nach ein paar Minuten schenkt sie uns Tee ein. Er dampft aus meiner kleinen Tasse, deren Henkel gebrochen ist. Ich schließe die Augen und spüre, wie das heiße Getränk mich erwärmt. *Wann habe ich zuletzt so achtsam etwas getrunken?* Sie stellt zwei weitere Tassen hin, die aber zu niemandem gehören. Ich schaue die ganze Zeit zu den Tassen und wieder zur Tür hinaus, doch niemand kommt.

Nach einer Tasse Tee fordert uns Maman auf, ihr zu folgen. Wir gehen einmal quer über den Weg zu einer anderen Hütte, wo ein Mann, eine ältere Frau, zwei Jugendliche und mindestens fünf Kinder, davon eines im Schoß der Mutter, im Kreis auf dem Boden sitzen. Es handelt sich nicht nur um eine Kernfamilie, sondern die Konstellation scheint ein Gemisch aus verschiedenen Familien zu sein, die in unmittelbarer Nachbarschaft zueinander leben. In der Mitte des Sitzkreises steht eine große Metallschale, darin dampfender gekochter Reis, gebratene Zwiebeln, Karotten, ein Fisch und in der Luft hängt der Duft verschiedener Gewürze. Maman setzt sich sofort dazu, auch Yero folgt wortlos. Nur ich warte im Türrahmen und erst, als ich Blickkontakt mit Maman aufnehme, sie mir zulächelt und vehement auf einen Platz neben sich verweist, setze ich mich zu ihr.

Der Vater reicht mir eine zweite, kleinere Schale mit etwas Wasser und einem winzigen Stück Seife, damit ich mir die Hände waschen kann, was dringend notwendig ist. »Jëre-jëf«, sage ich, was »danke« in der Landessprache Wolof heißt. Kurz darauf bricht Gewusel aus, aber nicht, weil jeder sich das Beste aus der Schale greifen möchte, sondern genau das Gegenteil passiert. Man schiebt sich Essen hin und her. Kleine Kinderhände beginnen, ein bisschen Reis aus der Schale zu nehmen und zu essen, der ältere Mann neben Maman gibt ihr ein Stück Fisch und sie reicht ihm ein Stück Karotte. Ich tue es ihnen gleich und schiebe Yero ein Stück Zwiebel hinüber, er lächelt, ich lächele zurück. An deutschen Tischen hat jede Person einen eigenen kleinen Teller und man nimmt; hier ist es ein großer Teller für alle und man gibt. Wir reden kaum, das müssen wir auch nicht, der Raum ist gefüllt mit Wärme.

»Teranga«, haucht mir Yero zu. Ich flüstere zurück: »Was Teranga?«

»Das ist Teranga! Das alles hier ist Teranga! Es ist unser ganzes Leben.« Yero erklärt mir das Konzept von Teranga. Mit Großzügigkeit geht man aufeinander zu und teilt materiellen Besitz bei allen Begegnungen – auch mit Fremden. Es entsteht ein Miteinander, in dem es keine

»Anderen« gibt, weil man allen gegenüber offen ist. Unabhängig von Nationalität, Religion oder Klasse wächst das Gefühl, dass alle sicher und willkommen sind. Fremde Menschen werden zum Tee eingeladen und man stellt ein oder zwei Tassen für weitere Gäste hin. Teranga bedeutet, dem Anderen beim Essen die besten Stücke hinüberzuschieben und einen zusätzlichen Teller bereitzustellen, falls noch jemand kommt. Meine Gedanken reisen vom Senegal zurück nach Brasilien. Teranga erinnert mich sehr an das Wertesystem der Yanomami.

Ich halte inne. Höre ich es in mir bröckeln? Immer mehr meiner westlichen Mauern werden eingerissen, an ihre Stelle treten Offenheit, Großzügigkeit und Vertrautheit – die Schlüsselelemente von Teranga. Yero erklärt weiter, dass, obwohl Teranga heute im Senegal allgegenwärtig ist, die Ursprünge ein Rätsel bleiben. Historiker:innen sind sich jedoch einig, dass Teranga seit Jahrhunderten ein fester Bestandteil der Kultur der Region ist, und zwar schon seit über 300 Jahren, also der Zeit vor der Kolonialherrschaft. In Zeiten, wo den Menschen nur genommen wurde, gaben sie einander. Meine Gedanken kreisen. *Unter dieser Unterdrückung wirkt Fürsorge wie ein revolutionärer Akt.*

Ich betrachte die Familie. Wie sie mit uns ihr Essen teilt, obwohl sie so wenig besitzt – in diesem kleinen Unterschlupf, der zweimal in mein kleines WG-Zimmer passen würde. Hier wird Resilienz in wahrer Gemeinschaft gelebt. Hier kommen die Menschen zusammen, teilen miteinander, kümmern sich umeinander, hier passt man aufeinander auf. Gedanken schießen wie Pfeile durch meinen Kopf: Im Senegal lerne ich so unheimlich starke Menschen kennen, die gerade unter den widrigsten und heftigsten Bedingungen die resilientesten Gemeinschaften bilden. Sie wissen, dass eine starke Gemeinschaft uns hält und uns auffängt, wenn es hart auf hart kommt.

Als wir am Abend das Zelt wieder verlassen, schaue ich nochmals über das Lager von Diougoup. Die Hütten stehen so nah beieinander, dass sich eine fast gänzlich weiße Einheit bildet. Eine Katastrophe hat etwas Paradoxes: Nicht nur hier scheint es, als würde sie die Menschen zu einer gemeinsamen Mission und einem gemeinsamen Zweck vereinen. Meine Gedanken reisen zurück nach Hause. Ich bin aus einem kleinen Dorf in der Eifel gebürtig, unweit vom Ahrtal entfernt. Dort rissen im Juli 2021 flutartige Regenfälle nicht nur ganze Häuser und Brücken, sondern auch über 180 Menschenleben mit sich. Nach den Fluten kamen von überall aus Deutschland und auch aus den Nachbarländern nicht nur Hilfsgüter, sondern auch Tausende Menschen, die halfen, angespülte Autos aus Hintergärten zu entfernen, angestaute Sofas, Schränke und Betten von Straßen zu räumen und Hunderte Häuser aus meterhohem Schlamm zu befreien. Es war egal, wer du warst und was du vorher gemacht hattest: Fremde Menschen haben belegte Brötchen und Tränen geteilt, sie haben einander die Hände gereicht, einander Schultern zum Anlehnen gegeben und Seite an Seite zusammengestanden. *Muss man erst einmal durch die Hölle gegangen sein, um das Paradies zu spüren?*

Ich hoffe aus tiefster Seele, dass es keine Katastrophe, keinen »Weltuntergang« braucht, um zu erkennen, auf welchen Werten eine bessere Welt basieren könnte.

Dinouar – Träume atmen auch unter Wasser

In den nächsten Tagen begleitet uns El Hadji Moussa Sarr. Er ist ebenfalls Klimaaktivist und arbeitet für die Organisation Action Aid im Senegal. Wenn Moussa spricht, bewegt er Welten. Wenn er redet, sind seine Worte wie gezielte Pfeile, die direkt ins Herz der Menschen treffen. Lang und breit ist sein Lächeln, sein aufrechter Gang verrät eine ganz eigene Sprache von Stolz und Selbstbewusstsein. Wir treffen Moussa in der Region Fatick. Das Gebiet liegt im westlichen Teil des Senegal, etwa 150 Kilometer südöstlich von Dakar. Zwischen weitläufigen Mangrovensümpfen, traditionellen kleinen Inseldörfern und sehr viel Wasser zeigt uns Moussa, wo einst seine Heimat war.

Wir sind mit einem kleinen Holzboot unterwegs und er manövriert uns gekonnt durch die kleinen Kanäle zwischen Sandbänken, auf denen vor wenigen Jahren noch ganze Städte standen. Manchmal ragt eine kahle Baumkrone aus dem Wasser. »Dieser Baum stand in der Mitte eines Dorfplatzes«, sagt Moussa, als wir vorbeifahren. Ich beuge mich über die Reling, um unter den Wellen die Spuren seiner Vergangenheit zu erkennen.

Schon bald machen wir an einem Strand in Dinouar halt. Das ist eine winzige Insel, dreizehn Meter über dem Meeresspiegel. Unser Boot schrappt über Muscheln, bevor es stoppt. *Wunderschön*, denke ich, *hier könnte man auch einfach Urlaub machen.* Die weiten weißen Muschelstrände verschmelzen mit dem leuchtenden Abendrot. Eine Brise Wind fährt mir um die Nase.

Während wir aussteigen, erblicke ich eine große, umgefallene Palme. Lang und schwer liegt sie am Strand. Das Wasser hat den Sand erodieren lassen, hat den Boden nach und nach, Welle für Welle abgetragen. Dort, wo einst die Palme tief verwurzelt war, sehen wir, dass mindestens zwei Meter des Untergrunds abgebrochen sind und die einst gesunden Wurzeln des Baumes trocken und tot aus dem Boden ragen.

Moussa legt mir eine Hand auf die Schulter und zeigt auf eine Sandbank am Horizont, westlich von der Stelle, an der wir stehen: »Schau, dort hinten, das ist Djifer.« Ich sehe genauer hin und erkenne die Umrisse einer winzigen Stadt. »Und das«, er fährt mit dem ausgestreckten Finger weiter und weiter östlich von Djifer, bis ich einen anderen Sandstreifen erkenne: »Das ist Sangomar. Sie waren einmal miteinander verbunden.« Ich starre hinaus. Zwischen den Ortschaften ist jetzt kilometerweit nichts als Ozean zu erkennen. »1987 wurden die Inseln durch das Wasser getrennt. Wir sehen das Meer hier kommen. 100 Meter pro Jahr verschwindet mehr und mehr von der Insel Sangomar.« In meinem Kopf zeichne ich die Linie nach. Meine Augen schieben sich weiter und weiter in den Osten, bis die Insel in meinem Kopf nicht mehr zu sehen ist. Noch nie war der Meeresspiegelanstieg für mich so sichtbar wie in diesem Moment.

In der Ferne sehe ich am Strand ein komisches Gerüst. Moussa sieht meinen Blick und bedeutet mir, ihm zu folgen. Schon auf dem

Weg höre ich das dumpfe, rhythmische Schlagen von Hämmern und das sanfte Gemurmel von Menschen. Sie rammen dicke Holzpfosten in den Sandboden und verbinden sie am unteren Ende mit Palmenwedeln. Es wirkt ein bisschen wie ein Spinnennetz – aber was soll es fangen?

Moussa geht schnurstracks zu einem älteren Mann. Wegen der harten körperlichen Arbeit in der Mittagssonne läuft ihm der Schweiß von seiner Stirn den Nacken hinunter. Bevor der Mann Moussa begrüßt, wischt er sich an seiner Hose die Hände trocken, doch dieser schlägt ihm spielerisch die Hand weg und umarmt ihn stattdessen, sie kennen sich. »Oumar«, stellt er sich mir vor und lächelt matt. Ich frage ihn, woran sie arbeiten. »Das Meer kommt immer näher. Es ist furchteinflößend«, antwortet Oumar. »Wir bauen einen Schutzwall aus Palmen. Was immer wir verwenden können, verbauen wir hier.« Er zeigt auf den Boden, wo gerade zwei Männer mit ein paar Schnüren weitere Palmenblätter festbinden. Eine dicke Welle kommt, umschließt unsere Füße und die Palmenwedel, ehe sie sich wieder zurückzieht.

»Wenn die Wellen kommen und den Sand mitnehmen wollen, fangen die Blätter der Palme den Sand auf. Mit jeder Welle können wir ein bisschen mehr Sand ansammeln. So können wir den Strand etwas länger halten. Aber es ist nur eine Frage der Zeit.« »Eine Frage der Zeit«, grummelt Moussa, während er in die Ferne starrt. Er beißt die Zähne aufeinander und seine Kiefermuskeln treten dick hervor. Er atmet tief ein und dreht sich zu mir: »Wie zur Hölle kann es sein, dass der Globale Norden einfach den lieben langen Tag den Planeten verschmutzt, während diese Männer, obwohl sie rein gar nichts zu dieser Krise beigetragen haben, diesen Schutzwall mit ihren eigenen Händen errichten müssen?! Wie kann es sein, dass der Westen fröhlich weiter Emissionen ausstößt, während alle anderen sich irgendwie anpassen müssen? Sollten nicht diejenigen, die am meisten Treibhausgase ausstoßen, den Menschen hier diese Arbeit abnehmen und ihre Zukunft sichern? Ihr baut Deiche, ihr baut Infrastruktur mit materiellem Reichtum, den ihr auch von uns habt. Während ihr euch mit modernster Technik schützt, binden wir mit bloßen Händen Palmenwedel zusammen. Es geht uns nicht darum, dass ihr Hilfe leistet, sondern wir wollen Gerechtigkeit. Wir wollen Klimagerechtigkeit.«

Keine Hilfe, sondern Gerechtigkeit, fährt es mir wieder und wieder durch den Kopf. Der Satz trifft mich wie eine Abrissbirne. Es ging nie um Hilfe. Es geht darum, etwas zurückzugeben, damit die Menschen hier ansatzweise den Schutz genießen können, den ich zu Hause in Deutschland habe.

Moussa geht hinüber zum Muschelstrand, die kleinen Schalen klackern und zerbrechen unter seinen Schuhen. Er hockt sich hin und verschränkt seine Arme auf den Knien. Ich folge ihm. Eine Weile sagen wir nichts. »Hörst du das?«, Moussas Blick verweilt auf dem Horizont. »Hier kommen das Jahr über Touristen hin, um den Klängen der Wellen zu lauschen. Es beruhigt sie.« Langsam wendet er sein Gesicht zu mir und schaut mich mit unveränderter Miene an: »Wenn ich die Wellen höre, möchte ich mir die Ohren zuhalten. Das Meeresrauschen bedeutet für mich, dass mir wieder ein bisschen mehr meiner Vergangenheit, meiner Gegenwart und Zukunft genommen wird.« Ich schlucke, erstarre, kann nichts erwidern. *Habe ich jemals so etwas gefühlt?*

Klack. Klack. Klack. Hammer sausen auf Holz hinab. Fast passt sich ihr Rhythmus meinem Herzschlag an. Lange Zeit dachte ich, wenn wir beginnen, uns an diese Krise anzupassen, würden wir aufgeben und nicht mehr versuchen, die eigentlichen Ursachen anzupacken. *Was für ein absolut privilegierter Gedanke, Louisa. Hier ist Anpassung keine Option, sondern eine Überlebensstrategie.* Anpassung ist unerlässlich, hier geht es um nichts weniger als das Leben der Menschen.

Moussa setzt sich mit mir in eine Holzhütte, gebaut aus Palmenstöcken und -wedeln. Sie steht unweit vom Muschelstrand entfernt, sachte hören wir noch das Wellenrauschen. Wir reden lange über den Senegal, seine Heimat, und was es jetzt zu tun gilt. Moussa spricht viele Lösungen an, aber eine ist so essenziell für ihn, so wichtig, dass er sie auch mit mir intensiv diskutiert: der Schuldenerlass.

Lange habe ich mich vor diesem Thema gedrückt, weil es mir zu kompliziert erschien. Doch Moussa hat es mir am Beispiel des Senegal erklärt. Der Schuldenerlass ist ein wichtiger Bestandteil von Reparationen und nur mit ihm wird Klimagerechtigkeit erst möglich.

Der Senegal hat, wie viele ehemals kolonisierte und ausgebeutete Länder, immer mehr Kredite und Schulden aufgenommen, um der eigenen Bevölkerung ein besseres Leben durch den Bau von Schulen oder Krankenhäusern zu ermöglichen. Ein großer Teil der Auslandsschulden des Landes liegt bei China oder der ehemaligen Kolonialmacht Frankreich. Der Senegal nutzt immer noch die Kolonialwährung des CFA-Franc, wodurch das Land direkt finanziell von Frankreich abhängig ist. Außerdem wurden Kredite bei der Weltbank oder dem Internationalen Währungsfonds (IWF) aufgenommen. So hat der Senegal Schulden beim Globalen Norden, der das Land überhaupt in die Misere geführt hat. Dabei funktionieren Staatskredite wie normale Kredite: Sie müssen zurückgezahlt werden – mit Zinsen. So geraten der Senegal und andere Länder des Globalen Südens immer tiefer in die Schuldenfalle.

In ihrer wissenschaftlichen Abhandlung »Towards Reparative Climate Justice: from Crises to Liberations«[26] geht die Menschenrechtsanwältin und Forscherin Harpreet Kaur Paul genauer auf den Fall Senegal ein: Um das Geld schnellstmöglich zurückzuzahlen, muss das Land an irgendeiner Stelle sparen. So wurden von 2015 bis 2017 die Ausgaben für Bildung um 11,76 Prozent oder für das Gesundheitswesen um 40 Prozent gesenkt. Es fehlt das Geld, um überlebenswichtige Infrastruktur zum Schutz der eigenen Bevölkerung vor den Auswirkungen der Klimakatastrophe zu errichten. Im Senegal wird über ein Viertel des Bruttoinlandsprodukts für die Rückzahlung von Auslandsschulden verwendet. Anstatt die Schulden umzustrukturieren oder dem Land zu erlassen, wurde der Senegal immer weiter unter Druck gesetzt, um seine Märkte zu öffnen und Zölle abzuschaffen. Ohne Zölle wurden die europäischen Produkte viel günstiger importiert und auf dem eigenen Markt angeboten. Dadurch sind die Produkte der Einheimischen nicht mehr konkurrenzfähig. Lebensmittel werden viel zu billig und in enormen Massen aus Europa importiert, während zahlreiche kleinbäuerliche Betriebe schließen mussten, weil sie mit diesen Preisen nicht konkurrieren konnten. Die Menschen des Senegal wurden zunehmend abhängig von den Lebensmitteln aus dem Ausland, Arbeitslosigkeit und Armut wuchsen. Die Geschichte von Barbacars Bruder zeigt, welche Folgen es haben kann, wenn sich Menschen auf eine lebensgefährliche Flucht auf der Suche nach einer Zukunftsperspektive begeben.

Die Schuldenrückzahlung zwang den Senegal, kurzfristig schnelles Geld zu machen. Das passiert mitunter am einfachsten mit der Ausbeutung des Bodens und der fossilen Ressourcen. Solange dieser Zwang besteht, wird Umwelt geschädigt und der Übergang zu erneuerbaren Energien für Länder wie den Senegal zu einer gewaltigen Hürde. Moussa zeigt mir Bilder von sich, als er 2023 bei einer Jahrestagung der Weltbank und des IWF protestierte. Ein Foto zeigt ihn vor einer Menschenmenge, ein Megafon in der Hand, die Faust in die Höhe gestreckt.

Auch Außenministerin Annalena Baerbock und der Weltbankpräsident Ajay Banga selbst haben die Verbindung zwischen Schulden- und Klimakrise anerkannt.[27]

Mein Kopf qualmt und mein Herz pocht. Ich schaue Moussa an und sage: »Der Schuldenerlass ist kein Traumdenken. Es ist schon einmal passiert, in der Vergangenheit Deutschlands!« Moussa zieht die Augenbrauen nach oben.

Nach dem Zweiten Weltkrieg war das damalige Deutschland sowohl öffentlich als auch privat hoch verschuldet. Doch auf einen Schlag wurden die Staatsschulden gestrichen. Im Jahr 1953 trafen sich Vertreter von 21 Staaten in London, um eine Antwort auf die Schuldenfrage zu finden. Das Ziel des Treffens war, dass Deutschland wieder normale Finanz- und Handelsbeziehungen mit anderen Ländern aufnehmen konnte. Die Vor- und Nachkriegsschulden Deutschlands wurden von offiziell rund 32,3 Milliarden D-Mark auf 14,5 Milliarden D-Mark reduziert. Ein Schuldenschnitt um mehr als die Hälfte.

Moussa schielt mich von der Seite an und antwortet argwöhnisch: »Aber warum wurden wohl in Deutschland so einfach die Schulden gestrichen und bei meinem Land soll es ein riesiges Problem sein?«

Es war nicht nur pure Wohltätigkeit, die zu Deutschlands Schuldenschnitt führte, sondern die USA hatten das Land als wichtigen Wirtschaftsstandort und als Brandmauer gegen die UdSSR auserkoren. Damit Deutschland diese Aufgabe erfüllen konnte, musste es wirtschaftlich stabilisiert und wiederaufgebaut werden. Das war nur durch einen Schuldenerlass möglich.

Das Beispiel zeigt: Wenn ein Land mit einem Mal von der nationalsozialistischen Täternation zur Wirtschaftsmacht werden konnte, dann müsste es auch möglich sein, Staaten wie dem Senegal die Schulden zu streichen.

Ein Schuldenschnitt für den Senegal und andere Länder des Globalen Südens wäre kein Opfer, es wäre kein mehr oder minder herablassendes Wohlwollen, sondern es wäre der notwendige Schritt, um einer historischen Verantwortung nachzukommen. Moussa ist überzeugt davon, dass es genau der Schritt wäre, den es jetzt bräuchte, um sich aus der kolonialen Vergangenheit zu befreien und den Weg für eine echte, gerechte, grüne Energiewende zu ebnen. Es ist möglich.

Die grüne Mauer – wenn die Wüste erblüht

Laut Moussa müssen wir dekolonialisieren, um die Klimakrise gerecht anzugehen. Doch wie genau sieht das aus? Moussa und Yero zeigen es uns im Südosten des Landes. Zunächst fahren sie uns in die Region Matam. Dort, ganz nah an der Grenze zu Mauretanien, ist es heiß. Nein, es ist saumäßig heiß. Als wir ankommen, krabbelt das Thermometer teils bis an die 47 Grad hoch. Für mich ist es kaum erträglich, meine Sicht verschwimmt regelmäßig, wie eine weitere Gliedmaße trage ich meine Wasserflasche ständig mit mir herum. André und Markus versuchen, Interviewsequenzen mit mir aufzunehmen, doch ich bekomme kaum mehr einen klaren Satz heraus. Noch nie war ich solchen Temperaturen ausgesetzt, ohne durchgehende Möglichkeit, mich in klimatisierte Räume flüchten zu können.

Ausgerechnet hier werde ich ziemlich krank. Mein Körper möchte keine Nahrung aufnehmen und stößt alles wieder heraus. Wir checken in ein Motel ein, wo fleckige und löchrige Bettmatratzen keinen Überzug haben, wo aus dem Wasserhahn nur ein kaum merkliches Rinnsal herauskommt und die Toilette so aussieht, dass ich lieber in die Natur gehe. Die Klimaanlage hat sich anscheinend bereits abgearbeitet und den Geist aufgegeben, die Luft steht und die Hitze bleibt im Raum. Ich breite meinen Schlafsack als Bettbezug aus, lege mich auf ihn und starre an die Decke. Nicht der beste Ort, um gesund zu werden und sich den ganzen Tag nicht wirklich bewegen zu können, aber ich möchte nicht klagen. Vielmehr liege ich hier und nehme mir vor, nichts – aber auch rein gar nichts – mehr in meinem Leben in Deutschland als Selbstverständlichkeit wahrzunehmen. Weder mein Bett noch mein Badezimmer und vor allem nicht fließendes Wasser.

Welches Jahrhundert haben wir? Welches Datum ist heute? Wie lange habe ich geschlafen? In dieser Hitze fühlt sich jede Minute Schlaf an wie ein stundenlanger Fiebertraum. Selbst in den Nächten kühlt es sich kaum ab. Ich stöhne leicht, als ich versuche, mich im Motelbett aufzurichten. Meine Klamotten pappen feucht an meinem Körper. Es sind drei Tage vergangen. Es ist jetzt vier Uhr morgens, meine Augen sind dick geschwollen und klitzeklein. Wir machen uns auf den Weg zu einer Kleinstadt namens Ranérou zu der siebzehnjährigen Jamila Sow, einer guten Freundin von Yero.

Sie arbeitet in einem Projekt mit, das versucht, einen großen, grünen Pflanzengürtel durch die Sahelzone zu ziehen: The Great Green Wall. *Ein Hoffnungsschimmer, der sich über die gesamte Breite des afrikanischen Kontinents zieht*, denke ich, während wir zusammen mit Jamila zum Projekt hinausfahren. Ich starre aus dem Fenster und sehe braune Böden, eine staubtrockene Savanne. Das Gebiet ist geplagt von dieser Hitze, trockenen Böden und Wasserknappheit. *Und hier soll es irgendwann blühen?*

Jamila erklärt uns, dass das Projekt der Great Green Wall 2007 ins Leben gerufen wurde. Es soll eine grüne Brandmauer entstehen, um die Wüstenbildung aufzuhalten, und es ist eines der ehrgeizigsten Projekte des afrikanischen Kontinents. Der grüne Wall beginnt im Westen in Dakar, Senegal, und erstreckt sich über 8000 Kilometer bis nach Djibouti in Ostafrika. Die grüne Mauer verläuft durch zahlreiche Länder, darunter Mauretanien, Burkina Faso, Mali, Niger, Nigeria, Tschad, Sudan, Äthiopien und Eritrea. Sie dient als natürliche Barriere gegen den Klimawandel und führt durch die gesamte Sahelzone, die eine Übergangszone zwischen der trockenen Sahara im Norden und dem Gürtel der feuchten Savannen im Süden bildet.

Wir halten an. Jamila grinst schief und ruft: »Hier sind wir! The Great Green Wall!«

Als ich hinter ihr aussteige und meinen Blick über die Landschaft schweifen lasse, sehe ich: nichts. Kein Grün, keine blühenden Bäume oder Pflanzen. Ich ziehe eine Augenbraue hoch: »Wo noch mal?«, frage ich ungläubig. Jamila hopst hinüber zu einem Feld. Jetzt erkenne auch ich, dass dort, unterteilt durch rechteckige Gräben, Beete in den Boden eingelassen sind. Doch die kleinen Bäume sind alle vertrocknet.

Jamila fährt fort: »Wir haben ganz schön viele Probleme vor uns. Die Umwelt hier ist ziemlich am Ende. Fast die Hälfte des Bodens ist unfruchtbar, das trifft viele Menschen. Seit den 1970er-Jahren haben wir immer wieder krasse Dürren, die uns das Leben schwer machen. Hier im Senegal ist es noch okay, aber die Lage in der Sahelzone ist instabil. Terrororganisationen wie Boko Haram und Korruption machen es kompliziert, das Projekt weiterzuführen.« Sie seufzt etwas, während sie an einem der vertrockneten Bäumchen zuppelt. »Es ist auch nicht leicht, alle Länder und Organisationen zu koordinieren und langfristig zu überwachen. Es sind so viele Länder auf einmal. Und dann brauchen wir noch eine verlässliche Finanzierung und klare Regeln, um wirklich etwas zu erreichen. Manchmal werden auch wir, die lokale

Bevölkerung, nicht ausreichend einbezogen. Dabei steht und fällt mit uns das Projekt!«

Jamila will keine Zeit verlieren und führt uns zu einer anderen Stelle, einer kleinen Baumschule. *Da ist ja doch etwas Grünes*, fährt es mir durch den Kopf. *Hier scheint es zu funktionieren.* Jamila zeigt uns kleine Setzlinge, Hunderte von ihnen. Daneben sind stapelweise Gießkannen aufgetürmt. Ich sehe einige Menschen arbeiten. Sie transportieren die Bäumchen oder bewässern sie. Jamila stellt sich neben mich: »Für mich ist die grüne Mauer ein echtes Zeichen der Hoffnung, weil sie so viele Probleme gleichzeitig lösen kann – von Klimawandel über Lebensmittelversorgung bis hin zu Migration und Streit um Ressourcen. Es geht nicht nur darum, viele Bäume zu pflanzen. Diese Mauer soll ausgelaugten Boden in Erde verwandeln, die Nahrungsmittel, Tierfutter und weitere Ressourcen liefert, und dabei auch neue Jobs schaffen. Die Great Green Wall hilft gegen Armut und Hunger, macht uns widerstandsfähiger gegen Wetterveränderungen, verbessert unsere Gesundheit und verschafft uns Arbeitsplätze. Wenn sie fertig werden würde, könnte sie die größte lebende Struktur auf der Erde sein, dreimal so groß wie das Great Barrier Reef.«

Jetzt holt auch sie einen Wasserschlauch und bespritzt damit die Setzlinge zu unseren Füßen. Ein Mundwinkel zieht sich nach oben, sie grinst sachte und blickt mit einer Verbundenheit auf die Bäume, als wären es ihre eigenen Kinder. »Auch wenn es große Schwierigkeiten gibt, bleibt die Great Green Wall ein Symbol der Hoffnung für mich. Allein, dass man es versucht und Länder das zusammen schaffen wollen, macht mich glücklich. Es ist unser aller Problem, nicht wahr?«

Ich schaue ihr weiterhin dabei zu, wie sie die Bäumchen wässert. Sie macht das mit einer großen Fürsorge, mit einer Liebe zum Detail. Immer wieder merke ich, wie die unscheinbaren, kleinen Handlungen in unserem Leben den größten Einfluss haben. Manchmal steckt Gott in den kleinen Dingen, nicht in den großen. Die Great Green Wall ist als Projekt ein Monstrum. Doch sie lebt nur durch die Summe ihrer Teile. Jeder Baum, der gepflanzt wird, jeder Quadratmeter Erde, der wieder fruchtbar gemacht wird, jede Gemeinschaft, die sich für nachhaltige Landwirtschaft einsetzt – das sind die »kleinen Dinge«, die zusammenkommen, um eine große Wirkung zu erzielen. Gleichzeitig zeigt das Projekt der Great Green Wall, wie die »großen Dinge« – politische Entscheidungen, internationale Zusammenarbeit, finanzielle Investitionen – die »kleinen Dinge« beeinflussen und ermöglichen. Es ist ein ständiges Zusammenspiel zwischen dem Kleinen und dem Großen, dem Individuellen und dem Kollektiven, dem Lokalen und dem Globalen.

An diesem Abend werden wir von Jamila, ihrer Schwester und Mutter eingeladen, bei ihnen zu übernachten. Nick hängt zwischen zwei Pfosten seine Hängematte auf, Markus rollt eine flache Isomatte aus – ich frage mich ständig, wie er es schafft, mit so wenig so gut auszukommen –, während André und ich uns dazu entschließen, draußen auf einer kleinen Anhöhe neben den Ziegen zu schlafen. Im Haus gibt es keine Klimaanlage, doch draußen streichelt zumindest der Nachtwind über mein Gesicht. Ich sehe hoch zu den Sternen und schwebe gedanklich über der Great Green Wall. Das Hinauszoomen stimmt mich immer wieder hoffnungsvoll. Empfinde ich mich oder meine Handlungen manchmal zu unbedeutend oder zu simpel, dann besinne ich mich genau darauf, dass das große Ganze erst durch die kleinsten Beiträge entsteht. Eines der schönsten Beispiele dafür, wie viel wir dadurch gewinnen können, zeigt uns an den folgenden Tagen nicht Yero, sondern Moussa.

Kedougou – ein Garten als Revolution

Wir kommen nach Kedougou, fast sieben Fahrt Stunden südlich von Matam in der Nähe der Landesgrenze zu Mali und Guinea. Hier knallen die Extreme aufeinander: Dürren treffen auf Überschwemmungen, Wasser trifft auf trockenen Boden, der die Feuchtigkeit nicht aufnehmen kann. Es grenzt an ein Wunder, dass gerade hier eine grüne Oase entstanden ist.

Es ist wieder sehr früh am Morgen, als wir mit Moussa losziehen. Bald wird die Sonne aufgehen und die Frauen, die wir besuchen wollen, arbeiten vorwiegend nachts. Die Kleinstadt ist noch am Schlummern, doch das Gelächter der Arbeiterinnen erfüllt die Luft. Je mehr wir uns dem Gemeinschaftsgarten nähern, desto lauter erklingen die Stimmen und desto bunter ist das Gewusel, das sich vor unseren Augen auftut. Ich spüre gar nicht, wie ich auf den Garten zugehe, vielmehr werde ich wie von einem Magneten von ihm angezogen. Nick lässt am Eingangstor schnell seine Drohne steigen. Erst sehe ich nur braunen Boden und ein paar Lehmhäuser von Kedougou, bis mir ein kleines gehauchtes »Wow« entweicht. Ich schaue auf eine fast quadratische Parzelle, ein grünes Mosaik, direkt neben der Stadt. *Was für ein Segen*, denke ich. Schon kurz nachdem ich den Garten betreten habe, merke ich, wie sich die Kühle des Mikroklimas besänftigend auf meine Haut legt. Durch die Bäume und Sträucher, die hier vereinzelt stehen, spüre ich, wie sie neben Schatten auch Feuchtigkeit spenden. Wir gehen langsam vorbei an kleinen Feldern mit Salatköpfen, hier steht eine Palme, dort sehen wir die Blätter von Möhren aus dem Boden sprießen, weiter hinten werden Tomaten angebaut.

Der Garten besteht aus vielen kleinen Anbauflächen für Kohl, Rüben, Maniok, Okraschoten und Auberginen. Eine alte Frau steht gebückt an einem Beet und hackt kleine Löcher in den Boden, um mit der anderen Hand das Saatgut einzulassen. Sie beugt sich mit gespreizten Beinen so tief, dass ich mich frage, wie ihr Rücken das täglich aushält. Eine andere Frau trägt ihr Kind mit einem Tuch auf den Rücken gebunden und gießt währenddessen ein paar Sprösslinge.

»Kannst du dir vorstellen, dass sie alle hier schon seit ein oder zwei Uhr nachts am Arbeiten sind?«, fragt Moussa, der plötzlich neben mir steht. Den Frauen steht der Schweiß auf der Stirn, während ich mir noch den Schlaf aus der Ecke meines Auges reibe. Moussa tritt auf eine der Frauen zu, sie heißt Fatou, ist die Älteste und Leiterin des Gemeinschaftsgartens. Sie spricht Wolof und er übersetzt für mich. »Nachts steht der Wasserpegel am höchsten, tagsüber nimmt er wieder ab. Wir müssen die ganze Nacht arbeiten, damit wir bis mittags auch noch alle Felder gießen können. Von Jahr zu Jahr haben wir weniger Wasser, selbst unsere Regenzeiten werden immer trockener.« Fatou zieht die Augenbrauen zusammen und mustert die kleinen Sprossen im Feld neben sich. Dann schaut sie Moussa an und strahlt so, dass sich ihr ganzes Gesicht in Falten legt. »Dieser Garten sichert unser Überleben. Durch die Hilfe von Moussa können wir wieder unsere Familien ernähren und Geld für die Bildung unserer Kinder verdienen.« Genau wie bei Jamila und der Great Green Wall denke ich wieder: Der große Gewinn steckt in den kleinsten Dingen. So eine grüne Oase in dieser trockenen Region aufzubauen, grenzt für mich an ein Wunder.

Moussa steht neben mir am Brunnen und sieht mit mir hinein. Ich sehe den Boden nicht, höre aber das Plätschern des Wassers. »Dieser Garten ist ein Befreiungsschlag«, sagt Moussa. »Wir konnten Bildung, materielle Ressourcen und damit so viel Macht an die Frauen zurückgeben.« Dank Moussas Arbeit zusammen mit der Organisation Action Aid haben die Frauen Kenntnisse über die Wasserinfrastruktur und eine effiziente Grundwassernutzung erhalten. Zwar mangelt es immer noch an Wasser, aber die Menschen können deutlich besser mit dem bisschen, das sie haben, umgehen. Zudem hat man ihnen ihr ursprüngliches Saatgut zurückgegeben. Zu Kolonialzeiten wurden die Menschen im Senegal gezwungen, nicht nur das anzubauen, was sie für die Ernährung ihrer Familien benötigten, sondern sie mussten Exportwaren für die französische Kolonialmacht herstellen. Sie mussten ihre traditionellen Anbaumethoden aufgeben, um zum Beispiel auf das Exportgut der Erdnuss umzusteigen.

Wie revolutionär ein solcher Gemeinschaftsgarten wirklich ist, wird erst klar, wenn wir einen Blick in die Geschichte des Saatguts werfen: Über Jahrtausende hinweg haben Landwirt:innen Saatgut angebaut, ausgetauscht und geteilt. Das schützte und sicherte nachhaltig die Vielfalt der Pflanzensorten, die an ihre jeweilige Umgebung und die herrschenden Umweltbedingungen perfekt angepasst waren. Mit Saatgut konnte lange Zeit kaum Geld verdient werden, es konnte nicht kommerzialisiert werden, da es sich endlos vervielfältigen ließ. Doch Konzerne fanden einen Weg, Samen künstlich zu verknappen, indem sie gentechnisch verändertes Saatgut (GM-Samen) entwickelten, das in den 1990er-Jahren durch neue Gesetze geschützt wurde. Heute kontrollieren nur vier Konzerne – Bayer, Corteva, ChemChina und Limagrain – mehr als 50 Prozent des weltweiten Saatguts. Diese Monopole dominieren die globale Nahrungsmittelversorgung und bedrohen die genetische Vielfalt sowie die Ernährungssicherheit von Millionen Menschen weltweit. Nach Angaben der Ernährungs- und Landwirtschaftsorganisation der Vereinten Nationen (FAO) verschwanden im letzten Jahrhundert 75 Prozent der weltweiten Nutzpflanzen. Lokale Kulturpflanzen, die resistenter und besser an ihre Umwelt angepasst sind, werden durch standardisierte Sorten ersetzt, wodurch lokale Kleinbäuer:innen nicht ihre traditionellen, nachhaltigen Praktiken anwenden können sowie von einer Sorte abhängig gemacht und unterdrückt werden. Landwirt:innen müssen Verträge mit großen Konzernen wie Bayer oder Corteva unterschreiben, die ihnen verbieten, Saatgut aus ihren Ernten aufzubewahren oder weiterzugeben. Außerdem verlangt die Welthandelsorganisation von ihren Mitgliedsstaaten repressive Gesetze zum Schutz von Pflanzensorten, um die kommerziellen Interessen zu sichern und damit gleichzeitig die Machtmonopole aufrechtzuerhalten.[28]

Durch den Gemeinschaftsgarten wird sowohl die koloniale Vergangenheit wie auch die Macht der Konzerne durchbrochen. Außerdem werden sowohl die indigenen Anbaumethoden gefördert als auch zusätzlich anderes Saatgut ausgegeben. Traditionelle Anbaumethoden bieten zahlreiche Vorteile, die zur Förderung von Nachhaltigkeit, Anpassungsfähigkeit, Ernährungssicherheit und zum Erhalt der Biodiversität beitragen. Es werden nur natürliche Düngemittel und Pestizide verwendet und somit die Bodenqualität erhalten und Umweltbelastungen reduziert. Traditionelle Pflanzensorten sind besser an die lokalen Bedingungen angepasst und können unter schwierigen Bedingungen – wie hier Wassermangel – gedeihen. Die Vielfalt der angebauten

Kulturen unterstützt maßgeblich die Ernährungssicherheit, denn bei dem Ernteausfall einer Pflanzenart stehen immer noch andere Gemüsesorten zur Verfügung.

Und so wird ein einfacher Garten zum widerständischen Akt, schießt es mir durch den Kopf. Dieser Gemeinschaftsgarten ist nicht nur für die Frauen eine notwendige Anpassungsmaßnahme an die Trockenheit in diesem Gebiet, sondern gleichzeitig werden unterdrückerische patriarchale Strukturen aufgebrochen. Frauen haben hier deutlich weniger Zugang zu Nahrung, Geld oder Bildung. Dieser Garten schenkt ihnen all diese Zugänge, weil sie durch den zusätzlichen Verkauf des Gemüses ihr eigenes Geld verdienen und sich von ihren Männern unabhängig machen.

»Es ist dringend erforderlich, dass wir die Schutzbemühungen für Frauen ebenfalls als Teil der Lösungen für die Klimakrise betrachten«, erklärt Moussa. »In Gebieten mit Nahrungsmittelknappheit und Instabilität werden Frauen oft Opfer von Ausbeutung. In einigen Teilen Afrikas werden Mädchen sogar zur Zwangsheirat oder Mütter zum Verkauf ihrer Töchter gezwungen, damit die Familien überleben. Die Klimakrise verschärft diese Ungerechtigkeiten weiter, aber indem wir Lösungen entwickeln, die auf Verständnis basieren, können wir nicht nur die Unterdrückung von Frauen stoppen, sondern auch ihre Ursachen bekämpfen. Ein simpler Garten wie hier in Kedougou kann ganze Welten verändern.«

Ein schweres Plätschern dringt an meine Ohren. Ungefähr in der Mitte des Ackerlands erkenne ich den Steinkranz eines Brunnens. Um ihn herum liegen viele Eimer, große Behälter und Gießkannen. Frauen, ob groß oder klein, alt oder jung, tummeln sich alle gleichzeitig um den Brunnen, lassen ihre Seile mit Eimern hinab und hieven mit kräftigen Zügen die vollen Behälter wieder an die Oberfläche. Sie reden alle wild miteinander, als ich nähertrete und sehe, wie sich ihre Arm- und Rückenmuskulatur mit jedem Ruck klar auf ihrer Haut abzeichnet, wie sich mit jedem Ruck ihre Gesichter verziehen und wieder entspannen, um sich erneut zu verziehen.

Fatou kommt auf mich zu, nimmt meine Hand und zieht mich zum Brunnen. Die anderen Frauen machen uns wortlos Platz und kichern leise, als Fatou mir lächelnd einen Eimer gegen die Brust drückt und auf den Brunnen zeigt. Ich nicke und schaue zu Moussa, der die Arme vor der Brust verschränkt und lacht. »Na, dann zeig mal, was du kannst«, ruft er mir zu, als ich den Eimer in den Brunnen werfe und die Leine fest mit meinen Fäusten umschließe. Schon nach dem ersten Ruck weiß ich nicht genau, wie ich weitermachen soll. Mein Rücken ist keineswegs stark genug, um ausreichend Widerstand gegen das Gewicht des Eimers aufzubauen, und auch meine Arme werden nach dem dritten Zug weich. Die Sonne ist immer noch nicht ganz aufgegangen und ich wische mir die Schweißperlen von der Stirn. Die Frauen lachen und tätscheln mir neckend den Rücken, während ich weiterhin versuche, den verdammten Eimer herauszuziehen. Diese Frauen holen mindestens dreißig Eimer an einem Morgen hoch, während ich schon nach einem fast selbst in den Brunnen plumpsen würde.

Als ich endlich den vollen Eimer auf der Mauer absetze, applaudieren die Frauen. Ich werde rot, entferne mich ein paar Meter vom Brunnen und gehe in die Knie, als plötzlich etwas Kleines an mir hochkrabbelt. Ein Kind will mit mir spielen, ein kleiner Junge klettert auf meine Schultern. Ich schaue zu den Frauen hinüber, die alle unbeeindruckt mit der Arbeit fortfahren.

Teranga, schießt es mir durch den Kopf. Die Mutter des kleinen Jungen muss hier irgendwo mitarbeiten, doch sie sorgt sich nicht um ihren Sohn, denn ich darf Teil ihrer Familie sein. So trage ich das kleine Gepäck eine Weile herum, er kichert, während wir zusammen ein paar Sprösslinge in die Erde einsetzen; im Hintergrund lachen und plaudern die Frauen. Es ist unser letzter Morgen mit Moussa. Seine Worte werde ich für immer mit mir tragen, das weiß ich. Der glühende Ball am Himmel ist nach wie vor nicht zu sehen, aber vielleicht muss er das auch nicht. Die Frauen im Gemeinschaftsgarten strahlen wie die Sonne selbst.

N'diob – Ikarus breitet seine Flügel aus

Kennst du die Geschichte von Ikarus aus der griechischen Mythologie? Ikarus und sein Vater Daedalus fliehen mit Flügeln aus Federn und Wachs von der Insel Kreta. Ikarus wird von seinem Vater gewarnt, nicht zu nah an die Sonne zu fliegen. Doch von der Freiheit berauscht, steigt Ikarus immer höher und die Hitze der Sonne lässt seine Flügel schmelzen. Er stürzt ins Meer hinab und stirbt. Diese Tragödie ist eine Geschichte von Übermut, aber auch von der Kraft der Sonne. Das letzte Projekt im Senegal, das wir besuchen, erinnert mich an Ikarus. Doch hier hat er überlebt – denn seine Flügel bestehen aus Solarpaneelen.

Wir befinden uns in einer Gemeinde namens N'diob, die aus elf Dörfern besteht und sich im westlichen Zentrum des Senegal in der Region Fatick befindet. Die Sonne glüht am Himmel und erhellt die blauen Augen von Torsten, der uns mit einem Lächeln willkommen heißt. Unter seinem langen blond-rötlichen Bart lugt eine dicke Holzkette hervor.

»Die habe ich von einer Dorfgemeinschaft geschenkt bekommen, als Zeichen ihrer Dankbarkeit«, erklärt er, während seine Augen noch ein bisschen heller strahlen. Zusammen mit seiner Frau Aida hat er vor zehn Jahren das Unternehmen Africa GreenTec gegründet. Das internationale Unternehmen baut mobile Solaranlagen in den entlegensten Dörfern des Sahel auf, die meisten stehen in Mali und Niger. Wir besuchen eines der ersten Pilotprojekte im Senegal.

»Aida ist die Ururenkelin eines senegalesischen Prinzen, ihr Vater kommt aus dem Senegal, ihre Mutter aus Mali. Nur durch sie konnte unsere enge Zusammenarbeit mit der lokalen Bevölkerung entstehen. Ich allein als deutscher Unternehmer hätte das niemals schaffen können«, erzählt Torsten. Er ist sehr reflektiert, in seiner Stimme liegt keine Unsicherheit, aber auch kein Funken Hochmut. Vielmehr sind da eine tiefe, fast schon meditative Ruhe und Demut, die er und sein gesamtes Team ausstrahlen.

»Wir wollen mit Africa GreenTec bis 2030 drei Millionen Menschen in der Sahelzone, vom Senegal über Mali und Niger bis hinüber in den Tschad und im Osten nach Madagaskar mit Solarstrom versorgen. Wir agieren als dezentraler, kommunaler Energieversorger in den entlegensten Regionen des Sahel. Das hier ist unser erstes Projekt im Senegal«, erklärt Torsten uns.

Obwohl der Senegal enorme Ressourcen an Kohle und Gas besitzt, wie wir an der Küste vor Saint-Louis gesehen haben, leiden dennoch rund 30 Prozent der Bevölkerung unter Energiearmut. In anderen Teilen Afrikas leben mehr als 70 Prozent der Einheimischen ohne Strom. 760 Millionen Menschen weltweit haben heute noch keinen Zugang zu Energie, davon leben über 600 Millionen Menschen auf dem afrikanischen Kontinent.[29] Die Bevölkerung des Senegal braucht saubere und sichere Energie, aber eine Energie, die ihre Zukunft nicht noch mehr gefährdet. Während sich der so dringende Umstieg auf erneuerbare Energien auf staatlicher Ebene durch Faktoren wie die Schuldenkrise verzögert, wird die notwendige Transformation der Energiewende bereits heute durch Africa GreenTec umgesetzt.

Mit jedem Schritt wirbeln wir etwas Staub vom trockenen Boden auf. Erst einmal sehe ich nur das Flackern der Hitze in der Luft, doch dann erkenne ich, nur wenige Hundert Meter vom Dorf entfernt, wie Ikarus seine Flügel ausbreitet. Nach nur wenigen Minuten stehen wir neben einem großen Container, dessen Dach mit Solaranlagen bestückt ist. Zusätzlich sind zwei gigantische, ausziehbare Solarflügel an den kurzen Seiten des Containers befestigt.

»Finanziert werden die Projekte durch Social Impact Investment oder Crowdinvestment. Das kann man sich etwa vorstellen wie Crowdfunding, nur dass man einen Teil des Geldes mit einer Rendite zurückbekommt, je erfolgreicher das Projekt wird. Menschen von überall, vor allem aus Deutschland und Europa, können durch finanzielle Unterstützung Teil der Projekte werden. Zwar müssen die Menschen vor Ort auch für den Strom bezahlen, aber nur einen Bruchteil dessen, was sie sonst für Strom aus Dieselgeneratoren bezahlt hätten.«

Torsten steht wieder neben mir und fährt fort: »Um mit solch einer Anlage ein Dorf profitabel zu elektrifizieren, braucht man ungefähr 3000 bis 4000 Einwohner. Die erzeugte Energie kann zwanzig bis dreißig klein- und mittelständische Betriebe innerhalb der Dorfgemeinschaft versorgen, zum Beispiel Schreiner-, Schweißer- oder Schneiderwerkstätten. Außerdem wird mit dem Strom aus diesem ›Solartainer‹ eine Wasseraufbereitungsanlage betrieben, die das Wasser aus den Tiefen des Bodens fördert und entsalzt. Durch Solarpumpen wird eine effiziente Wassernutzung für die Bauern und Bäuerinnen vor Ort ermöglicht. Vor allem Aida achtet auf die Unterstützung der Frauen durch den Strom mit Bildungsmöglichkeiten und Jobs. Und, ach ja …«, er dreht sich um und geht zu einem kleineren Container, der neben den Solarflügeln steht. »Das ist ein großer Kühlschrank. Der erste, den die Dorfgemeinschaft jemals hatte. Es verändert ihr Leben.«

Ich halte inne. Die Verluste, die Menschen hier im ländlichen Raum ohne Stromzugang erleiden, hätte ich mir kaum vorstellen können. Ohne Kühlschrank sind sie gezwungen, einen enormen Teil ihrer Ernten wegzuwerfen, weil alles in der Hitze rasend schnell verdirbt. *Licht, Telefon, Kühlschrank – nein, das ist nicht wegzudenken,* raunt es mir durch den Kopf. Für uns in Deutschland sind dies alltägliche, selbstverständliche Dinge.

Durch Projekte wie dieses wird Menschen im Globalen Süden Bildung, Wasser, Nahrung, Geld und Energie ermöglicht. *Wir wollen keine Hilfe, wir wollen Gerechtigkeit*, flüstert Moussa mir in Gedanken zu. Was hier passiert, ist ein direkter Transfer von Macht aus dem Globalen Norden in den Globalen Süden, der Gerechtigkeit schafft.

»Uns geht es darum, den Menschen Perspektiven zu schaffen. Dann gibt es auch weniger Gründe, ihre Heimat zu verlassen«, sagt Torsten mit sanfter Stimme. Meine Gedanken führen mich zurück zu Barbacars Bruder. Er hatte keine Aussicht auf eine sichere Zukunft, also hat er sie woanders gesucht.

»Bei der Bekämpfung von Fluchtursachen setzen viele Projekte am falschen Ende an. Menschen, die wieder zurückgekehrt sind oder die schon abgeschoben wurden und jetzt zurückgeführt werden, versucht man, durch Ausbildung wieder zu integrieren. Aber müssen wir nicht da ansetzen, wo überhaupt der Wunsch nach Flucht entsteht?« Torsten blickt über die Solarflächen, als sich im nächsten Moment seine Miene verdunkelt.

»Wir wurden auch schon angegriffen«, flüstert er und starrt in die Ferne, als würde er bis nach Mali und hinaus in die Sahelzone sehen. »Im Tschad können wir vorerst aufgrund der Sicherheitslage nicht mehr operieren. Es gibt Routen, die im Moment nicht befahrbar sind.« Torsten setzt sich viel mit den Terrororganisationen Al Qaida, IS und Boko Haram auseinander, die vor allem im Norden Malis, Nigerias, aber auch im Tschad, in Niger oder Kamerun aktiv sind. Diese Gebiete sind Brennpunkte des Klimawandels. Es mangelt an fruchtbarem Land, die Dürren werden immer schlimmer und Regen bleibt oft über Jahre aus. Vor allem die Austrocknung des Tschadsees steht in Verbindung mit Existenzängsten von Menschen, die dadurch in die Arme von Terrorgruppen getrieben werden, die ihnen zunächst Nahrung und Wasser versprechen. Allein am Tschadsee hat Boko Haram knapp eine Million Menschen vertrieben.

»Gerade wenn Energie fehlt oder das Wasser knapp wird, brechen Konflikte aus. Viele Länder in der Sahelzone sind geprägt von Instabilität, von Terrororganisationen, Korruption und Kriegen. Mit den Solarcontainern wird den Menschen ein Teil dieser Ressourcen zurückgegeben. Es könnte ein großer Beitrag zu mehr Resilienz und sogar mehr Frieden in diesen Regionen sein.« Torsten atmet tief ein und aus. Seine Augen wandern zurück zum Solarflügel. »Es ist sehr gut, dass unsere Container dezentral sind und jede Anlage für sich selbst funktioniert. Vor allem in diesen instabilen, zerrütteten Ländern helfen solche Projekte den Menschen in den ländlichen Regionen am meisten. 2022 kam es zu einem weiteren Militärputsch in Mali. Das Land war sechs bis sieben Monate lang komplett abgeschottet. Mali hat keinen Hafen und ist deswegen überaus schwer zu versorgen. Daher konnte zum Beispiel kein Diesel für die Generatoren ins Land gebracht werden und selbst in großen Städten fiel das Licht aus. Unsere Projektdörfer waren trotzdem weiterhin mit Strom versorgt. Es kam sogar so weit, dass Menschen aus der Stadt zu den Dörfern fuhren, um noch mal ein Wochenende Radio zu hören.« Ein flüchtiges Lächeln huscht über Torstens Gesicht. Er beginnt zu grinsen, während meine Gedanken kreisen. So habe ich noch nie auf erneuerbare Energien geschaut. Es geht nie nur um Emissionen, die eingespart werden. Erneuerbare Energien sind inhärent krisenresistenter. Durch ihre autarke Funktionsweise können sie für mehr Stabilität und Frieden sorgen und ganze Dorfgemeinschaften resilienter machen.

Mein Herz schlägt ein bisschen schneller. Was wir hier am Beispiel von afrikanischen Dörfern erleben, gilt auch für eine Nation wie Deutschland. Im Jahr 2022, als der russische Angriffskrieg auf die Ukraine ausbrach, war Deutschland, wie viele andere europäische Länder, stark vom russischen Erdgas abhängig. Ein beträchtlicher Anteil des deutschen Strommixes bestand aus russischem Gas. Über die Erdgaspipeline Nord Stream 1 war Deutschland direkt mit Russland verbunden – und abhängig. Eine zweite Pipeline, die Nord Stream 2, war eine geplante Erweiterung und bereits im Bau, aber noch nicht in Betrieb.

Als der Krieg begann, war es für Deutschland eine enorme Kraftanstrengung, sich schnellstmöglich vom russischen Gas, das den Krieg Putins mitfinanzierte, zu lösen. Beim Angriffskrieg Russlands auf die Ukraine haben wir gemerkt, dass erneuerbare Energien ein ganzes Land sicherer, stabiler und friedvoller machen können. Wir haben selbst erfahren, welche katastrophalen Folgen es haben kann, wenn man sich von fossilen Energien aus Ländern, die von einem gewaltbereiten Autokraten regiert werden, abhängig macht.

Leider wurde aber das Momentum (noch) nicht genutzt, um vollumfänglich auf den Ausbau erneuerbarer Energien zu setzen. Stattdessen hat sich Deutschland in eine weitere Abhängigkeit von fossilen Brennstoffen, zum Beispiel mit Fracking aus den USA, begeben. Nicht nur beziehen wir Gas aus Norwegen und haben übermäßig viele LNG-Terminals gebaut, sondern es wurde zudem ein neues Abkommen geschlossen, wodurch wir ab 2026 jährlich zwei Millionen Tonnen Gas aus Katar beziehen – einem Land mit einer miserablen Menschenrechtslage, von dem wir uns bis voraussichtlich 2041 abhängig machen. Auch dagegen kämpft Torsten mit seinen Projekten, denn Katar missioniert einen sehr konservativen Islam im Sahel. Die Moschee in N'diop wird mit Geldern aus Katar finanziert, wie Torsten uns zuflüstert. *Unglaublich, an wie vielen Fronten er aktiv ist,* denke ich.

Ich trete vom Schatten der Solarflügel ins Licht hinaus. Sofort schießt die volle Energie auf meine Haut hinab. Ich blinzele der Sonne entgegen. *Niemand kann die Sonne absperren, umleiten oder für sich allein beanspruchen,* denke ich, *sie ist überall.* Eine zentrale Energieinfrastruktur, wie die von Kohle- oder Gaskraftwerken, kann gestört und angegriffen werden. Dezentrale Energieinfrastrukturen wie Solarpaneele auf Dächern von Privatpersonen oder einzelne Wind- und Solarkraftwerke auf dem Land, die von den Kommunen vor Ort verwaltet und betrieben werden, sind die demokratischsten und sichersten Energien, die wir haben. Erneuerbare Energien können uns jetzt und in Zukunft mehr Sicherheit verschaffen, weil sie nicht unsere planetaren Grenzen und Kipppunkte sprengen, sondern auch, weil sie das Aufkommen von Konflikten verhindern können. Während ich zusehe, wie Torsten zusammen mit Nick und Markus den Container umkreist, denke ich nach. Natürlich sollte es nicht unsere Privataufgabe sein, die Energiewende eines Landes zu finanzieren. Es ist eine staatliche Aufgabe und die Verantwortung liegt bei den Regierungen. Aber dass diese Container stehen und funktionieren, dass sie das Leben nachhaltig verbessern, zeigt, dass wir ganz und gar nicht machtlos sind. Wir können unsere Utopien heute im Kleinen erschaffen, auf die wir morgen im Großen hinarbeiten. Ich schaue auf den Ikarus vor meiner Nase. Ich hoffe, dass er noch viel weiter fliegt. Vielleicht sogar zu drei Millionen Menschen in der Sahelzone.

Zusammen mit Torsten gehen wir in einen nahe gelegenen Dorfteil von N'diob. Hier stehen etwa fünf kleine Häuser aus Lehm. Nur eines sticht etwas moderner hervor und ist aus Stein erbaut, es ist das Haus des Bürgermeisters Oumar Ba. Ehe Torsten sich verabschiedet, stellt er uns vor. Oumar hat etwas Ruhiges, Gediegenes und ist außerdem ein kleiner Schelm. Er hat den Charme eines unbekümmerten Großvaters. Es ist schon spät am Abend und er lädt uns ein, in einem seiner besseren Gästezimmer zu übernachten.

Es ist unsere letzte Nacht im Senegal. Der Raum ist klein, die Bodenfliesen sind mehrfach zersplittert, es gibt auch hier kein fließendes Wasser. Aber ich bin wahnsinnig dankbar für die Gastfreundschaft von Oumar. Zu dritt teilen Nick, André und ich uns eine modrige Matratze, Markus schläft wieder auf seiner Isomatte auf dem Boden. Wir können von Glück reden, dass André immer ein großes Tuch dabeihat, das wir oft entweder als Picknick- oder als Schlafdecke verwenden – oder auch als Matratzencover wie heute. Die Matratze hat so viele unterschiedliche Flecken, dass ich gar nicht wissen will, woher sie alle kommen und wie alt die Matte schon ist.

Mitten in der Nacht wache ich auf, ich kann nicht schlafen und muss aufs Klo. Weil ich ohnehin wach bin – und Wasser zum Spülen holen muss –, gehe ich vor die Tür und vertrete mir etwas die Beine. Nach ein paar Schritten stehe ich plötzlich im Dunkeln. Es ist stockduster. Ich bewege mich langsam, doch es hilft nichts – ich trete halb auf einen dicken Stein und knicke mies um. Auf einem Bein humpele ich zurück ins Licht, als sich plötzlich etwas neben mir auf dem Boden bewegt.

»Ach, du Kacke!«, schreie ich auf und mache einen riesigen Sprung über eine Schlange. Nie hätte ich gedacht, dass ich einmal für ein bisschen Licht so unglaublich dankbar sein würde. *Omg. Omg. Omg,* wiederholen meine Gedanken, als ich schnurstracks zurück in meinen Schlafsack krieche. *Energie ist Leben und Überleben.*

Erst am nächsten Morgen finden wir heraus, dass die Unterseite der Matratze sogar von Ratten angenagt war. *Na ja, immerhin nicht von einer Schlange gebissen,* denke ich grinsend.

Als wir uns verabschieden und wieder in die Weiten der Savanne hinaustreten, blicke ich über die Felder. N'diob liegt in einer Region, die sich von den Ausläufern der Sahara im Norden bis zum Beginn des tropischen Feuchtwalds im Süden des Landes erstreckt. *Gelb trifft auf Grün.* Der goldgelbe Boden taucht in etwas Orange: An diesem Morgen ist der Himmel rot – rot wie das Ahornblatt auf der Flagge unserer nächsten Destination.

Tuktoyaktuk
Inuvik
Eagle Plains
Fort McMurray
Baker Creek
OTTAWA

DREI: KANADA – TEERSAND IST DICKER ALS BLUT

Mit einem Koffer, vollgepackt mit den letzten Begegnungen aus Brasilien – mit Aida, Dario und Davi Kopenawa – und aus dem Senegal – mit Barbacar, Maman, Jamila, Yero und Moussa – kommen wir vom Globalen Süden in den Globalen Norden: willkommen in Kanada. Für mich clashen Welten aufeinander. Obwohl Kanada unseren westlichen und europäischen Standards in Deutschland am nächsten ist, hätte es sich für mich nicht fremder anfühlen können.

Wir kommen in Calgary an, der größten Stadt in der kanadischen Provinz Alberta. Ich trage die Erfahrungen der letzten Orte mit mir herum wie eine zweite Haut. Die Ruhe des Regenwalds trifft auf den Lärm der Stadt. Die gepflanzten Bäume von Jamila weichen den Hochhäusern, Erinnerungen an Barbacar werden mit dem nächsten dreimal höhergelegten Pick-up-Truck überfahren.

Mir geht es schlecht, der Umschwung fällt mir nicht leicht, vielleicht auch deswegen, weil ich mich aufgrund eines Infekts auf der Reise mehrmals übergeben musste. Allein komme ich in Calgary an und bin heilfroh, als Nick und André mich am Flughafen aufgabeln. Mit letzter Kraft gelange ich in die erste Unterkunft, falle ins Bett und direkt ins Delirium. 26 Stunden schlafe ich durch; 26 Stunden, in denen meine Träume durch Kanada reisen. Ich sehe grüne Weiten und raues Wildwasser, fliege über die Felsabhänge der Rocky Mountains, beobachte Bären, Karibus und hier und da ein paar Biber. Doch dann wache ich auf.

Unsere Reise beginnt in einem Gebiet, das sich von meiner Traumwelt fundamental unterscheidet.

Fort McMurray – Geld essen, Öl trinken

Wir reisen zehn Stunden tiefer ins Herz von Alberta, nördlich von Calgary. Auf dem Highway 63 kommen uns ununterbrochen dicke Pickups entgegen. Ich beobachte die Menschen hinter den Windschutzscheiben – eine Hand am Lenkrad, die andere hängt lässig aus dem Fenster, während sie laut »The Chain« von Fleetwood Mac hören und etwas zu große, bunt verspiegelte Sonnenbrillen auf der Nase tragen. Uns umgeben abgebrannte Borealwälder und wieder eine feine Rauchschicht – doch sie ist anders als die, die ich aus Brasilien kenne. Ich atme ein, in der Luft liegt etwas Schweres, das ich zu diesem Zeitpunkt noch nicht ausmachen kann.

Wir biegen in eine Stadt ab. Sie erscheint menschenleer. Niemand muss hier sein Auto verlassen: Es gibt Fast-Food-Drive-ins, Drive-ins, um sich einen Kaffee zu holen, Drive-ins zum Geldabheben, Drive-ins, um Hundefutter zu kaufen, Drive-ins für eine Portion legales Cannabis. Die Straßen sind aufgeräumt, die vereinzelten Parks fein säuberlich angelegt, es gibt einen kleinen Skatepark. Alles glänzt neu. Ich sehe keine Menschenseele. Wir kommen vorbei an Häusern, die wie Musterhäuser aneinandergereiht sind – mit den immergleichen Vorgärten, immergleichen Zäunen, immergleichen Grashöhen, immergleichen Autos auf den immergleichen Zufahrten. Auf mich wirkt die Stadt absolut künstlich, fast schon unwirklich. Etwas argwöhnisch schaue ich mich um, als könnte ich irgendwo den Ausgang aus dem Bühnenbild dieser *Truman Show* finden.

Fort McMurray wird auch Fort McMoney genannt. Die Stadt beherbergt fast 70 000 Menschen, eine absolute Boomtown, explosionsartig groß geworden durch die gigantische Ölsandindustrie nebenan. Der Spitzname »McMoney« spielt auf das starke wirtschaftliche Wachstum und das Geld an, das durch die Ölförderung angehäuft wird. Hier lebt eine überragende Mehrheit der Arbeitenden von der Ölsandindustrie. Und um ehrlich zu sein: Es scheint ein recht gutes

Leben zu sein, das die Industrie ermöglicht. Doch der Glanz verliert sich schnell, als wir einen Blick hinter die Kulisse erhaschen.

Rund 40 Kilometer außerhalb von Fort McMoney sehen wir die schier unglaublichen Ausmaße der Ölsandindustrie, auch »Teersandindustrie« genannt. Über uns hängt eine schwere Wolkendecke, die den Nachmittag in Dunkelheit taucht. Diesmal ist Nick am Steuer, André und ich sitzen auf der Rückbank, während Markus die Drohne aus dem Fenster des Beifahrersitzes steigen lässt. Wir fahren dichter an die Abbaufläche der Teersandindustrie heran. Markus, André und ich stecken die Köpfe zusammen, wir alle wollen die Größe der Industrieanlage auf dem kleinen Bildschirm des Drohnen-Controllers sehen. Ich mache schlagartig große Augen: Ich sehe ein gigantisches, surreales Fördergelände. Überall erkenne ich Rohre, die sich wie Adern durch das Gelände ziehen, einige vergraben unter der Erde, andere ragen in den Himmel. Sie pulsieren mit der Kraft des Öls, das durch sie hindurchströmt; ein ständiges Summen und Zischen erfüllt die Luft.

Die Fackeln ragen wie riesige Leuchttürme in den Himmel, die flammenden Spitzen flackern in der Dunkelheit. Sie werfen ein unheimliches Licht auf das Gelände und lange, tanzende Schatten. Der Geruch von verbranntem Öl hängt in der Luft, ein stechender, allgegenwärtiger Gestank, der in meine Kleidung und in meine Haut eindringt. Ich halte den Atem an. Von jetzt auf gleich breitet sich Schwarz auf dem Bildschirm aus – meilenweit zerstörtes Land. Es sind die gigantischen Tagebaue.

Am absurdesten sind jedoch die Abwasserseen. Sie erstrecken sich über das Gelände wie riesige, schwarze Spiegel mit glatten und undurchdringlichen Oberflächen. Sie reflektieren das Licht der Brenntürme, ein schimmerndes, unheimliches Licht, das die Dunkelheit durchbricht. Es ist ein Anblick von erschreckender Schönheit, aber auch von Gefahr. Denn unter ihrer glänzenden Oberfläche verbirgt sich eine tödliche Mischung aus Chemikalien und Abfällen, stumme Zeugen der Zerstörung, die die Teersandindustrie anrichtet.

Es ist die schmutzigste Ölproduktion der Welt – und eine der gefährlichsten. Hier operiert hauptsächlich das fossile Unternehmen Syncrude, ein Joint Venture von Suncor Energy und Imperial Oil, einem Tochterunternehmen von ExxonMobil. In anderen Teilen der Teersandindustrie haben fast alle anderen Big Player der fossilen Industrie ihre Finger im Spiel – sei es Shell, Equinor, Nexen, Sinopec, Total – you name it. Neben den USA, Saudi-Arabien und Russland ist Kanada der viertgrößte Erdölförderer der Welt.

Auf einer Fläche so groß wie England wird hier Ölsand abgebaut, in Tagebauen, wie wir sie auch aus der Braunkohle bei uns in Deutschland kennen. Alles dreht sich darum, eine halbfeste, zähflüssige Form von »unkonventionellem« Öl, bekannt als Bitumen, zu gewinnen. Der Abbau gestaltet sich schwierig und erfordert einen hohen Energieaufwand. Das Ergebnis ist ein Prozess, der etwa drei- bis fünfmal so klimaschädlich ist wie die Förderung von konventionellem Öl. In hochaufwendigen chemischen Verfahren wird das Öl aus dem sandigen Boden gelöst. Dabei werden nicht nur Unmengen von Energie benötigt, sondern es entstehen auch hochgiftige Abwässer, sogenannte Tailings, sowie giftige Abgase. Diese Abfälle werden unter freiem Himmel hochgefährlich gelagert.

Markus will ein Bild von den frei liegenden Abwasserseen machen, den sogenannten Tailing Ponds. Also fahren wir so nah heran, wie es nur geht. Sie sind mit einem hohen Stacheldrahtzaun umgeben. Auf einmal sieht es so aus, als würden Menschen in den hochgiftigen Becken stehen. Meine Armhaare stellen sich auf. *Was zur Hölle machen die da?,* schreit es in meinem Kopf.

Überall ragen grellorange Jacken und gelbe Arbeitshelme aus den Seen. Ein lauter Knall. Er durchschneidet die Luft. Erst denke ich, uns wäre ein Reifen geplatzt. Wir halten abrupt an und steigen aus. Plötzlich ein zweiter Knall. Diesmal ist er so laut, als wäre direkt neben meinem Ohr ein Silvesterböller explodiert. Es zieht mir die Beine weg, ich falle zu Boden und halte meinen Kopf geduckt zwischen meinen Ellbogen. André läuft zu mir. Unsere Hände zittern. *Wurden wir angeschos-*

sen? Schießt da jemand auf uns?! Mein Herz klopft so schnell, dass ich das Gefühl habe, mich übergeben zu müssen. Ich schaue mich schnell um und sehe Nick und Markus, die geduckt neben dem Auto stehen. Wir alle wirken wie angefahrene Rehe, so geweitet sind unsere Augen und so stocksteif unsere Körper.

Ein dritter Knall durchschneidet die Luft. Ich zucke erneut zusammen, doch diesmal wirkt der Schall weiter weg. Jetzt traue ich mich, vorsichtig aufzustehen. Allmählich erkenne ich einen Rhythmus in den Schüssen. Markus scheint die Ursache der Geräusche schon ausgemacht zu haben. Er steigt auf einen kleinen Geröllhügel direkt vor dem Tailing Pond hinauf, um einen besseren Überblick über die Situation zu bekommen. Seine Fäuste in die Seiten gestützt, ruft er uns zu: »Kommt her! Das glaubt uns doch niemand. Das glaub ich mir selbst nicht einmal!« Nick, André und ich folgen ihm, aber meine Knie sind schrecklich zitterig. Ich sehe wieder zu den Arbeitern im Giftwasser hinüber. Von hier aus wirken sie unförmig und scheinen sich keinen Meter bewegt zu haben. Erst als ich zu Markus auf den Hügel hochklettere, beginne ich zu verstehen.

What the fuck?!, schreien meine Gedanken. Das dort in den Gewässern sind gar keine Menschen! Vor uns breitet sich ein ganzes Meer aus Vogelscheuchen aus. Plastiktonnen schwimmen auf dem Giftwasser, aufgespießt mit einem dicken Stab. Darauf ist ein Helm gespickt und um ihn eine orange Warnweste gelegt worden. Vereinzelt treiben die Vogelscheuchen, gekleidet wie Industriearbeiter:innen, dahin. Ein weiterer Knall, genau neben uns, fährt mir durch Mark und Bein, mein Herz setzt aus. Ich zucke zusammen. André fängt mich im Fall, auch er blickt sich suchend um. Nun sehen wir kleine Maschinen, die in regelmäßigen Abständen um den See herum installiert sind. Davor steht ein grellgelbes Schild mit der Aufschrift »CAUTION! LOUD NOISE! BIRD SCARE!«.

Jetzt verstehe ich. Diese Maschinen geben laute Schüsse ab, um Vögel davon abzuhalten, im Wasser zu landen. *Scheint sehr gut zu funktionieren,* denke ich, denn auch ich will aus diesem Gebiet flüchten.

Einfach nur raus hier. Markus startet seine Drohne. Während die Becken aus dem flachen Winkel vom Hügel einfach nur schwarz aussehen, zeigt sich aus der steilen Perspektive der Drohne ein ganz anderes Bild: Ölaugen, so weit das Auge reicht. Sie bewegen sich langsam über die Oberfläche des Sees, getrieben von den unsichtbaren Strömungen darunter. Sie verschmelzen und trennen sich, bilden Muster, die an Feuerwerke in Zeitlupe erinnern. Es ist ein hypnotisierender Anblick, fast schön, wenn man die tödliche Natur des Materials vergisst, aus dem sie bestehen.

Unwillkürlich lache ich in mich hinein, so absurd ist es, an einem Giftwasserbecken zu stehen, mit Arbeiter-Vogelscheuchen und künstlichen Schüssen, um Tiere davon abzuhalten, in einer Brühe zu landen, aus der sie entweder nie wieder herauskommen werden oder durch die sie vielleicht mutieren könnten. Während sich diese Industrie als modern und fortschrittlich inszeniert, verpasst sie mir ein absolutes Endzeit-Feeling. Es ist so schockierend, dass es fast schon lächerlich ist, was sich hier vor meinen Augen abspielt, und ich wünschte, es wäre wirklich nur ein Film wie die *Truman Show* oder was auch immer. Aber bitte nicht die Realität.

Tatsächlich sind diese Becken stetiger Anlass für heftige Auseinandersetzungen zwischen der Industrie auf der einen Seite sowie Wissenschaft und Umweltschützer:innen auf der anderen. In solchen Absetzbecken werden über 1,4 Billionen Liter giftige Abwässer aus der Ölförderung gelagert.[30] Sie enthalten eine Mischung aus gefährlichen Chemikalien wie Quecksilber, Benzol, Arsen und Naphthensäuren. Erst Anfang 2023 kam es zu einem gewaltigen Aufschrei in der Zivilgesellschaft Kanadas: 5,3 Millionen Liter giftige Industrieabwässer sind durch Lecks in die Umgebung ausgelaufen.[31] Die indigenen Völker, auf deren Territorium das Leck auftrat und die auf die örtlichen Nahrungsquellen und das Wasser angewiesen sind, wurden neun Monate lang über das Leck im Unklaren gelassen. Es handelte sich um Angehörige der Mikisew Cree, der Athabasca Chipewyan und Fort McKay First Nations, der Fort Chipewyan Metis und anderer flussabwärts gelegener

Gemeinden – bis hin zu den Nordwest-Territorien Kanadas. Das bedeutet, dass die Menschen Beeren und anderes in dem Gebiet geerntet oder Fleisch von dort gejagten Tieren gegessen haben, ohne zu wissen, dass alles kontaminiert sein könnte. In diesen Gemeinden gibt es bereits hohe Raten von Blut-, Lymphdrüsen-, Gallengang- und Weichteilkrebs, die mit der Verunreinigung durch die Teersandproduktion in Verbindung gebracht werden. Die örtliche Bevölkerung erkrankt, die Tierwelt wird vergiftet und die Wasserressourcen der Region werden durch Syncrude gefährdet.

Au! – Ich schlage auf eine Stechmücke auf meinem Arm und ein kleiner Blutstreifen bleibt zurück. Jetzt erst merke ich, wie viele Stechmücken um uns herumschwirren. Ich sehe lächerlich aus, wie ich mit hektischen Bewegungen versuche, die Schwärme von meiner Haut fernzuhalten. Erfolglos klettere ich den Geröllhügel hinunter. Wir verziehen uns wieder ins Auto. Irgendwann verlieren sich die Schüsse als dumpfer Hall im Hintergrund.

Nach wenigen Minuten kommen wir genau vor einem gigantischen Schaufelradbagger zum Halten. Auf einem Schild lese ich »Giants of Mining« – Riesen des Bergbaus. In einer Art Parkbucht werden die alten Schaufelradbagger und Maschinen der Teersandindustrie für Tourist:innen ausgestellt. Während Markus weiterhin konzentriert seine Drohne manövriert, steigen André, Nick und ich aus. Ich stehe jetzt direkt neben einem solchen Bagger, kneife die Augen zusammen und lege den Kopf in den Nacken. Der rostige Geruch des Metalls kriecht in meine Nase.

Das letzte Mal stand ich neben einer solchen Maschine bei einer Demonstration an der Abbruchkante der Kohlemine im deutschen Lützerath. Mich durchrieselt ein Schauer, genau dort zu stehen, wo Klimasysteme zum Kippen gebracht werden und unsere Erde bis an ihre Grenzen ausgebeutet wird. Mit diesen riesigen Baggern wird gut und gern eine Viertelmillion Tonnen Boden täglich ausgehoben. Während ich in den Hubraum einer Schaufel trete, hallen meine Schritte auf hartem Metall wider. Die Wände ragen so hoch über mir empor, dass mich der Raum völlig verschluckt. *Ein Dinosaurier einer längst vergangenen Zeit,* denke ich.

Neben mir macht eine kanadische Familie mit zwei Kleinkindern ein Foto vor einer der Baggermaschinen. Fasziniert stehen sie vor ihr. Es sieht fast so aus, als wäre der Bagger ein altes Familienmitglied. Ich schaue ihnen dabei zu, wie sie einen so ganz anderen Blick auf diese Industrie und ihre Geschichte haben. Für sie ist sie Teil der Kultur, Teil der Identität.

Ich lese die Infotafeln, die rund um die Parkbucht aufgestellt sind. Sie sprechen von Fortschritt und Technologie, von Arbeitsplätzen und Wirtschaftswachstum. Aber zwischen den Zeilen lese ich Greenwashing. Meine Stirn legt sich in Falten. Ich höre meine Zähne knirschen, während meine Augen das Geschriebene vor mir abtasten. Vollmundig werden hier die Renaturierungsversuche der Teersandindustrie angepriesen. Auf den Tafeln wird mit Zahlen um sich geworfen: 300 Bisons wurden wieder angesiedelt, ein paar Hunderttausend Bäume wieder angepflanzt. Doch die Fakten sprechen für sich: Nach fünfzig Jahren Teersandindustrie wurden nur 0,1 Prozent der zerstörten Landfläche wiederhergestellt.[32] Wie viele Bäume wurden dadurch entwurzelt, wie viele Bisons haben ihren Lebensraum verloren? Eine Renaturierung oder Rekultivierung der Tagebaue wird nie den Schaden an Ökosystemen oder den Schaden durch Extremwetter überall auf unserem Planeten wiedergutmachen können. Ich denke an die Vorhaben der Rekultivierung der Braunkohlegruben in Deutschland. Auch hier brüstet sich der Kohlekonzern RWE mit falschen Versprechungen, um aus Europas größten Löchern, mitten in Nordrhein-Westfalen, Seen zu erschaffen. Vierzig Jahre soll es dauern, die Tagebaue mit Wasser aus dem Rhein zu befüllen. Dass wir mitten in einer Klimakrise stecken, die Sommer heißer werden und der Rheinpegel jetzt schon historisch tief ist, blendet RWE gekonnt aus.[33]

Langsam blicke ich hinüber zu den großen Türmen, aus denen unablässig dicke Rauchschwaden herausströmen. Der Gestank sticht mittlerweile in meiner Lunge, ich muss mich räuspern. Der Teersand liegt nicht nur im Boden, sondern auch schwer in der Luft. Über die Luftverschmutzung werden uns ebenfalls allerlei Märchen erzählt. Sie ist hier um 6300 Prozent schädlicher als von der Industrie selbst angegeben.[34] *Sechstausenddreihundert Prozent*, wiederhole ich Silbe für Silbe in Gedanken. Wenig macht mich so wütend wie Greenwashing.

Es scheint oft eine Art Verwunderung darüber zu herrschen, warum die Bewältigung der Klimakrise so lange dauert – und warum es immer noch so viele Verzögerungen gibt. Dafür gibt es viele Gründe, aber einer wird hier besonders deutlich: Klimaleugnungskampagnen und Verzögerungstaktiken wie Greenwashing. Gerade ExxonMobil, der Konzern, der hier direkt vor uns operiert, investierte in den 1970er- und 1980er-Jahren in Forschungsprogramme, um die Auswirkungen der Verbrennung fossiler Brennstoffe auf das Klima zu untersuchen. Der fossile Konzern beschäftigte hoch qualifizierte Forscher:innen, sammelte CO_2-Proben und entwickelte detaillierte Klimamodelle. Die Fakten waren damals schon eindeutig: Die Verwendung fossiler Brennstoffe bringt Menschenleben, vor allem im Globalen Süden, in Gefahr. Trotz allem ignorierte das Unternehmen die eigenen Forschungsergebnisse.[35] Aktiv entschied man sich dafür, die Krise zu verschlimmern und diese Mondlandschaft vor unseren Augen zu erschaffen. Meine Augenbrauen ziehen sich zusammen. Seit Jahrzehnten wird im ganz großen Stil versucht, die Verantwortung für die Klimakrise in die Schuhe der Endverbraucher:innen zu schieben. Dabei wurden die Begriffe »CO_2-Fußabdruck« und »CO_2-Rechner« vom Ölriesen BP selbst eingeführt.[36] Jährlich fließen Milliarden an Geldern in Klimaleugnungskampagnen oder Greenwashing, fossile Lobbygruppen überlegen sich vermutlich gerade wieder den nächsten PR-Gag neben Erdgas als Brückentechnologie oder einer sogenannten Klima-Autobahn.

Mein Blick schweift über das Fördergelände, ich sehe die Flammen der Abfackeltürme, die Giftseen und die schwarzen Weiten der Tagebaue. Angesichts dessen erscheint es mir lächerlich, wovon fossile Industrien seit Jahrzehnten versuchen abzulenken. Hier ist es so schmerzhaft offensichtlich. Individuelle Konsumentscheidungen, wie weniger mit dem Auto zu fahren oder weniger zu fliegen, reichen nicht bis zur Wurzel des Problems: dem vollumfänglichen Produktionsstopp fossiler Brennstoffe. Fossile Unternehmen wie Kohle-, Öl- und Gaskonzerne wissen das. Mehr als die Verantwortung des und der Einzelnen ist es die Verantwortung und Aufgabe der Regierungen, Maßnahmen zu ergreifen, die uns ein nachhaltiges Leben ermöglichen. Ich erkenne und schätze die so aufwendige Arbeit von Menschen, die jeden Tag aufs Neue so viele Hürden überwinden, um ein nachhaltigeres Leben zu führen. Jedoch verstricken wir uns schrecklich oft in gegenseitige Schuldzuweisungen und verlieren damit so wichtige Zeit, die wir nicht mehr haben. Während wir mit dem Finger aufeinander zeigen, weil wir unseren Kaffee aus dem To-go-Becher trinken oder doch noch mal ein Shirt bei einem Fast-Fashion-Unternehmen gekauft haben, lachen sich Kohle-, Öl- und Gasunternehmen ins Fäustchen. Denn das alte Sprichwort stimmt heute mehr denn je: Wenn sich zwei streiten, freut sich ein Dritter (oder mehrere Dritte).

Ich betone nochmals: Das bedeutet nicht, dass wir uns lossagen von jeglicher Veränderung unseres eigenen Lebensstils. Jede einzelne Handlung ist unendlich wichtig. Jede Entscheidung, die wir treffen, macht einen Unterschied. Aber wir dürfen die wahren Verschmutzer nicht davonkommen lassen. Wir dürfen die Machtstrukturen nicht verkennen, die diesem Problem zugrunde liegen. Wenn du so wenig Geld hast, dass du nur zu günstigerer Fast Fashion greifen kannst, und erst recht kein Geld für den Heizungsumbau mit einer Wärmepumpe hast, dann hast du keine Wahl. Gerade einkommensschwache Haushalte werden in klimaschädliche Lebensstile gezwungen. Wir müssen betonen, dass die Verantwortung bei den Regierungen, Unternehmen und den Superreichen liegt, um uns ein nachhaltiges Leben in erster Linie zu ermöglichen, indem es subventioniert und erschwinglich wird. Doch haben diese Akteure die Strukturen bewusst so geformt, dass es außer schlechten Entscheidungen keine andere Wahl gibt.

Diese Zerstörung ist kein Zufall. Die Gefährdung der Gesundheit von Millionen von Menschen ist kein Zufall. Die Klimakrise ist kein

Zufall. Alles ist kalkuliert. Diese Krise ist ein Produkt ebenjener unterdrückerischen Systeme und zerstörerischen Industrien, die Menschen gefährden und unsere Lebensgrundlagen aufs Spiel setzen. Sie lassen wissend zu, dass wir das Kipppunkt-Dominospiel der Klimakatastrophe anstoßen. Wir haben keine Zeit mehr, diese Systeme und die großen Verschmutzer unbenannt zu lassen. Nur wenn sie nicht öffentlich kritisiert werden, können sie weiter fortbestehen. Klimagerechtigkeit bedeutet, sie in die Verantwortung zu ziehen.

Lobbygruppen, kapitalistische, klimaverzögernde oder -leugnende rechte Denkfabriken und die fossile Industrie haben uns in diese Krise geführt. Alle Regierungen, die trotz des Wissens um alternative Optionen weiterhin neue Infrastrukturen für fossile Brennstoffe errichten, führen uns tiefer und tiefer in die Krise hinein. Bergbauunternehmen, die Auto-, Luftfahrt- und Kunststoffindustrie, jeder einzelne Rohstoffproduzent und Umweltverschmutzer auf der Welt ist verantwortlich. Doch mehr als diese Industrien sind es die Systeme, denen sie überhaupt entsprungen sind: Es ist der Kapitalismus, der Wachstum über alles stellt. Es ist das Prinzip der weißen Vorherrschaft, die den Schutz und das Leben weißer Menschen über alles stellt. Es ist der Neokolonialismus, der andauernde Ausbeutung auf Kosten von Menschenleben weiterhin ermöglicht.

Ja, es stimmt, wir alle tragen Verantwortung. Wo es nur geht, müssen wir ansetzen und an den für uns erreichbaren Schrauben drehen. Jeder und jede von uns trägt die Verantwortung, sich für seine Mitmenschen einzusetzen und die Welt nachhaltig zum Besseren zu verändern. Das erfordert aktives Engagement, sei es durch Proteste, Kampagnenführung, bewussten Konsum, Gespräche mit Freund:innen und Familie oder das Antworten auf die Solidaritätsaufrufe anderer Menschen weltweit. Es ist an der Zeit, dass wir die Initiative ergreifen und aktiv an der Veränderung teilnehmen, denn Verbesserung geschieht nicht von allein. Es ist an der Zeit, sich Bewegungen anzuschließen und mutige Maßnahmen zu ergreifen, denn die Zukunft unserer Welt hängt schlichtweg von unserem Handeln jetzt und hier ab. Das ist aktive Hoffnung.

Wir können uns kein Verzögern durch Greenwashing mehr leisten. Greenwashing lenkt uns ab. Greenwashing ist eine Strategie, die Unternehmen nutzen, um gesellschaftliche Akzeptanz zu erlangen. Wir geben ihnen damit eine soziale Lizenz. Dies bedeutet, dass wir als Gesellschaft die Aktivitäten bestimmter Industrien und Unternehmen akzeptieren, weil wir sie, wenn auch fälschlicherweise, für wertvoll oder notwendig halten. Das ist brandgefährlich, weil es umweltschädigenden Unternehmen ermöglicht, länger zu existieren. Wir gehen von der Phase der »Klimaleugnung« in die Phase der »Klimaverzögerung« über und Greenwashing ist der Katalysator für diesen Prozess. Es ist der Brandbeschleuniger. Greenwashing schwächt unsere Bewegungen – denn warum noch handeln, wenn doch alles bereits so unheimlich schön grün glänzt? In einem Gewirr aus grünen Lügen und Halbwahrheiten werden wir verwirrt und die Fakten verdreht. Es ist eine sehr große Kraftanstrengung, sich aus dieser Verwirrung zu befreien, seriöse Quellen zu finden und Fakten von grünen Märchen zu unterscheiden. Sie saugt uns unsere Energie aus.

Schon wieder schlage ich eine Mücke an meinem Hals weg. *Wenn andere mir meine Energie aussaugen, dann saugt ihr bitte nicht noch mein Blut.* Ich schaue zu Nick und Markus, die sich zwar immer wieder die Mücken von den Armen schlagen, aber unbekümmert weiterfilmen und weiterfotografieren. Hier sind so viele Blutsauger, wie ich es noch nie erlebt habe, aber es wundert mich nicht. Überall, wo Bergbau stattfindet, wird meilenweit fließendes, sauberes Wasser gestoppt und verschmutzt – eine gute Brutstätte. Stechmücken legen ihre Larven am liebsten in Gräben, Tümpeln oder Sickergruben ab, wieder andere in großen Überschwemmungsgebieten. Darum breiten sich auch neue und alte durch Stechmücken übertragbare Krankheiten in diesen Gebieten besonders gut aus. Ich denke an die glasklaren Gewässer der Yanomami und an den von Quecksilber vergifteten Rio Demini, wo die Malaria-Quoten unter Goldgräber:innen besonders hoch sind.[37] *Gesunde Erde, gesunde Menschen,* flüstern mir meine Gedanken zu. Beides ist nicht voneinander zu trennen. Ich stampfe auf das Metall unter meinen Füßen. Im Hubraum des Riesenbaggers hallt der Schall der Vergangenheit von den Wänden.

Mein Kiefer hat sich gelockert, aber meine Stirn liegt immer noch in Falten. Wir wissen, dass es besser geht: Energie sicherer, sauberer und günstiger produzieren. Die Pläne liegen alle auf dem Tisch. Es ist wichtig, dass wir verstehen, dass die Tage der fossilen Brennstoffindustrie gezählt sind. Sie wird ohne massive staatliche Unterstützung nicht weiter existieren können. Satte elf Millionen Dollar an Subventionen werden weltweit pro Minute in fossile Brennstoffindustrie gesteckt, ohne die diese zur Transformation gezwungen sein würde. Das wissen auch die Firmen. Die Frage ist also nicht, *ob* wir sie aufhalten, sondern, *wann*. Unsere Aufgabe ist es, dieses »Wann« so nah wie möglich an unsere Gegenwart zu verschieben. Das ist unsere größte Chance, viele weitere Menschenleben zu schützen. Es ist unsere größte Chance, weitere Kipppunkte zu verhindern. Sehe ich diese alten Maschinen, dann sehe ich eine veraltete, gefährliche Industrie, die wir um alles in der Welt endlich hinter uns lassen müssen – und werden.

Endlich fahren wir weg, vorbei an den Abwasserbecken, entlang der schwarzen Tagebaue, hinaus aus den toxischen Wolken. Ich blicke nicht ein einziges Mal zurück. Hinter Fort McMurray geht die Sonne unter und die letzten Sonnenstrahlen des Tages legen sich auf mein Gesicht. Ich fühle die Wärme, schließe die Augen und sehe das wohlige Orange hinter meinen geschlossenen Lidern.

Wir kommen zurück zu unserer kleinen Mietwohnung. Als wir unser Kameraequipment abladen, kommt unser Vermieter gerade von der Arbeit zurück. Charly fährt mit seinem Pick-up in den Hof. Erst sehe ich seine Pilotenbrille, darunter seinen braunen Schnauzer und als er aussteigt, bemerke ich, dass er eine orange Warnweste trägt. Bilder der Abwasserseen schießen wieder in meinen Kopf. Meine Armhaare stellen sich auf. Charly zeigt sich neugierig wegen des Filmequipments und wir kommen schnell ins Gespräch. Wir geben uns nicht als Filmteam für Umwelt und Klima zu erkennen und plaudern über die Industrie, über Fort McMoney und Charlys Zukunftspläne.

»Na ja, lange will ich hier nicht bleiben«, erzählt er mit rauer Stimme. »Habe ich genug Geld zusammen, gehe ich zurück in meine Heimat in British Columbia. Musste Studiendarlehen meiner Tochter zurückzahlen, darum hab ich den Job hier.« Er weist mit seinem Kinn zum Haus hinüber. »Will woanders noch mal bauen mit meiner Familie. So richtig zur Ruhe kommen. Hier kann ich mir das nicht so recht vorstellen.«

Unser Vermieter lässt seine Augen über die teils verbrannten Borealwälder schweifen. Über uns hängen die Wolken tief. So wie Charly geht es laut Umfragen der Mehrheit der Menschen in Fort McMurray. Rund 98 Prozent der Befragten im Teersandgebiet planen, anderswo in den Ruhestand zu gehen.[38] Die meisten kommen wegen des Geldes. Da es nur noch wenige gut bezahlte Arbeitsplätze gibt, ist ein Job in der Förderindustrie oft die einzige Möglichkeit, Schulden und Armut zu entkommen. Viele Teersandarbeiter:innen betrachten ihre Zeit in Nord-Alberta oft wie einen sehr profitablen Gefängnisaufenthalt: Manche planen, drei Jahre »abzusitzen« (um 200 000 Dollar zu sparen und dann zu verschwinden), andere fünf Jahre (um eine halbe Million zu sparen) oder sogar zehn Jahre (um eine Million zu verdienen und mit 35 in Rente zu gehen). Wie unrealistisch diese Pläne auch sein mögen, das Grundkonzept ist im Wesentlichen immer dasselbe: die Zeit in Fort McMoney irgendwie zu überstehen und dann so schnell wie möglich dorthin zu ziehen, wo man wirklich leben will.

Jetzt setzt Charly seine Sonnenbrille ab. Ich schaue in müde Augen, er arbeitet schon lange hier. Während wir uns von ihm verabschieden und in unsere Wohnung verschwinden, pocht bereits mein Herz, denn heute Abend haben wir uns mit einem Stück Hoffnung verabredet.

Divestment und Konzerne vor Gericht

Über einen Videocall tauschen wir uns mit einer der renommiertesten Umweltorganisationen Kanadas aus. Environmental Defence Canada arbeitet seit über dreißig Jahren mit Unternehmen, Gemeinden,

Rechtsanwält:innen, Wissenschaftler:innen und Regierungen zusammen, um Veränderungen zu bewirken. Markus und ich setzen uns vor den Laptop, unsere Köpfe nebeneinander vor der Kamera, während wir mit Aliénor Rougeot, Sprecherin für Energie und Klima von Environmental Defence Canada, sprechen. Hinter uns nehmen André und Nick das Gespräch auf. Aliénors lange braune Haare füllen die Hälfte ihres kleinen Videobilds aus, sie ist nur ein Jahr älter als ich. Die große Frage steht im Raum: Wie kann die Teersandindustrie aufgehalten werden?

»Wir sind bestimmt nicht die erste Generation, die gegen diese Industrie kämpft. Es ist ein jahrzehntelanger Prozess«, seufzt Aliénor. Einen Moment überlegt sie, als sich schlagartig ihr Gesicht erhellt. »Aber die größten Erfolge hatten bisher unter anderem die Divestment-Bewegung oder Klima- und Umweltklagen, nicht zuletzt geführt von indigenen Bewegungen.« Fort McMoney ist vielleicht ein Paradebeispiel dafür, welche Lenkwirkung Geldströme haben. Aber auch wir können mit unserem Geld die Richtung unserer Zukunft vorgeben. *Geld regiert die Welt*, denke ich. Das hat die Divestment-Bewegung schon lange verstanden. Aliénor erklärt uns, dass es sich dabei um eine transnationale politische Kampagne handelt, die darauf abzielt, Investitionen aus klimaschädlichen und zerstörerischen Industrien abzuziehen und die in über fünfzig Ländern weltweit existiert. Oft unterstützen Banken, bei denen wir unser Geld anlegen, möglicherweise fossile Projekte. Es könnte sein, dass sie Kredite an fossile Unternehmen vergeben oder in Anleihen oder Aktien von klimaschädlichen Firmen investieren. Aliénor schaut uns über den Bildschirm direkt an: »Es ist wahnsinnig effektiv, sich über sein eigenes Geld zu informieren – wo liegt es? Werden dadurch vielleicht klimaschädliche Projekte finanziert oder viel eher eine lebenswerte Zukunft mit erneuerbaren Energien?«

Die Divestment-Bewegung hat bereits große Erfolge erzielt und ist überaus wirkungsmächtig. In den USA und Europa haben Städte und Universitäten ihre Investitionen in fossile Energien zurückgezogen und erhöhen somit den Druck auf Ölkonzerne. Der norwegische Pensionsfonds, der größte Staatsfonds der Welt, zieht sein Geld aus Kohlefirmen ab. Bundesländer wie Baden-Württemberg, Brandenburg, Hessen und Nordrhein-Westfalen sowie Städte wie Berlin, Nürnberg und Münster verfolgen bereits eine Divestment-Strategie. Und das können nicht nur Länder, Institutionen und Organisationen, sondern auch wir alle als Privatpersonen.

Neben der Divestment-Bewegung berichtet Aliénor von effektiven Klagen gegen Regierungen oder fossile Konzerne und nennt als Beispiel die indigene Athabasca Chipewyan First Nation, die gegen eine Regierungsbehörde, die Alberta Energy Regulat, geklagt hat, weil sie zu spät über die Lecks der Abwasserseen informiert wurde.[39] Auch wenn der Prozess noch andauert, hat die Klage bereits enorme mediale Wellen geschlagen, das Umweltbewusstsein der gesamten Nation erhöht und die Verursacher sind klar benannt worden. Bei einem Erfolg der Klage werden Milliardenzahlungen fällig, um die Umweltschäden zu beheben. Ich denke nach. Nicht nur in Kanada bewirken diese Klagen Großes, sondern auch Kalifornien oder die Schweiz geben mir so viel Hoffnung. Kalifornien zum Beispiel hat fünf der weltgrößten Ölkonzerne verklagt, ExxonMobil, Shell, BP, ConocoPhilips und Chevron, sowie den Industrieverband American Petroleum Institute. Der US-Bundesstaat wirft ihnen vor, aktiv Falschinformationen über die Risiken verbreitet zu haben, die mit dem Einsatz fossiler Energieträger verbunden sind. Kalifornien möchte einen Fonds einrichten, um die Kosten zukünftiger Klimaschäden, wie Waldbrände und Überschwemmungen, zu decken. Die Ölindustrie selbst kritisiert die Klage als wertlos und politisiert, dabei ist sie ein absolut bedeutender Schritt, da Kalifornien als fünftgrößte Volkswirtschaft der Welt eine Vorreiterrolle einnehmen kann und andere US-Bundesstaaten möglicherweise folgen werden.

Im April 2024 gab es einen weiteren riesigen Erfolg. Die Klimaseniorinnen, eine Gruppe von älteren Frauen in der Schweiz, haben eine wegweisende Klage vor dem Europäischen Gerichtshof für Menschenrechte (EGMR) gewonnen. Sie argumentierten, dass die Schweiz nicht genug unternimmt, um klimaschädliche Emissionen einzudämmen, und dass sie dadurch unmittelbar betroffen sind. Ältere Menschen leiden zum Beispiel stärker unter Hitzewellen oder können sich nicht so leicht vor anderen Extremwettern schützen wie junge Menschen. Mit diesem Urteil hat das Gericht festgestellt, dass Klimaschutz Menschenschutz ist. Es stellt einen Präzedenzfall dar und könnte dazu beitragen, dass Staaten weltweit stärker in die Pflicht genommen werden, effektive Maßnahmen gegen den Klimawandel zu ergreifen. Mangelnder Klimaschutz kann Menschenrechte verletzen. Dieses Urteil kann dazu führen, dass mehr Menschen und Organisationen gerichtlich gegen unzureichenden Klimaschutz vorgehen und ihre Regierungen dazu drängen, weitreichendere Maßnahmen zu ergreifen.

Aliénor Rougeot gibt uns so viel Hoffnung mit auf den Weg, denn sie erzählt von Menschen, wie wir sie bereits in Brasilien und im Senegal erlebt haben. Dazu zählen indigene Gemeinden, die sich zusammengeschlossen haben und ihr Land schützen. Sie berichtet von so vielen grandiosen Stimmen, die hier in Kanada die Menschen bewegen, wie Moussa und Yero mich im Senegal bewegt haben. Die Industrie der fossilen Brennstoffe steht zweifellos als eine der mächtigsten Kräfte der Welt da. Aber während ich mit Aliénor spreche, spüre ich, dass unsere Macht in einer Gemeinschaft größer ist. An einem Ort wie diesem scheint es schwer, die Hoffnung zu sehen. Doch sie ist da. Die Menschen, die etwas zum Positiven bewegen, sind immer schon längst da. Wir legen auf. Auch, wenn ich Aliénor nie persönlich begegnet bin, tauschen wir uns noch lange auf WhatsApp aus. Diese Klimaarbeit ist viel mehr als ein Kampf. Ich spreche auch eher ungern von Kämpfen, da es den Anschein erweckt, als würde man boxen, bis jemand k. o. geht. Vielmehr ist es eine Arbeit aus Liebe heraus. Sie ermöglicht Freundschaften, die wir bewusst oder unbewusst immer und immer wieder miteinander eingehen, weil die Sorge um die Welt uns verbindet.

An diesem Abend finde ich kaum in den Schlaf. Ich drehe mich von einer Seite zur anderen. Die Bilder der Teersandindustrie spielen sich wieder und wieder vor meinem inneren Auge ab. Doch in den wenigen Stunden, in denen meine Seele Ruhe findet und sich meine Brust tief und gleichmäßig hebt und senkt, träume ich davon, wie wir Stück für Stück, Stein für Stein, die fossile Industrie demontieren. Noch am nächsten Tag höre ich, wie ihre Mauern bröckeln.

Die Feuerwehrbrigaden – ein Lauffeuer der Hoffnung

Es hat einen Grund, warum wir nach Nord-Alberta gekommen sind, um zuallererst die zerstörerische Teersandindustrie zu dokumentieren. Wir wollen verstehen. Wir wollen uns genau anschauen, welche Konzerne hier, aber auch weltweit, unsere Klimasysteme zum Kippen bringen. Ihre Emissionen, ihre Zerstörung und Ausbeutung von Mensch und Natur sind dafür verantwortlich, dass ein weiterer Kipppunkt, der Kipppunkt der Borealwälder, immer näher rückt. Boreal bedeutet nördlich und beschreibt die Vegetationszone auf der nördlichen Erdhalbkugel. Hier befinden sich boreale Nadelwälder, auch Taiga genannt, mit Fichten, Kiefern, Tannen und Lärchen. Um Fort McMurray, das Epizentrum des Bitumen-Booms, ist die Taiga praktisch tot. Nicht nur im nächsten Umfeld, sondern auch landesweit treten in Kanada Feuer immer häufiger und heftiger auf. Dabei spielen natürlich entstehende Feuer eine wichtige Rolle im Ökosystem der Borealwälder. Sie treten periodisch auf, oft durch Blitzeinschläge, und sind entscheidend für die Regeneration des Waldes. Durch die Feuer werden Nährstoffe freigesetzt und der Boden wird für Pflanzensamen geöffnet. Allerdings gerät dieser Prozess immer mehr außer Kontrolle. Durch Klimaerhitzung und voranschreitende Trockenheit nimmt die Anzahl der Feuer zu. Außerdem werden die Wälder zu stark für wirtschaftliche Zwecke genutzt und ihre ursprünglichen, unberührten Gebiete schrumpfen weiter. Der Kipppunkt der Wälder ist laut Studien an vielen Stellen bereits erreicht.

Wir reisen von Alberta in den Westen nach British Columbia und ich fühle mich, als wäre ich wieder in Brasilien. Der Rauch ummantelt uns wie eine weltumspannende Decke. Auf unserer Reise schlafen wir fast durchgehend in Zelten. Ich genieße es sehr, in der Natur zu sein. Genauso, wie ich es an meinen ersten Tagen geträumt habe, erleben wir tatsächlich Karibus, die uns auf der Straße den Weg abschneiden, wir sehen Biberdämme und das erste Mal in meinem Leben schwimmen frei lebende Otter an mir vorbei, die uns mit vorwitzigen Augen beobachten, während wir unser Camp neben einem See aufschlagen.

Markus schläft immer im Wagen. Er rollt sich zusammen wie ein Welpe. Ich bewundere ihn für seine Genügsamkeit, aber ich könnte so definitiv keinen Schlaf finden. André und ich bauen unser Zelt unweit neben dem von Nick auf. Es ist anstrengend, jeden Abend das Camp aufzubauen, doch ist es umso besser, sich dann endlich auf die Luftmatratze fallen zu lassen. In der Dunkelheit, wenn die Welt in einen tiefen Schlaf versinkt, schleichen sich nicht nur Bären an, sondern auch der Rauch. Er kriecht durch die Ritzen, erfüllt die Luft und dringt mit jedem Atemzug tiefer in meine Lungen.

Der neue Tag bricht an, aber die Landschaft, die sich vor mir ausbreitet, gleicht keiner Postkarte. Rauchschwaden hängen wie graue Vorhänge in der Luft und verdecken die Sicht. Der Sommer 2023 wird als der Sommer der schlimmsten Waldbrände in die Geschichte Kanadas eingehen. Besonders die Feuer hier in British Columbia sind von einer Intensität, die alles bisher Dagewesene sprengt: Über 30 000 Menschen mussten bereits evakuiert werden. Doch inmitten dieser Katastrophe entstehen ungewöhnliche Allianzen und eine neue Hoffnung keimt auf.

Fast zwei Tage lang ist André am Telefon, seine Stimme ein ständiges Murmeln im Hintergrund. Durch Zufall hat er erfahren, dass die brasilianische Feuerwehrbrigade Prevogo IBAMA in Kanada im Einsatz ist, südlich der Stadt Prince George. Wir sind alle überrascht. *Warum sind sie hier, wenn es doch auch bei ihnen selbst brennt? Während der brasilianische Regenwald selbst in Flammen steht?*, schießt es mir durch den Kopf. Aber André lässt sich nicht beirren. Nach einer unglaublichen Kette von Telefonaten und Kontakten sind wir auf dem Weg, um die Arbeit der Brigade zu dokumentieren.

Nach einer zweistündigen Fahrt erreichen wir das große Camp an der 5610 Nazko Road. Es herrscht wildes Treiben: Zelte, Essensausgaben, Dixi-Klos und das ständige Rauschen von Radiostationen. Wir suchen Ana Canut, die Einsatzleiterin der Brigade. Die Vielfalt der Uniformen fällt mir auf: blaue, grüne, rote Overalls. Ich höre nicht nur Englisch und Portugiesisch, sondern auch Spanisch in verschiedenen Akzenten. Kanada hatte den Notstand ausgerufen und um internationale Hilfe gebeten. Und die Welt hat geantwortet: Feuerwehrleute aus Costa Rica, Mexiko, Südafrika, Australien, Neuseeland und einige aus Europa sind gekommen, um zu helfen. Sie alle leben zusammen in diesem Camp, essen zusammen, bereiten sich auf den nächsten Einsatz vor.

Plötzlich taucht Ana zwischen den Zelten auf. Ihr Lächeln ist ansteckend und sie strahlt über das ganze Gesicht. Mit offenen Armen begrüßt sie uns: »Bom Dia! Tudo bom?« Ihr Portugiesisch klingt vertraut, fast wie ein Echo unserer Zeit in Brasilien. Nur wenige Minuten später stehen wir in einem abgebrannten Gebiet, umgeben von verkohlten Bäumen und Asche. Ohne Schutzanzüge dürfen wir uns den Feuern nicht nähern. Ich muss ein wenig lachen – wüssten sie doch nur, was wir bereits in Brasilien erlebt haben. Aber ich bin dankbar, dass so großer Wert auf die Sicherheit gelegt wird.

Ana stellt uns die Einsatzleiterinnen aus den USA und hier aus Kanada vor. Ich bin überrascht – und gleichzeitig betrübt mich meine eigene Überraschung –, denn es sind allesamt Frauen, die die Führungspositionen von überwiegend männlichen Einsatzteams einnehmen. Ich gehe ein paar Schritte mit Ana die Waldschneise entlang, als ich plötzlich ein mächtiges, gleichmäßiges Trommeln höre. Rhythmisch und kraftvoll erfüllt es die ganze Atmosphäre. Ich verfolge Anas Blick und jetzt sehe ich es auch: Es ist ihr brasilianisches Einsatzteam.

Ich mustere die Männer – Helme auf dem Kopf, Schaufeln über der Schulter, Ruß im Gesicht. Ihre Gesichter erzählen von langen, anstrengenden Tagen. Sie übernehmen eine Verantwortung, die sie nicht tragen müssten. Ich runzele die Stirn. *Sollten diese Einsätze nicht von den fossilen und klimaschädlichen Unternehmen finanziert werden, die die Brände in erster Linie verursachen?* Doch inmitten all dieser Gedanken fühle ich eine tiefe Dankbarkeit. Ich schaue in das Gesicht eines jungen Mannes, als sich seine Miene plötzlich erhellt. Er sieht an mir vorbei: »André?!«, strahlt er und geht einen Schritt auf ihn zu. Es dauert eine Millisekunde, bis André ihn erkennt: »Matheus!«, ruft er. Sie gehen aufeinander zu und fallen sich in die Arme. Beide kommen aus São Paulo und kennen sich von der Filmpremiere von Andrés neuem Film über die Feuer in Brasilien. Matheus grüßt mich ebenfalls. Über seinen kastanienbraunen Augen hat sich der Ruß mit Schweiß vermischt, in seinem dünnen Schnurrbart hängt noch etwas Asche.

»Warum seid ihr hier?«, frage ich. Erst, als mich Matheus genauso verwirrt anschaut wie André, merke ich, dass die Frage blöd gestellt war. Ich stammele: »Ich meine, warum seid ihr hier, denn bei euch brennt es doch auch? Solltet ihr nicht dort im Einsatz sein?« Matheus' Augen blitzen auf, während sich seine Lippen langsam zu einem verschmitzten Grinsen verziehen. Als sei es das Selbstverständlichste auf der Welt, antwortet er: »Grenzen sind doch auch nur Linien auf einer Karte.« Sein Blick durchdringt mich. »Wir kümmern uns doch umeinander, richtig?« Er lacht und klopft André liebevoll auf die Schulter. Eine weiche Stimme in meinem Rücken dringt zu meinem Ohr: »Diese Feuer sind ja nicht nur ein Problem bei uns in Brasilien oder hier in Kanada. Es betrifft uns alle«, ich drehe mich zu Ana um, die gütig und sanft zu uns blickt.

Feuer und Dürren, Fluten und Starkregen – die Klimakrise kennt keine menschengemachten Grenzen. Warum sollten also nicht auch wir Grenzen überschreiten? All diese Menschen kommen aus aller Welt nach Kanada – wegen einer Krise, die sie nicht zu verantworten haben. Das ist himmelschreiend ungerecht – aber das ist auch die Hoffnung.

Menschen sorgen sich, Menschen kümmern sich. Überall. Die Feuerwehrbrigaden in Kanada zeigen uns, wie es aussieht, wenn wir uns nicht spalten und auseinandertreiben lassen, sondern wir uns international die Hände reichen, einander unterhaken und zusammenstehen. Wenn ein Land, eine Kommune, ein Mensch fällt, fangen wir einander auf. Das ist es, was ich unter einem internationalen Sicherheitsnetz verstehe. Das ist gelebte Resilienz, die wir nur in Gemeinschaft und im Miteinander finden. Werden die Zeiten hart, dann geben wir nicht auf, sondern wir mobilisieren uns.

Ich stelle mich an die Seite von Ana und mustere alle Männer einzeln. Ihre eigene Heimat steht in Flammen und dennoch sind sie hier, knapp 11 000 Kilometer von ihrem Zuhause entfernt. Sie bleiben teils mehrere Monate, getrennt von Familie und Freund:innen. Die Männer stehen jetzt in Reih und Glied vor uns. Alle tragen noch ihre Handschuhe, in der Hand halten sie die Schaufeln. Sie sind ein eingeschworenes Team.

Der Erfolg hängt nicht vom Einzelnen, sondern von der gesamten Gruppe gleichermaßen ab. Ich denke nach. Es wäre falsch, nur Einzelne von ihnen herauszugreifen und als Helden darzustellen. Es wäre falsch zu sagen, es wäre nur Ana oder nur Matheus, die erfolgreich die Feuer bekämpfen. Meine Gedanken reisen nach Hause. Denn leider wird genau das in der Klimabewegung viel zu oft gemacht. Einzelne Gesichter werden von den Medien als Ikonen herausgepickt, als Einzelkämpfer oder Helden glorifiziert. Doch hinter jeder Bewegung stehen unglaublich viele Menschen in den unterschiedlichsten Positionen. Einige schreiben Pressemitteilungen, andere führen Aktionen durch; es gibt Menschen, die recherchieren, die Tee kochen, rechtliche Hilfe leisten, auf Social Media posten. Jedes einzelne Mitglied der Bewegung ist unverzichtbar. Doch das Heldentum einer Person macht die wichtige Arbeit anderer unsichtbar. Heldentum ist gefährlich, es schwächt unsere Verbindung zueinander und damit ganze Bewegungen. Wir können eine globale, kollektive Arbeit und deren Erfolge nicht auf einige wenige Individuen reduzieren. Das sollten wir nicht zulassen. Es war nie nur Greta Thunberg, es war nie nur Luisa Neubauer – und ganz sicher bin auch ich es nicht allein.

Dieser Individualismus ist ein weiteres Produkt des Kapitalismus und des Neoliberalismus. Individualismus lässt uns glauben, dass wir ständig konkurrieren müssen, dass es keine echte Gemeinschaft gibt, dass wir nur allein die Erfolgsleiter hochklettern können und dass unser Erfolg nichts mit den Menschen und Einflüssen um uns herum zu tun hat. Er trennt uns voneinander und macht uns unfähig, echten Wandel gemeinsam zu bewirken. Dieses Konstrukt zieht sich bis hin zum Machtsystem innerhalb der Arbeit. Arbeitnehmer:innen, die nicht aktiv über ihre Arbeitsbedingungen kommunizieren und nicht gemeinsam für Veränderungen eintreten, werden von Arbeitgeber:innen viel leichter kontrolliert und ausgenutzt als eine solidarische Belegschaft, die zusammenhält und füreinander einsteht. Für das bestehende System ist es viel einfacher, uns unsere Rechte und Ressourcen zu entziehen, wenn wir uns nur als einzelne Individuen anstatt als vereinte Gruppe ihrer beträchtlichen institutionellen Macht entgegenstellen.

Wann immer möglich, versuche ich, diesen Individualismus zu reflektieren. In Zeiten von Social Media, in denen uns der Narzissmus aufgezwungen wird, ist das mehr denn je notwendig. Auch wenn du mich einmal allein auf Postings, Plakaten oder Flyern gesehen hast, denk daran: Ich bin nie allein. Es ist eine große Klimabewegung, aus der auch meine jetzige Arbeit hervorgegangen ist. Ich, genauso wie alle anderen, habe lediglich meine Nische gefunden. Meine Passion sind das Sprechen, das Schreiben und das Kommunizieren. Das ist es, worin ich gut bin, und darum ist es das, was ich in die Bewegung einfließen lasse. Andere Menschen wollen nicht öffentlich sprechen und das ist vollkommen okay, doch darf ihre wertvolle Arbeit hinter den Kulissen nicht durch das Helden-Narrativ entwertet werden.

Ich schaue wieder auf die Brigade, die Schulter an Schulter, Seite an Seite zusammensteht. *Nur in Gemeinschaft können wir wahre Helden sein, niemals allein,* denke ich. Die Brigade dreht ab. Schon bald wird es dunkel sein. Wie ein Uhrwerk marschieren die Männer im Gleichschritt zurück zum Camp. Wir folgen ihnen, während mein Blick über die verkohlten Lärchen und Fichten schweift.

Plötzlich verharrt mein Blick an einem grünen Fleck am Boden. Da, verborgen unter der Asche, sprießt ein kleines Pflänzlein. Auch wenn Feuer in diesem Ausmaß katastrophale Folgen haben, ermöglichen sie es dem Ökosystem, eine neue Pflanzengeneration entstehen zu lassen: ein neuer Wald, von dem ich hoffe, dass er vielleicht noch angepasster, noch stärker, noch resilienter sein wird. Der neue Baum, geboren aus der Asche der alten. Plötzlich erkenne ich weitere, kleinere Blätter, die zögerlich unter dem Grau hervorlugen. Ich sehe mich um, mehr und mehr Grün fangen meine Augen ein, bis ich spüre, dass eine ganze Welt unter der Asche liegt. *Vielleicht ist es ja genau das,* denke ich, *vielleicht bedeutet der Weltuntergang nicht den Untergang aller Welten – sondern wenn eine Welt endet, dann beginnt auch eine neue.*

»Mitten im Nirgendwo« trägt einen Namen

Es ist Ende Juni. Ich sitze hinter dem Steuer unseres robusten Geländewagens, die Augen fest auf die endlose Straße des Dempster Highway gerichtet, der sich vor uns schlängelt. Die Landschaft ist atemberaubend. Manchmal, wenn sich der Rauch etwas auflöst, kann ich die überwältigende Weite der kanadischen Wildnis erkennen. Die Sonne steht tief am Himmel, doch sie geht nicht unter. Es ist die Mitternachtssonne, die uns von nun an immer begleiten wird – ein Phänomen, das nur in den nördlichsten Regionen der Erde zu beobachten ist.

Unser Weg führt uns weiter und weiter in den Norden, ins Herz des Bundesstaats Yukon. Denn nach dem Kippelement der Borealwälder dokumentieren wir ein weiteres: den Permafrostboden. Es ist ein Boden, der seit Jahrtausenden gefroren ist, *permanent* gefroren ist – doch nun erstmals aufzutauen droht, und zwar mit gewaltigen Folgen. Unser Ziel ist Inuvik, eine der nördlichsten Gemeinden Kanadas.

Die Straße ist ein Band aus Schotter. Tage und Nächte verschwimmen, wir reisen, solange uns die Sonne begleitet. Es ist sechs Uhr. *Morgens oder nachts?*, frage ich mich. Aber eigentlich kann das egal sein, denn werde ich hinter dem Steuer müde, tauschen wir. Nach endlosen weiteren Stunden auf der holprigen Schotterpiste taucht am Horizont doch noch eine Raststätte auf, ein einfacher Holzbau, dessen verwitterte Holzplanken Zeugnis von vielen harten Wintern ablegen. Mehr als ein marodes Hotel, eine Tankstelle und eine kleine Werkstatt sehe ich nicht. »Mitten im Nirgendwo« hat hier einen Namen: Eagle Plains. Auf der Drehtür klebt ein Sticker: »I love Oil and Gas«. Ich kann nicht anders, als zu schmunzeln. Wir treten in eine alte Bar. Die Wände sind mit Schwarz-Weiß-Fotos und Jagdtrophäen geschmückt. Unter einem Karibukopf nehme ich Platz, wo sollte ich denn auch anders hin? Es ist knapp zehn Uhr abends und wir beschließen, die helle Nacht hier zu verbringen.

Wir treffen auf Trucker und Feuerwehrmänner, nur eine Frau steht mit bauchfreiem Top hinter der Bar. Ich schaue in raue, wettergegerbte Gesichter, mit beiden Händen umklammern die Männer das Bier vor sich. Ein paar von ihnen blicken entweder auf den Fernsehbildschirm in der Ecke oder neugierig und misstrauisch zugleich auf uns. Manche begrüßen uns mit einem Nicken. Als wir uns auch etwas zu trinken bestellen, kommen wir ins Gespräch. Wir reden über Kanada und Deutschland, wir lachen und spielen Karten. Es ist erstaunlich, wie schnell man in dieser abgelegenen Gegend zusammenkommt – und auseinandergeht. Ein Truckerfahrer namens Toby legt vor mir eine Karte und beginnt plötzlich, über die Feuer um uns herum zu sprechen. Ich bin neugierig und stelle Fragen, ob diese Feuer hier normal seien, was er darüber denkt. In seinem Bart hängt noch ein bisschen Bierschaum, als er sich zu mir herüberlehnt: »Ach, diese Feuer sind alles nur Masche, alles nur inszeniert.« Er sortiert die Karten in seinen Händen. »Diese Climate Clowns legen die Feuer selbst. Sie machen damit garantiert ganz schön Kohle, während sie uns davon überzeugen wollen, dass es den Klimawandel gibt.« Jetzt legt er die Karten nieder, das Spiel ist aus. »Sie wollen uns nur das Fahren verbieten. Sag mir, wie sollte ich denn hier von A nach B kommen, hätte ich nicht meinen Wagen?« Er schaut mich an, sein Blick ist verschwommen. Mit seinem Gesicht ist er mir jetzt so nah, dass ich den Alkohol in seinem Atem rieche. Ich weiche zurück.

Er glaubt an Verschwörungstheorien, die behaupten, dass die Waldbrände in Kanada absichtlich von Menschen, einschließlich Klimaaktivist:innen, gelegt wurden. *Na toll*, denke ich, *ich sitze hier inmitten von Männern, die den Klimawandel leugnen und mich mit Falschinformationen beschallen.* Aber es wundert mich nicht. Ein bemerkenswerter Fall war der eines kanadischen Verschwörungserzählers namens Brian Paré, der behauptete, die Regierung würde absichtlich Waldbrände auslösen. Später gestand er jedoch, selbst vierzehn Brände gelegt zu haben. Mein Herz schlägt bis zum Hals, während ich ruhig versuche, mit Fakten aufzuräumen.

Plötzlich haut Toby auf den Tisch: »Wusste ich's doch, dass ihr welche von denen seid!« Ich reiße die Augen auf und spüre, wie André ein bisschen näher zu mir rückt. In solchen Momenten bin ich heilfroh um ihn und mein Team. Ich schaue dem Truckerfahrer in die Augen und sehe Wut, aber auch Angst. Er möchte nicht abgehängt werden, zu sehr lebt er bereits am Existenzminimum. Würde er seinen Job verlieren, wäre das für ihn das Aus. Doch genau deswegen sprechen wir von klima*gerechten* Lösungen. Das bedeutet, dass niemand durch die ökologische Wende abgehängt wird, sondern genau bei Menschen wie Toby angesetzt wird. Sie würden finanziell abgesichert oder umgeschult, damit sie aufgefangen werden, neue Arbeitsplätze entstehen und sie den Wandel nicht fürchten müssen. Das ist die Tragödie der Angst: Sie treibt zu viele Menschen in die Arme von Populist:innen, von Verschwörungstheorien, von denjenigen, die am lautesten einfach nur dagegen sind. Angst kann uns zwar vor echten Gefahren schützen, doch zu oft wird eine irrationale Angst geschürt, die abhängig macht von Menschen und Institutionen, die Schutz und Sicherheit versprechen, auch wenn diese Versprechen nicht eingehalten werden. Das kennen wir aus Deutschland ebenfalls.[40] Teil der Strategie ist es oft, die verletzlichsten Gruppen unserer Gesellschaft systematisch gegeneinander auszuspielen.

Meiner Auffassung nach hat gerade die AfD dieses Spiel für sich entdeckt: Menschen, die bereits am Existenzminimum leben, werden gegen geflüchtete Menschen aufgebracht. Während diese als Sündenböcke dargestellt und für Armut verantwortlich gemacht werden, weil sie »Jobs stehlen« würden oder »auf der Tasche des Staates« lägen, erhalten zeitgleich fossile Konzerne Steuererleichterungen oder Aktionärsausschüttungen und Managergehälter steigen in Rekordhöhen. Ängste werden angeheizt, instrumentalisiert und auf die Schwächsten in der Gesellschaft gelenkt, während dort, wo echtes Unrecht passiert, kaum jemand hinsieht.

Toby tippt auf den Tisch. Ich versuche, Verständnis zu zeigen. Wenn ich das Gefühl habe, dass der Mensch mir gegenüber sich nicht vollends für ein Gespräch verschließt, nehme ich diese Chance gern wahr. In Zeiten, in denen Räume für Begegnungen immer seltener werden, in denen wir uns zu einfach in Social-Media-Bubbles und Schallräumen von Desinformationskampagnen verlieren, sind echte Gespräche aus meiner Sicht oftmals eine sehr wichtige Möglichkeit, um Menschen von einer Radikalisierung abzubringen.

Ich will gerade etwas erwidern, als eine junge Frauenstimme zu uns schallt: »Beruhig dich, Toby«, ein Mädchen kommt zu uns herüber, sie heißt Phoenix. Sie ist klein und wahnsinnig muskulös, ihr langes blondes Haar rahmt ihr rundes, mit Sommersprossen bedecktes Gesicht. »Ist schon was dran, was die da sagen«, sie nickt uns zu und schiebt Toby im selben Moment ein neues Bier hin. »Ich bin jeden einzelnen Tag da draußen, das weißt du. Wie lange bin ich jetzt schon hier im Einsatz? Drei Monate?« Toby nickt leicht, während er den ersten Schluck seines frischen Bieres trinkt. »Die Feuer, die da draußen wüten, sind außer Kontrolle. Es ist zu heiß und zu trocken geworden. Brennt es einmal, brennt alles. Wir versuchen, mit Gegenfeuern die Feuer in Schach zu halten. Und zwar damit sie zu guter Letzt nicht auch deinen Arsch verkohlen.« Jetzt grinst sie zu mir herüber.

Phoenix ist zwei Jahre jünger als ich und arbeitet in einer weiteren örtlichen Brigade, die aber weitaus weniger Unterstützung hat als unsere Freunde in Prince George. Ich rede eine Weile mit ihr, bis ich ihr mit meinem letzten Schluck gute Nacht sage. Während wir die Kneipe verlassen, höre ich sie weiter mit ihren Kollegen und Bekannten diskutieren. Sie sind Freunde und deshalb haben sie eine andere Vertrauensebene. Ihr hört Toby wirklich zu. Wir gehen noch einmal zur Rezeption, doch kein Zimmer ist mehr frei, alles ist ausgebucht. Ich seufze, aber was soll's. Ein weiteres Mal schlagen wir unsere Zelte auf, diesmal direkt neben der Herberge, und Phoenix hilft uns dabei. Mit dem Kopf auf der Luftmatratze denke ich noch über sie nach. Ich glaube, es ist wahnsinnig wichtig, dass es Menschen wie sie gibt – die ihren Freund:innen, Bekannten und Kolleg:innen den Arm umlegen und ihnen eine Richtung mit seriösen Quellen weisen, wenn sie drohen, von Fake News übermannt zu werden. Die ein frisches Bier rüberschieben und sich die Zeit nehmen, immer und immer wieder Gespräche aufzunehmen, damit sie ihr Umfeld nicht an die Desinformationskampagnen verlieren. Hier, mitten im Nirgendwo, ist Phoenix ein weiterer Hoffnungsschimmer.

Inuvik – der Permafrostboden

Am nächsten Tag passieren wir ein Schild, das den nördlichen Polarkreis markiert. Es ist ein Meilenstein, ein Zeichen dafür, wie weit wir gekommen sind. Der nördliche Polarkreis erstreckt sich wie eine magische Grenze rund um die Erdkugel. Diese unsichtbare Linie zieht sich um den 66. Breitengrad durch Alaska, Kanada, Grönland, Island, Spitzbergen, die Lofoten und Russland.

Ich hatte mich sowohl mental als auch im Hinblick auf meine Ausrüstung auf eine Welt aus Eis und Schnee vorbereitet – Winterjacke, Boots, Handschuhe. Doch das Klima, das uns hier begegnet, reißt mir den Boden unter den Füßen weg. Wortwörtlich.

Nach einigen weiteren Tagen kommen wir endlich in Inuvik an. Wir gehen etwas tiefer in die Stadt. Um ehrlich zu sein, wirkt der Ort auf mich ein bisschen wie Ischgl – nur ohne Bars, Partys und reiche Oligarchen: Die Stadt ergibt ohne Winter und Schnee einfach keinen Sinn. Selbst die Kirche hat die Form eines Inuit-Iglus. Mir aber ist jetzt beim Gehen so heiß, dass ich die Jacke ausziehe und im T-Shirt herumlaufe. Auch hier oben noch riecht die Luft verbrannt. Alles wirkt auf mich verschoben. *What the* – ich stolpere. *Stopp mal, oder ist hier wirklich etwas verschoben?*

Ich bleibe stehen und mustere die Straße. Der Boden ist gewölbt und völlig verformt. Ich reibe mir die Augen und schaue wieder auf die Straße, doch die Krümmung bleibt. Mein Blick verfolgt die Straße bis zum Horizont. Sie ist so uneben wie das Auenland der Hobbits. An manchen Stellen hat sie Spalten und ist mehrfach gebrochen. Die Risse sind aber so klein, dass die Straße noch befahrbar ist.

Wir teilen uns auf. Wir sind mit unseren Kräften wirklich am Ende, darum suchen Markus und Nick ein Hotel für die Nacht, während André und ich Permafrost-Expert:innen suchen. Wir wollen zum Aurora-Institut, einem führenden Forschungsinstitut zu Permafrost. *Ach Mist, bitte nicht jetzt!* Mein Datenvolumen auf dem Handy ist aufgebraucht, das Internet lädt nicht mehr. Ich kann nicht einmal mehr Google Maps verwenden, um den Weg zum Institut zu suchen. Auch André hat kein Internet. Ich bin erschöpft, müde und will keinen Rauch mehr einatmen. Diese ganze Situation hier oben in Nordkanada belastet mich. *Wo sind wir bloß gelandet?*

Wir gehen weiter, ich bekomme Durst und laufe schnell zum nächsten Kiosk. Meine Augen werden riesig, als ich vor dem Regal stehe und die Preise sehe. Hier können Lebensmittel durch die weiten Anlieferungswege bis zu 30 Prozent mehr kosten als in südlicheren Staaten. Selbst Wasser wird hier zu einem Luxusgut. Als ich den Kiosk verlasse, stolpere ich schon wieder. Irgendetwas stimmt hier nicht. Ich drehe mich um und betrachte das Gebäude, während ich unbewusst meinen Kopf schief lege. André tut es mir gleich. Aber es sind nicht unsere Köpfe, die schief sind, sondern es ist das Haus selbst. Seitdem wir den nördlichen Polarkreis passiert haben, ist es, als wäre ich in Alices Wunderland eingetreten – ein Ort, der den Gesetzen der Logik und Physik trotzt. Ich kneife die Augen zusammen. Ein bisschen argwöhnisch schaue ich mich um, nur um sicherzugehen, dass uns nicht doch die Grinsekatze verfolgt.

Mein Magen grummelt und wir gehen in einen kleinen Kebab-Laden nebenan – den einzigen, den ich seit Wochen gesehen habe. Zwei Jungs stehen hinter dem Tresen, sie kommen aus dem Libanon. André ist schnell in ein Gespräch mit ihnen verwickelt, denn auch ein Teil seiner Familie ist libanesisch. »Wohnt ihr hier?«, fragt er. »Um Gottes willen, nein!«, kommt es wie aus der Pistole geschossen zurück. Sie arbeiten hier nur den Sommer über, weil sie gutes Geld verdienen und gehen dann wieder. Hier sei es öde, es passiere nicht viel, meinen sie. »Aber die Permafrostwissenschaftler nebenan sind unsere Stammkunden. Durch sie haben wir mehr Arbeit.« Jetzt bin ich hellhörig geworden: »Vom Aurora-Institut?«, frage ich, als eine tiefe Stimme hinter mir antwortet: »Ja, wieso?« Ich drehe mich um, beherzt beißt ein Mann in den Dürüm in seinen Händen. Wie sollte es auch anders sein, er ist Permafrostwissenschaftler. Kurz darauf gehen wir zusammen mit ihm ins Gebäude gegenüber. Er hat jedoch keine Zeit für uns, sondern muss gleich weiter. Aber er gibt uns einen Tipp: »Bleibt einfach in der Lobby und quatscht mit Peter Morse, er kann euch sicher weiterhelfen.«

Zwei Stunden lang belagern wir die Lobby des Aurora-Instituts wie zwei Hobbits im Land der Riesen. Wir sprechen die vorbeigehenden Permafrostwissenschaftler:innen an, ob sie zufällig Peter Morse sind oder ihn kennen würden. Und dann, wie ein Geschenk des Schicksals, öffnet sich die Tür und ein Mann tritt ein, der aussieht, als wäre er einem Abenteuerroman entsprungen. Er trägt einen kakifarbenen Outdoor-Anzug, feste Wanderschuhe und eine Rundbrille auf der Nase. In seiner Hemdtasche steckt ein kleines Notizbuch, bereit, die Geheimnisse des ewig gefrorenen Bodens aufzunehmen, zwei Stifte klemmen außen daran, eine grüne Kappe sitzt auf seinem Kopf. Peter

Morse strahlt uns an, als hätte er uns bereits erwartet. Meine Mundwinkel ziehen sich stetig nach oben, während wir mit ihm reden. Peter hat die Gabe, über einen gefrorenen Boden zu sprechen, als wäre es sein leiblicher Sohn. Er schiebt sich die Brille zurecht. Als wäre es das Normalste der Welt, verwickelt er uns eine halbe Stunde in ein tiefes Gespräch über dauerhaft gefrorene Erde, bis er auf seine Uhr sieht: »Huch! Ich muss los, wir müssen unseren Wagen von der Vermietung abholen.« Er schaut in unsere verdutzten Gesichter: »Wollt ihr noch weiterreden? Na, dann kommt halt mit.«

Pong! – Im Wagen schlage ich mir den Kopf an der Decke an, während Peter die Straße entlangrast. »Ach, du meine Güte! Entschuldige! Überall sind Schlaglöcher und Hügel, der Permafrost schmilzt und verformt hier alles.« – *AHA!* Wir sind also weder im Auenland von *Herr der Ringe,* noch haben wir uns in Alices Wunderland verirrt. Das hier ist schlichtweg die Realität. Der Boden taut und verschiebt, wölbt und verändert eine gesamte Stadt.

Ich beobachte die vorbeiziehenden Gebäude. Es ist wie ein Erdbeben in Zeitlupe. Risse ziehen sich durch Hausfassaden, Dächer wölben und Wände verschieben sich. Alles vibriert. Alles bewegt sich. Aber nicht innerhalb von Sekunden – und dann ist es vorbei –, sondern innerhalb von Jahren – und es hört nicht mehr auf. *Würde ich hier leben können?*, schwebt es mir durch den Kopf. *Die Klimakrise ist paradox. Manchmal ist sie laut – mit einem Sturm, mit einer Dürre, mit einer Flut verwüstet sie dein Zuhause. Doch manchmal ist sie wie ein Dieb, schleicht sich leise an, öffnet sachte die Tür, nur um Tag für Tag, Stück für Stück ein bisschen mehr deiner gewohnten Welt zu stehlen.* Was für ein verwirrender Zustand, wenn du nicht genau weißt, was als Nächstes passieren wird, sondern versuchst, in der stetigen Bewegung des Bodens irgendwie Halt zu finden.

Peter stoppt den Wagen und wie es der Zufall will – am Ende des Tages bekommen wir bei ebendieser Autovermietung sogar eine kleine Holzhütte zur Verfügung gestellt. Ich mache einen Luftsprung und schlage mit André ein. *Halle – fucking – luja! Heute kein Zelt!*

Mit der Morgendämmerung des nächsten Tages treffen wir Peter, um ihn bei einer Felduntersuchung des Permafrostbodens zu begleiten. Gemeinsam mit seinem Team, bestehend aus Jackie, Marcus und Niels, finden wir uns nur wenige Kilometer nördlich von Inuvik wieder, mitten in der Tundra. Es ist eine Landschaft, die in einem Kaleidoskop aus Gelb, Grün, Orange und Nuancen von Rot und Rost leuchtet. Ich wandere auf einem Teppich aus Flechten und Moosen, Gräsern und Zwergsträuchern, die unter meinem Gewicht nachgeben. Meine Hand greift nach ein paar Bärentrauben, die am Boden funkeln wie kleine Rubine. Es fühlt sich an, als würden wir auf Sand gehen, so anstrengend ist es, hier zu wandern. Ich werfe einen Blick zu Jackie und den anderen, die schwere Rucksäcke mit Proviant, Rohren und Messgeräten in großen Koffern über das Feld schleppen.

Meine Augen sind in den frühen Morgenstunden winzig klein. Das erste Mal nach Wochen habe ich gut geschlafen, vielleicht diesmal zu gut. Die Schlaftrunkenheit macht mich blind. Ich sehe nicht, dass sich direkt vor mir ein metertiefer Spalt auftut. Meine Beine machen einen weiteren Schritt, als Peters Arm vorschnellt und mich im letzten Moment davon abhält hineinzufallen. »Aufpassen, bitte! Diese Spalten sind überall um uns herum. Siehst du die Formen?« Mit seinem Finger zeichnet er sechs Ecken und Kanten am Boden nach. Erst durch den Blick von oben durch Nicks Drohne erkenne ich, was Peter da skizziert. Wir stehen auf unzähligen prismenförmigen Flächen. So sieht es aus, wenn die oberste Schicht des Bodens unter unseren Füßen anfängt zu schmelzen. *Unsere globale Tiefkühltruhe taut auf!*, rufen meine Gedanken. Nach Jahrtausenden taut der Permafrostboden jetzt erstmals durch die Klimaerhitzung. Einerseits verlieren wir dadurch die wichtige Kühlung des Eises und andererseits wird ein verheerender Teufelskreis in Gang gesetzt, den uns Peter und sein Team jetzt zeigen.

»Here we go!«, ruft Peter. Auf seinem Gesicht prangt ein breites Grinsen, er ist euphorisch wie ein Kind. Peter sieht die kleine Flagge, an der er das Untersuchungsgebiet wiedererkennt, und zieht seinen Rucksack aus. In Sekundenschnelle hat das ganze Team die Messgeräte herausgeholt. Die Wissenschaftler:innen gehen mit ihnen um, als wären die Instrumente Teile ihres Körpers. Plötzlich steht Peter mit einem fast zwei Meter langen Stahlrohr hinter mir. »Attention!« – Er schleudert das Ding durch die Luft, im letzten Moment kann ich mich noch wegducken, ehe er das Stahlrohr tief in die Erde rammt. Schnell hat sein Kollege Marcus schon eine Art Stahlkappe mit Henkeln daraufgehievt.

»Schützt eure Ohren, das wird jetzt ein Donnerschlag«, warnt Peter mit einem schelmischen Grinsen und setzt sich selbst einen Ohrenschutz auf. Ich presse meine Handflächen auf die Ohren, als die Männer die Stahlkappe anheben und sie mit einem ohrenbetäubenden Klirren immer wieder auf das Rohr rammen. Zentimeter für Zentimeter verschwindet das Rohr tiefer in der Erde. Nachdem es mehr als einen Meter verschluckt hat, ziehen sie es wieder hervor. Im Inneren verbirgt sich nun ein Schatz aus gefrorenem Boden – eine Zeitkapsel der Natur –, die Peter und Marcus sorgfältig auf ein Metalltablett befördern. Niels untersucht jedes Fragment wie ein Archäologe seine Funde: Er misst, beschreibt und verpackt sie akribisch für die wissenschaftliche Expedition ins Labor.

Währenddessen hantiert Jackie mit ihrem Koffer voller Schläuche herum, als wäre es eine explosive Vorrichtung aus einem Spionagefilm, und versenkt diese geschickt in das entstandene Loch. Sie starrt gebannt auf ihr Handy. Auf mich wirkt es, als würde sie versuchen, einen Code zu entschlüsseln, den nur sie zu verstehen vermag. »Oh, mein Gott! Die Werte explodieren! Wir haben wohl eine Methanquelle angebohrt!« Ihre Augen leuchten vor Aufregung über den unerwarteten Fund. Dieses Methan ist der heimliche Star einer Tragödie unter dem Eispanzer: In den frostigen Tiefen schlummern Pflanzenreste. Werden sie freigelegt, werden sie von Mikroorganismen gefressen und diese stoßen dann wie in einer stillen Explosion Methan aus – gefährlich flüchtig und 25-mal klimaschädlicher als CO_2.

Peter kniet neben Jackie wie ein Detektiv am Tatort und beobachtet fasziniert ihr Messgerät. »Wir nennen es auch die Kohlenstoff-Rückkopplung«, erklärt er. »Der Boden taut durch den Klimawandel mehr und mehr auf und stößt selbst zusätzliche Emissionen aus. Dadurch wird der nächste Sommer wieder ein Stück heißer und der Boden taut wieder ein Stück tiefer. Immer mehr Emissionen werden freigegeben. Es ist ein Teufelskreis.«

Ist der Kipppunkt des Permafrostbodens einmal erreicht, kann dieses Ausströmen durch kein Geld der Welt gestoppt oder durch keine Technologien wie gigantische Staubsauger aus unserer Atmosphäre gesaugt werden. Es ist, als ob wir auf einer riesigen, tickenden Zeitbombe sitzen, die darauf wartet, in einer Wolke von Methan zu explodieren. *Ein Rennen gegen die Zeit. Und wir sprinten.*

Während ich Jackie, Marcus, Niels und Peter bei ihrer Forschungsarbeit beobachte, überkommt mich ein Gefühl der tiefen Dankbarkeit. Es sind Menschen wie sie, die jeden Tag hinaus in die unerforschte Welt ziehen und Informationen sammeln über einen Boden, der das Potenzial hat, unser Leben auf den Kopf zu stellen. Mit einer unerschütterlichen Entschlossenheit und der Neugier von Kindern arbeiten sie unermüdlich daran, die Geheimnisse der Klimasysteme und Kipppunkte zu entschlüsseln. Durch Innovation, Austausch und internationale Zusammenarbeit streben sie danach, den Permafrostboden langfristig und effizienter zu schützen. Sie sind es, die mit ihrer Forschung dafür sorgen, dass mit Hochdruck an echten Lösungen für unsere Zukunft gearbeitet wird. Für diese Menschen bin ich aus tiefstem Herzen dankbar.

Die Inuvialuit – zwischen Vergangenheit und Zukunft

Um die Entschlossenheit der Menschen zu verstehen, die in einer Welt leben, in der ihnen buchstäblich der Boden unter den Füßen weggerissen wird, lassen wir die Grenzen von Inuvik hinter uns und begeben uns auf eine Reise nach Tuktoyaktuk, der zweitnördlichsten Gemeinde Kanadas. Wir fahren auf dem Inuvik-Tuktoyaktuk-Highway, einer

138 Kilometer langen, zweispurigen Schotterpiste mit acht Brücken, die sich wie eine Lebensader durch die Landschaft zieht. Ich stocke, als sich der Nebel vor uns verdichtet und wir nur noch wenige Meter weit sehen. Doch es ist kein harmloser Morgennebel, sondern der beißende Qualm eines Waldbrands. Auch hier oben, über dem gefrorenen Boden, brennt es. *Feuer trifft auf Eis.* Aus dem Landesinneren hat sich der Rauch seinen Weg bis hierher gebahnt. Ich huste und greife instinktiv nach einer Maske, die ich seit der Corona-Pandemie in meinem Rucksack aufbewahre. Der braune Dunst verschleiert die Konturen der Landschaft und hüllt alles in eine gespenstische Dunkelheit. Markus' Aufmerksamkeit wird vor allem durch die großen Kuppeln an unseren Seiten gefangen. Sie ragen wie natürliche Monumente neben uns aus der Erde. Es sind sogenannte Pingos, eisgefüllte Hügel, die nur in Permafrostgebieten zu finden sind. Sie entstehen, wenn Wasser in den Boden sickert und gefriert, wodurch sich ein Eiskern bildet. Im Laufe der Zeit wächst dieser Eiskern und hebt die Erde darüber an, was irgendwann einen ganzen Hügel bildet.

Als wir uns dem Arktischen Ozean nähern, taucht vor uns Tuktoyaktuk wie eine Fata Morgana auf. Hier, am Rande der Welt, leben gerade mal 900 Seelen, weniger als in meinem beschaulichen Heimatdorf in der Eifel. Wir passieren brüchige Holzhütten, die wie verlorene Spielzeuge in der Landschaft verstreut sind. Einige stehen krumm und buckelig da, andere werden durch Holzplatten stabilisiert, viele sind auf Stelzen errichtet, als wollten sie dem ewigen Eis entfliehen. Wir begegnen Menschen, die ihre Gesichter unter Kapuzen verstecken und langsam an uns vorbeischlurfen. Manchmal sehe ich ein paar Leute in Gruppen, die vor ihren Hütten in Plastikstühlen sitzen und Bierdosen in der Hand umklammern.

Wir fahren einmal durch die Straßen und halten auf einem Parkplatz genau vor dem Arktischen Ozean. Unsere Zelte stehen in wenigen Minuten, fast direkt neben einer Abbruchkante, die wenige Meter zu einem steinigen Strand hinunterführt. Ich sehe, dass dort Reifen halb im Wasser, halb im Strand eingelassen sind. An der ganzen Küste erkenne ich weitere Reifen und sogar schwarze Planen, die teilweise unter der Erde hervorblitzen. Argwöhnisch schaue ich mir diesen ungewöhnlichen Strand an. *Irgendetwas stimmt hier nicht.* Doch im nächsten Moment werde ich aus meinen Gedanken gerissen, denn es haben sich zwei kleine Einwohner:innen zu uns gesellt – zwei Kinder mit tiefschwarzen Haaren, fast kreisrunden Gesichtern mit roten Wangen und einem warmen Hautton. Henry ist acht Jahre alt und seine größere Schwester Lina ist dreizehn. Der kleine Henry gesellt sich zu Nick. Er ist fasziniert von seiner Kamera und beginnt neugierig, darauf herumzudrücken. Nick erklärt ihm geduldig das Gerät. Lina kommt zu mir und kramt aufgeregt in meiner Tasche, spielt mit meinem Kulturbeutel, drückt Cremes aus und probiert meine Wimperntusche, die sie lachend in ihrem Gesicht verschmiert. Als ich ihr eine neue Lippencreme schenke, strahlt sie so sehr, dass unter ihrem breiten Grinsen ihre schmalen Augen vollkommen verschwinden. Als André dann noch beginnt, unseren Proviant auszupacken und ihn mit den Kindern zu teilen, ist das Eis zwischen uns vollends gebrochen. Ich blicke mich ständig nach ihren Eltern um, doch niemand kommt.

Während wir auf einem quer gelegten Baumstamm sitzen, schauen wir gemeinsam auf den Ozean. Um uns herum ist es diesig, fast schon mystisch. Auch hier lassen die Rußpartikel in der Luft die Abendsonne glutrot am Himmel schweben. Plötzlich steht André auf und geht zum Wasser. Henry, Lina und ich sehen erstaunt, wie er sich erst das Shirt und dann die Hose auszieht. Nur mit seiner Unterhose geht er ins Wasser. Lina und Henry springen aufgeregt auf.

»Was machst du da?!«, ruft Lina ihm zu. »Ich … schwimme? Ist gar nicht so kalt wie erwartet!«, ruft André und plantscht ein paarmal mit den Beinen. Lina und Henry stehen direkt am Wasser und starren mit aufgerissenen Augen zu dem halb nackten Brasilianer im Arktischen Ozean. »Hier ist noch nie jemand geschwommen!«, bemerkt Lina. »Henry und ich dürfen auch nie zu nah ans Wasser heran, wir können gar nicht schwimmen.« Ich stehe mittlerweile zwischen Henry und Lina auf dem Kieselstrand. »Warum wart ihr noch nie schwimmen? Das wäre doch schön!« Die Kinder schauen mich an, als hätten sie einen Geist gesehen.

»Hier war das Wasser immer viel zu kalt! Ich trage ja auch fast nie T-Shirts!«, sagt Lina und tippt sich dabei auf die Brust, wo ein Bild der Disney-Prinzessin Elsa aus dem Film *Frozen* prangt. Ich mustere die Eisprinzessin auf ihrem Shirt. Auf einmal verschlägt es mir den Atem. Mein nächster Gedanke haut mich um wie eine Abrissbirne. *Warum kommt mir das erst jetzt in den Sinn? Wir sind hier in der Arktis, im Gebiet der Inuit!* Henry und Lina gehören zu den kanadischen Inuit, den sogenannten Inuvialuit. Ich betrachte die beiden neben mir. Henry trägt Flip-Flops, kurze Shorts und ein Shirt. Lina trägt ebenfalls ein Shirt mit dünnen Leggings. Die Eisprinzessin lacht mich auf ihrer kleinen Brust an, während in meinen Kopf Bilder aus Kinderbüchern herumschwirren: Bilder von Menschen auf Eis, dick eingepackt in Felljacken, im Hintergrund stehen Iglus. Ich schließe die Augen, schüttele mein Gesicht und schlage mir die Bilder aus dem Kopf. Was wir in diesem Moment vor uns sehen, hat rein gar nichts mehr mit Kinderbuchbildern zu tun. Es ist heiß. Zu heiß. Ich öffne die Wetter-App auf meinem Handy. Selbst bei schwachem Empfang schafft es die Webseite, noch gerade so zu laden. Mir fällt die Kinnlade herunter. Hier oben – über dem nördlichen Polarkreis, direkt am Arktischen Ozean – sind es fast 30 Grad.

»Henry! Lina!«, ruft eine besorgte Stimme. Ich drehe mich um und sehe eine Frau auf einem Quad heranfahren. Etwas schwerfällig steigt sie ab und stellt sich flüchtig vor. Sie heißt Marjorie und ist eine der Dorfältesten. Doch trotz ihres Alters hat sie ihre kindliche Neugier nicht verloren. Vorwitzig und ungeniert spricht sie mit uns, als wären wir alte Freunde. Sie kommt gleich zum Punkt: »Wollt ihr Fisch?«, fragt sie mit einem verschmitzten Lächeln. »Ich kann euch Fisch bringen. Lasst uns heute Abend zusammen essen.« Bevor ich es realisiere, plumpse ich auch schon auf den Rücksitz ihres Quads, um mit ihr die Fische abzuholen. Ihre Gastfreundschaft ist unmittelbarer, als ich es je zuvor erlebt habe.

Wir machen einen Abstecher zu Lennette, der Großmutter von Henry und Lina. Auch ihr Haus steht auf Stelzen und wurde mit Holzplatten begradigt. Im Eingangsbereich treffen wir auf einige Männer der Familie. Der Geruch von Marihuana hängt schwer in der Luft. Aschenbecher quellen von Zigarettenstummeln über, alte Bierdosen liegen verstreut herum. Die Küche ist im Kontrast dazu sauber und einladend. Lennette steht am Tisch und stellt die Zutaten bereit, um Brot zu backen. Ihre Haare sind von Schwarz bereits in ein Dunkelgrau übergegangen, dazwischen silberne Strähnen. Ihr Alter erkenne ich nur durch ihre leicht gekrümmte Haltung. Sie hat den Ofen bereits vorgeheizt.

»Hey, Marchie! Wen hast du denn da Hübsches mitgebracht?« Mit nur wenigen Worten vermag es Lennette, den Raum mit einer warmherzigen Geborgenheit zu füllen. Ich lasse meinen Blick schweifen. Der Raum ist kahl, nur hier und da hängen Bilder in Schwarz-Weiß oder mit ausgeblichenen Farben an den Wänden. Auf den schwarz-weißen Bildern sehe ich Menschen vor Schlitten und vor dickem Schnee, auf den Farbfotos Lennettes Söhne vor einem Schneemobil. Stolz zeigt sie mir Handschuhe aus Robbenfell, die sie selbst genäht hat. »Ich verkaufe sie immer noch. Wir verarbeiten wirklich alles, wenn wir ein Tier erlegen. Es bleibt nichts übrig außer vielleicht die Knochen.«

Marjorie und Lennette reden mit mir über früher und heute, während wir Brotteig kneten. Sie sprechen über ihre Familien und über den Klimawandel.

»Heute war jemand im Wasser schwimmen«, singt Marjorie, als wäre es der allerneuste Tratsch. »Niemals!«, staunt Lennette. »Was ist mit Henry und Lina? Waren sie weit genug vom Wasser weg? Ich verbiete es ihnen, zu nah ans Wasser zu gehen.« Marjorie beschwichtigt sie, als sich Lennette plötzlich zu mir dreht. »Weißt du, heute ist nichts mehr so, wie es mal war«, beginnt sie. »Unsere Häuser verschieben sich, sie fallen ins Wasser. Früher gab es das Meereis, die Belugawale zogen ihre gewohnten Routen und wir haben von der Natur gelebt. Heute ist alles anders. Wir sind arm geworden.«

Außer Kontrolle geratene Waldrodung in Mato Grosso.
Das erste Feuer, das ich sah.

Der Rauch ist überall und legt sich auch über die Stadt Cláudia, wo wir in einem Motel unterkamen.

Im Runddorf der Yanomami. Familien hängen ihre Hängematten in Triangeln auf, in der Mitte eine Feuerstelle.

Davi Kopenawa – der spirituelle und politische Vertreter der Yanomami und ein großer Schamane.

(UNTEN RECHTS) WATORIKI, DAS DORF DER YANOMAMI, DIE BERGE DER SERRA DO VENTO IM HINTERGRUND. DEMINI-REGION, INDIGENES LAND DER YANOMAMI, AMAZONAS, BRASILIEN.

Davi signiert mein Buch (seine Biografie). Hinter ihm verfolge ich in Ehrfurcht, wie die Kullispitze langsam übers Papier segelt.

© André D'Elia.

Für die Yanomami ist das Wasser heilig. Hier kochen, spielen, waschen und trinken sie aus dem glasklaren Wasser des Flusses neben ihrem Dorf. Es ist (noch) nicht durch Quecksilber verschmutzt.

© Markus Mauthe.

© Markus Mauthe.

SENEGAL

Ich (links in weiß) und Yero (gelber Rucksack rechts neben mir) setzen uns zu Barbacar und seinen Freunden an den Strand von Saint Louis und hören ihren Geschichten zu.

Yero und ich sitzen auf den Trümmern der zerstörten Schule an der Küste Saint Louis.

AM HAFEN VOR DAKAR: ZWISCHEN RIESIGEN FANGFLOTTEN UND TRAWLERN VERSUCHEN LOKALE FISCHER AUF HÖLZERNEN PIROGEN ZU FANGEN, UM ZU ÜBERLEBEN.

Zwei Männer bauen die Palmengerüste auf, um den örtlichen Strand vor Erosion und Meeresspiegelanstieg zu schützen.

© André D'Elia.

Moussa erzählt mir von seiner Heimat, dem Meeresspiegelanstieg und Schuldenerlass.

© André D'Elia.

**MOUSSA UND ICH AM STRAND VON DINOUAR.
IM HINTERGRUND SIEHST DU DIE SCHÜTZENDEN HOLZGERÜSTE.**

Teamfoto: Markus, André, ich und Nick.

KANADA

Markus und ich auf dem Geröllhügel vor dem hochgiftigen Abwassersee. Wir schauen auf die Vogelscheuchen, während um uns herum Warnschüsse abgegeben werden.

DIE ABBAUFLÄCHEN DER TEERSAND-INDUSTRIE

Der Giftsee von oben: Die Vogelscheuche mit Helm und orangener Warnweste treibt durch das hochgiftige Wasser voller Ölaugen.

Die Anlage der Teersandindustrie von Syncrude. Ein Labyrinth aus Rohren zwischen Brenntürmen und flammenden Abfackeltürmen.

Die brasilianische Feuerwehrbrigade Prevogo IBAMA reiht sich in Kanada für ihren Einsatz auf. Ana Canut links.

Unsere zeitweilige Familie in Tuktoyaktuk: Die Inuvialuit. Lennette (violetter Sweater umgebunden), Grinsebacke Henry in blauem Shirt, Lina in gelb, Marjorie mit blauer Haube.

BOREALWÄLDER STEHEN ÜBER PERMAFROST IN FLAMMEN – EINE WELT AUS FEUER UND EIS.

GRÖNLAND

Markus und ich schauen auf das Weltnaturerbe:
Der Kangia-Eisfjord.

Die Eis-Schlösser liegen unter Wasser. Von oben kann man erahnen, welche Kathedrahlen sich unter der Wasseroberfläche von Eisbergen befinden.

NORDLICHTER (AURORA BOREALIS) ÜBER DEM KANGIA-EISFJORD.

GRÖNLAND

Marius aus Saqqaq vor seinem grünen Haus, hinter ihm lehnt die Flinte.

Die kleine Siedlung Saqqaq und seine bunten Holzhäuser – Marthas Haus links.

ILULISSAT VON OBEN.

Hans und Laila, die uns von Saqqaq nach Ilulissat manövrieren.

Martha und ich in ihrem Wohnzimmer, als ich mich für ihre Gastfreundlichkeit, Offenheit und Geduld bedanke und verabschiede.

Lea (mittig) zeigt uns ausgebleichte Korallenfelder und die Dornenkronenseesterne.

© André D'Elia

Über 390 Arten von Korallen liegen sicher im Tresor des Forever Reef Project, um irgendwann wieder ausgesät zu werden.

© Markus Mauthe

EIN GESUNDER TEIL DES GREAT BARRIER REEFES

Paul Myers zeigt mir die Korallen-Babys vom Forever Reef Project.

Ich nehme am Gutachten des Eye on the Reef Project teil.

Coedie in seinem »Buschstudio«
(unter »Gurridyula« findest du seine Musik auch auf Spotify und Soundcloud – das Lied im Buch heißt »My Vibe«).

Nathan Baira (links), ich, Sunny, Coedie und Markus auf der Straße, die Waddananggu von Adani Mine trennt.

DIE ADANI MINE VON OBEN: UMGEGRABENE ERDE, AUFGESTAUTE KOHLE.

Sie knetet den Teig, als würde sie ihre Vergangenheit zusammenfalten wollen. Ich verstehe nicht ganz, was sie meint. »Wir waren nicht immer so arm, doch wir wurden arm gemacht. Und oft wissen wir nicht mehr, woher wir kommen und wohin wir gehen. Ich kümmere mich jetzt um Henry und Lina, weil ihre Eltern es nicht mehr konnten. Sie haben sich in der Sucht verloren und mussten in eine Klinik.« Sie hält inne. Der Geruch von Marihuana kriecht durch den Türspalt. Lennette gibt Salz in den Teig, als wäre es Salz in ihren offenen Wunden. Sie verwendet außerdem so viel Lark, also Fett, dass mir schwindelig wird. Als sie meinen Blick bemerkt, zuckt sie mit den Schultern. »Was denn? Wir müssen uns Winterspeck anessen. Unsere Winter sind nicht mehr so kalt, aber ohne das Fett hätten die Generationen vor uns es womöglich nie geschafft, hier zu überleben« – und sie greift noch mal beherzt in den Topf voller Fett. So viele offene Fragen schwirren in meinem Kopf herum, doch erst am Abend sollte ich die Antworten erhalten.

Spät am Abend sitzen wir zusammen ums Lagerfeuer, Nick und die Kinder backen Stockbrot, während Markus und André den Fisch über den offenen Flammen braten. Ich nehme zwischen Marjorie und Lennette Platz. Von hier aus kann man ein Haus sehen, das gefährlich nah am Ufer steht. Lennette schätzt, dass es vielleicht noch zwei Jahre hat, bis es in den Ozean fallen wird. Verwirrt schaue ich auf die schwarzen Planen unter dem Haus. Lennette erklärt mir, dass sowohl diese Abdeckung als auch die Reifen in den Stränden Vorrichtungen sind, um den Boden zu halten. Durch den schmelzenden Permafrost erodiert die Küste Jahr um Jahr, Meter um Meter. *Wenn das hier der Boden der Tatsachen ist, dann müssen wir reden.*

Marjorie ist mit ihren Gedanken bereits abgedriftet. Ich folge ihrem Blick und sehe auf der anderen Straßenseite ein altes Holzschiff, das als Sehenswürdigkeit ausgestellt wurde und nun zwischen den Holzhütten steht. Sie murmelt: »Nach all der Zeit ist dieses Boot uns immer noch ein Dorn im Auge. Einst gehörte dieses Schiff einem Missionar, der unsere Kinder mitgenommen hat, um sie in sogenannte Residential Schools zu stecken. Das waren Heimschulen, auch ich musste auf eine dieser Schulen gehen.« Marjories Stimme vibriert, ein tiefer Schmerz ist spürbar. Ein Frösteln packt mich. Ich hatte von der grausamen Praxis der Residential Schools gelesen, aber ich war nicht darauf vorbereitet, eine Überlebende kennenzulernen, obwohl es aus zeitlicher Perspektive gar nicht so abwegig ist. Die Internatsschulen waren Teil einer breiteren kolonialen Politik und von 1850 bis teils 1996 in Betrieb. Es waren hauptsächlich Schulen für die First Nations, die Inuit und die Métis, sowie die im Süden Quebecs lebenden NunatuKavummiut und die Nunatsiavut, die im Norden von Labrador leben. Das Ziel war es, die indigenen Völker ihrer Kultur zu entfremden und sie stattdessen zu christlich-europäischen Ideologien zu bekehren, damit sie sich an die Mehrheitsgesellschaft anpassten.

Marjorie starrt in die Leere: »Wir wurden so oft geschlagen. Es war furchtbar.« Sie drückt mit ihrem Daumen fest in ihre Handfläche, als würde sie sich spüren lassen wollen, wo sie gerade ist, damit ihre Gedanken nicht abdriften. Viele Erwachsene, die als Kinder in diesen Schulen waren, berichten von physischem, emotionalem und sexuellem Missbrauch. Doch für viele indigene Familien waren die Internatsschulen die einzige Möglichkeit, ihren Kindern eine Bildung zu ermöglichen, um sich in dem ihnen aufgezwängten Wirtschaftssystem einzugliedern und zu überleben. Aber der Preis war hoch: die Trennung von den Familien, die Entfremdung von ihren kulturellen Wurzeln, der Missbrauch und die Vernachlässigung. »Ich war lange alkoholabhängig. Ich wollte das Trauma wegtrinken. Jetzt bin ich aber trocken«, sagt Marjorie und dreht langsam den Fisch auf dem Grillgitter. Ein Stück fällt ins Feuer und löst kleine Funken aus, die auf Marjories Hand fliegen, doch sie zuckt nicht zurück. Ihr Blick ruht starr auf der Glut. In Kanada wurden 2023 weitere Massengräber von Residential Schools entdeckt. Die Vergangenheit des Landes wird durch mehrere Institutionen aufgearbeitet wie die Wahrheits- und Versöhnungskommission (Truth and Reconciliation Commission), die 2008 eingesetzt worden ist. Die Überlebenden des Heimschulsystems und ihre Gemeinschaften kämpfen weiterhin um Anerkennung, Gerechtigkeit und Heilung.

Das historische Trauma durch die Missionierung im 19. und 20. Jahrhundert prägt die ältere Generation der Inuit.

»Häusliche Gewalt, Drogen- und Alkoholabhängigkeit durchziehen hier oben fast die gesamte Gemeinde und sind ein direktes Resultat des Traumas. Wir versuchen, es endlich zu durchbrechen. Lennette kümmert sich liebevoll um Henry und Lina, ich versuche, meinen Freunden in der Gemeinde zu helfen, sich aus der Sucht zu befreien«, erklärt uns Marjorie.

Sie holt tief Luft, steht auf und stampft auf den Boden: »Weißt du, alles begann hiermit. Wir sitzen auf Öl. Es ist hier überall«, sagt sie. Jetzt hören ihr auch alle anderen um das Lagerfeuer zu.

Lennette klinkt sich ein: »Das habe ich dir versucht zu sagen. Mit Dynamit haben die Industrien damals hier überall nach Öl gesucht, ohne Rücksicht auf unsere Verluste. Sie haben unsere Flüsse und Bäche verstopft«, erzählt sie. »Unser Lieblingsplatz zum Fischen war Husky Lake. Doch als sie nach Öl gruben, bohrten und mit Explosionen danach suchten, lagen unsere Fische irgendwann tot an der Küste. Kurz darauf wurde uns sogar verboten, unsere traditionellen Jagdgebiete zu betreten. Unser Land wurde uns genommen.«

Missionare nahmen den Inuvialuit ihre Kultur und Identität, Öl- und Gaskonzerne raubten ihnen ihre Lebensgrundlage. Ich denke an die Yanomami und ich höre noch einmal das Plätschern des Wassers an den Ufern der Sklaveninsel Gorée Island. Hier wird mir eines ganz bewusst: Während immer wieder gesagt wird, dass die Klimakrise die erste wirklich existenzielle Bedrohung darstellt – und ja, es gab noch nie zuvor eine existenzielle Bedrohung für die gesamte Menschheit –, ist die Geschichte jedoch übersät mit gezielten existenziellen Bedrohungen für bestimme Bevölkerungsgruppen. Nach der Sklaverei, durch Rassismus oder die Erfahrungen in solchen Residential Schools wie in Kanada haben vor allem BIPOCs bereits viele existenzielle Bedrohungen durchlebt – und überlebt.[41] Die Klimakrise ist nur die Kirsche auf der Torte; sie ist nur ein weiteres Produkt der gleichen Systeme und Industrien, die diese Gemeinschaften, heute wie damals, bedrohen. Ich schaue Marjorie an, in ihren Augen spiegeln sich die Flammen des Feuers. Wir haben so viel von ihrem Mut und über das Überleben zu lernen.

»Wir wollen das nicht, wir können nicht einfach zuschauen, wie wir unser Zuhause verlieren. Deswegen haben wir uns zusammengeschlossen. Wir kämpfen und handeln als Gemeinschaft«, sagt sie und erklärt, dass die Inuvialuit sich für die Anerkennung ihrer Rechte einsetzen und dafür, selbst über ihre Ressourcen bestimmen zu können. Dabei musste Marjories Gemeinschaft aber immer wieder Kompromisse eingehen.

Im Jahr 1984 schlossen die Inuvialuit ein Abkommen mit der Regierung. Sie gaben ihre exklusiven Nutzungsrechte an ihren angestammten Ländereien auf, um im Gegenzug garantierte Rechte zu erhalten. Diese Rechte umfassten Land, finanzielle Mittel und Mitsprache im Wildtiermanagement. Ein Jahr später gründeten sie die Inuvialuit Petroleum Corporation, um mehr Selbstbestimmung zu erlangen und von der Ölförderung und dem Ressourcenmanagement zu profitieren.

Während unserer Anwesenheit wurde ein weiteres Abkommen unterzeichnet: das Western Arctic – Tariuq (Offshore) Accord. Dieses Abkommen legt ein System für die gemeinsame Verwaltung und Regulierung von Offshore-Erdölressourcen fest. Es berücksichtigt die Interessen aller Beteiligten, insbesondere die indigenen Rechte der Inuvialuit. Es legt auch fest, wie die Einnahmen aus der Ausbeutung und Entwicklung von Erdölressourcen geteilt werden.

Ich denke nach. Für mich scheinen die Abkommen ein großer Kompromiss zu sein. Es ist ein Fortschritt, aber noch keine echte, klimagerechte Lösung. Marjorie hält es für ein notwendiges Opfer, damit ihre Gemeinschaft gestärkt wird und erstmals selbst wirtschaftlich die Ressourcen nutzen kann. Es wurden längst überfällige Zugeständnisse gemacht. Auch wenn die Inuvialuit damit nun monetär besser aufgestellt sind, weil sie selbst erstmals wirtschaftlich von ihren Ressourcen profitieren, wird ihre Lage dennoch weiterhin durch die Förderung und Verbrennung fossiler Energien verschlimmert.

Wir stecken in Zeiten, in denen wir herauszoomen, das Gesamtbild betrachten und sicherstellen müssen, dass wir die gesamte Klima-

und Umweltkrise mit all ihren Auswirkungen sehen. Wir müssen ein Bewusstsein und ein Verständnis für Ungleichheit, Unterdrückung, Gesundheit, Armut und vieles mehr entwickeln, das mit den Emissionen zusammenhängt. Ich denke wieder an die Worte von Lennette. *Armut passiert nicht einfach, sie wird geschaffen.* Armut hat immer ihre Geschichte. Und die Geschichte der Inuvialuit ist sehr lang. Sie ist geprägt von politischen Entscheidungen, wodurch Ressourcen ungleich verteilt wurden; sie erzählt von mangelnden Zugängen zu Bildung und Gesundheitsversorgung, von sozialer und kultureller Ausgrenzung und einer Globalisierungs- und Wirtschaftspolitik, die sie nie ernsthaft berücksichtigte. Es ist ebendiese Armut, die sie so viel verwundbarer für die Klimakrise macht und sie gefangen hält in einem Teufelskreis aus Abhängigkeit, Missbrauch und Kriminalität.

Während die globale Mehrheit immer ärmer wird, wird eine Minderheit immer reicher. Innerhalb von vier Jahren haben die fünf reichsten Männer der Welt ihr Vermögen verdoppelt, während fast fünf Milliarden Menschen ärmer geworden sind.[42] In Deutschland besitzt das reichste eine Prozent der Bevölkerung die Hälfte des Finanzvermögens des gesamten Landes.[43] Deswegen fordern unter anderem Organisationen wie Greenpeace oder Oxfam, dass Superreiche höher besteuert werden. In Deutschland schlägt Greenpeace vor allem das Klimageld vor, eine Art Rückzahlung an Menschen mit geringem Einkommen. Denn mit einer steigenden CO_2-Bepreisung kostet Öl, Benzin oder Gas immer mehr und bringt Menschen dazu, auf Alternativen umzusteigen. Aber diese Alternativen müssen erschwinglich sein, vor allem arme Menschen müssen abgefedert werden. Mit einer einkommensunabhängigen Pro-Kopf-Pauschale von 250 Euro, die jährlich steigt, hätte laut Studien fast die Hälfte der Bevölkerung durch das Klimageld unterm Strich mehr Geld auf dem Konto als ohne CO_2-Bepreisung.[44]

Um die Klimakrise zu bekämpfen, müssen wir an die Wurzeln von Armut, Kriminalität und legalisierter Ungerechtigkeit. Klimagerechtigkeit fordert uns auf, uns kollektiv daraus zu befreien. Es hängt alles zusammen, genauso, wie die Kipppunkte miteinander verbunden sind. Ich denke wieder an das Dominospiel – doch fällt mir auf, dass wir auch ganz andere Dominosteine finden können als die der Klimakrise. Es sind Dominosteine der Hoffnung: Die Yanomami halten den Kipppunkt des Regenwalds, die Gemeinschaften des Senegal kämpfen um ihr Land und Leben, weltweit organisieren sich Brigaden, die Inuvialuit mobilisieren sich – aber die Inuvialuit kämpfen nicht allein, sondern zusammen mit ihrer Gemeinschaft, die sich noch viel weiter erstreckt. Ich schaue aufs Wasser hinaus. Die Abendsonne hängt tief am Himmel, als würde sie jeden Moment drohen, in den Ozean einzutauchen, doch das wird sie nicht. Die ganze Nacht bleibt die Mitternachtssonne unser Kerzenschein. Aber ich sehe nicht zu ihr hin, sondern hinter den Horizont bis hinüber nach Grönland. So weit mein Auge reicht, all das ist das Gebiet der Inuit. Dort wird ihre und unsere Geschichte weitererzählt.

Saqqaq
Ilulissat
Kangia Eisfjord
NUUK

VIER: GRÖNLAND – IM RHYTHMUS DES EISES

Manche Eisberge recken sich spitz wie Diamanten empor und sind groß wie Kathedralen, andere liegen lang und flach im Wasser wie riesige Nackenkissen, einige haben Kariеslöcher, ausgenagt durch Schmelzwasserströme. Kaum merklich ziehen sie an mir vorüber, während ich an der Felsküste stehe. In Gedanken stelle ich mir vor, wie viel da ist, was ich nicht sehe. Wenn man einzelne Eisberge an Land heben könnte, wären einige von ihnen so hoch wie die Gipfel deutscher Mittelgebirge – etwa 900 Meter.

Plötzlich schreit André hinter mir auf und zeigt auf die äußere Kante eines riesigen Eisbergs. Spitz und hoch wie das Matterhorn liegt er mehrere Hundert Meter vor uns auf dem Arktischen Ozean. Ein Knacken durchfährt die Luft, so laut, dass es mich zusammenfahren lässt. Ich sehe nur noch aus dem Augenwinkel, wie sich ein Riss blitzartig und zackig durch den oberen Hals des Eisbergs zieht. Mein Körper verspannt sich, während ich beobachte, wie sich in Zeitlupe der Kopf vom mächtigen Eiskörper löst – und fällt. Erst mit dem Aufschlag merke ich, dass dort eben ein fünfstöckiges Haus kollabiert ist.

Ohne meinen Blick vom Geschehen vor mir zu lösen, mache ich unsicher einen Schritt zurück und suche nach Halt. Wir wurden vor den tsunamiartigen Wellen gewarnt, die ausgelöst werden können, wenn große Eisberge zusammenbrechen. Doch die Neugier trieb mich bis direkt ans Wasser heran – wie naiv. Fluchtartig klettere ich den Felsen hoch, bis ich die sichere Höhe von André erreiche. Ich drehe mich wieder um, doch die gefürchtete Welle erreicht die Küste nur abgeschwächt und lässt die kleinen Eisschollen lauter und heftiger gegen das Gestein schlagen. Ich atme auf, aber als meine Augen wieder den Eisberg fixieren, erhasche ich den flüchtigen Moment, als nun auch das Rückgrat des Eisbergs bricht und das eisige Skelett unter dem nächsten lauten Krachen in zwei Teile gespalten wird. Der Donner des Aufschlags fährt von meinen Schuhsohlen bis zu meinen Haarspitzen hoch. Alles vibriert. Durch die Entlastung der Eismassen, die nun abgefallen sind, gerät der gesamte Eisblock in Schieflage; er balanciert sich ganz neu aus. Als würde man den Untergang der Titanic rückwärts abspulen, drückt sich plötzlich ein riesiges Stück des Eisbergs aus dem Wasser, türmt sich meterhoch auf, bis es mit einem letzten tiefen Stöhnen aufschlägt, um dann flach und ruhig auf dem Ozean zu liegen. Ich beobachte die ausgelösten Wellen, die ans Land rollen und mit Wucht gegen den Felsvorsprung prallen. Wasser sprüht und wo ich gerade noch stand, hätte es mich sicher mit sich gerissen.

Saqqaq – ein Fenster in die Vergangenheit

Mit pochendem Herzen kehren André und ich zurück zum Fischerdorf. Wir befinden uns in Saqqaq, einer kleinen Siedlung an der Westküste Grönlands. Gerade einmal um die 130 Seelen leben hier. Je näher wir dem Dorf kommen, desto mehr Hunde wecken wir mit unseren Schritten. Manche liegen auf Felsvorsprüngen, andere in kleinen Hütten, manche sind angeleint, andere laufen frei herum. Doch alle heulen auf wie Hyänen, als André und ich zwischen den Holzhäusern entlangstreifen. Ich sehe Marthas Haus schon aus der Ferne. Es ist hellblau und liegt am Rand der kleinen Siedlung. Wir stehen vor der Haustür und während ich mich am Türrahmen festhalte, um meine Winterstiefel abzustreifen, blättert etwas vom alten Holzlack ab und wird von der nächsten eisigen Böe davongetragen.

Im Gegensatz zum rauen Außen ist das Innere des Hauses ein sanfter Ort. Durch den draußen tobenden Sturm wird es innen noch viel gemütlicher. Ich sehe, dass in der Küche der Kochtopf dampft. Unsere Gastgeberin bereitet eine Robbensuppe zu. Meine Wangen brennen und langsam wird die eisige Kühle durch Wärme unter meiner Haut ersetzt.

Ich grüße Martha, die gerade etwas Gemüse klein hackt. Mit einer kleinen Brille auf der Nase grüßt sie mich mit einem in sich ruhenden Lächeln zurück. Sie ist Inuk (dies ist die Einzahl von Inuit), etwas über sechzig Jahre alt und hat uns eingeladen, ein paar Tage in ihrem Haus zu übernachten, während wir im Ort arbeiten. Sie redet nicht viel. Niemand in Saqqaq redet viel. Manchmal verblüfft es mich, wie die Menschen hier allein mit ihrer Mimik und ihrem Schweigen kommunizieren.

Markus und Nick sitzen am Esstisch und stecken ihre Köpfe wieder in die Laptops. Markus bearbeitet seine Bilder, Nick sichert die Videomaterialien auf Festplatten. Hinter ihnen ist ein großes Panoramafenster mit Blick auf die Eisberge. Ich gehe näher heran, nur um sicherzugehen, dass das keine Simulation ist, worauf wir schauen. Aber nein, da liegen sie wirklich, die Eisgiganten.

Das Wohnzimmer von Martha ist wie ein Museum, überall stehen Andenken und hängen Bilder einer längst vergangenen Zeit. Mein Blick bleibt an einem kleinen Papiermobile neben dem Fenster hängen. Viele kleine Inuit sind ausgeschnitten, dick eingepackt in Felljacken, mit Fellstiefeln und Angeln oder Harpunen in der Hand. Manche sitzen auf Schlitten, andere stehen grinsend vor Iglus. Martha gesellt sich zu mir und stupst das Mobile an. Die kleinen Papiermenschen säuseln durch die Luft. In Marthas Blick liegt Melancholie. Wir sind fast 3000 Kilometer Luftlinie von Tuktoyaktuk entfernt und trotzdem fühlt es sich an, als würde ich wieder in der Küche von Lennette stehen. Denn das Gebiet der Inuit erstreckt sich über die eisigen Regionen der Arktis, von Alaska über Kanada, Sibirien bis hierher nach Grönland.

Die Inuit weisen überall etwa ähnliche Sprachen, Kulturen und eine koloniale Vergangenheit auf. Während in Kanada etwa 60 000 Inuit leben, sind es in Grönland ungefähr 55 000 Menschen. Das Land, dessen nördliche Küste nur etwa 740 Kilometer vom Nordpol entfernt ist, wurde seit dem 17. Jahrhundert von Dänemark kolonisiert. Auch hier wurden Inuit-Kinder häufig von ihren Familien getrennt, mussten in Schulen nach Dänemark gehen und wurden missioniert.

Ich sehe wieder durchs Wohnzimmerfenster auf die raue Landschaft hinaus. Plötzlich erkenne ich etwas: eine weiße Fläche, aber es ist kein Schnee. Ich kneife die Augen zusammen und fixiere das Gebiet, mein Blick schärft sich: Es sind viele kleine, weiße Kreuze. Gräber. Marthas Stimme dringt zu mir durch: »Unser Friedhof. Wir müssen schon im Sommer abschätzen, wie viele Menschen im Winter von uns gehen werden, um die Gräber im Voraus auszuheben. Im Sommer ist die Erde weicher, im Winter können wir in den gefrorenen Boden nicht hineingraben.« Schweigend sehe ich die kleinen Holzkreuze an. Grönlands Suizidraten gehören zu den höchsten der Welt. Die Gründe dafür sind komplex, doch sorgte vor allem der schnelle Übergang vom traditionellen Lebensstil der Inuit hin zu einer kapitalistischen und industrialisierten Lebensweise für viele soziale und mentale Probleme. Wie in Tuktoyaktuk sind die Lebenshaltungskosten enorm hoch, denn die Transportwege sind weit. Auch sind die Zahlen von Arbeitslosigkeit, Alkoholabhängigkeit, Depression – kurzum: Armut – erschreckend hoch. Der historische Schmerz vermischt sich mit der heutigen Belastung durch den Klimawandel. Beides hängt zusammen.

Ich lasse meinen Blick weiter durch Marthas Wohnzimmer schweifen. Um uns herum hängen überall Rudimente ihrer Vergangenheit: Utensilien zum Jagen, kleine handgeschnitzte Messer aus Elfenbein, selbst gemachte Angeln und Speere. In dieser extremen Umwelt mussten sich die Inuit durch die Jagd ernähren, hier konnten schließlich keine Erdbeeren geerntet werden. Heute sieht das jedoch schon etwas anders aus.

Die Arktis erwärmt sich drei- bis viermal schneller als der Rest der Welt. Und das hat mehrere Gründe. Beim Permafrostboden gibt es eine Rückkopplung, hier gleich drei – die Teufelskreise. Von Marthas Wohnzimmer aus kann ich den gigantischen Eisschild über Grönland erahnen. Ich erkenne die strahlend weiße Decke, drei Kilometer dick, die fast das gesamte Festland unter sich begräbt. Es ist wie ein unheimlich großer Spiegel, der die Sonneneinstrahlung zu einem Großteil wieder zurück ins All reflektiert. Doch der Spiegel wird immer kleiner, er schmilzt. Je kleiner der Spiegel, desto wärmer wird es und desto schneller schmilzt wiederum der Eisschild ab – das ist der erste Teufelskreis. An den äußeren Kanten des Eispanzers erkenne ich die darunterliegenden Gesteinsflächen, die immer weiter freigelegt werden, je kleiner der Eisspiegel wird. Als würde man in der Sommersonne ein schwarzes T-Shirt tragen, saugen die dunklen Felsen die Wärme auf, sie absorbieren sie. Die letzte Rückkopplung ist vergleichbar mit Schmieröl: Durch das Schmelzen des Eises rutschen immer mehr Eismassen in tiefere und damit wärmere Luftschichten. Es ist, als würde man wandern gehen: Auf dem Gipfel ist es kalt, im Tal warm. Ich seufze, während meine Gedanken müde wiederholen: *Spiegel, schwarzes T-Shirt und Schmieröl.* Drei Teufelskreise, die Grönland zum sogenannten Ground Zero des Klimawandels machen.[45]

Kaum irgendwo sonst sind seine Auswirkungen so dramatisch spürbar. Der grönländische Eisschild ist einer der am besten erforschten Kipppunkte und nicht nur einer der gefährdetsten, sondern einer der gefährlichsten Punkte in unserem Klimasystem. Sobald der kritische Punkt erreicht ist, wird das Eis unaufhaltsam schmelzen, selbst ohne weitere Erwärmung. Schon in den nächsten zwanzig Jahren, bei 1,7 bis 2,3 Grad Erderwärmung, besteht die Gefahr, dass wir den Kipppunkt überschreiten: Es droht der komplette Verlust des grönländischen Eisschilds. Während die Welt debattiert und diskutiert, während Aktivist:innen weltweit bedroht und kriminalisiert werden, erleben die 55 000 Grönländer:innen die Erderwärmung schon längst als komplexe Realität.

Auf dünnem Eis

Ein grauer Morgen bricht an und der Nordwind bläst eisig über unsere Wangen, als Martha uns einen der Dorfältesten aus Saqqaq vorstellt. Vor uns steht ein kleiner, gebückter Mann, der beinahe in seiner übergroßen Fischerhose versinkt. Sein Name ist Marius Jensen, er ist über achtzig Jahre alt und seine Familie lebt seit Generationen hier. Er ist Jäger, genau wie sein Vater und dessen Vater. Aufmerksam beuge ich mich vor, als er zu reden beginnt. Seine Stimme ist ein Hauch, so leicht und zerbrechlich wie er selbst. Martha fällt es schwer, uns zu übersetzen, was er in einem speziellen grönländischen Dialekt sagt. Bis heute lebt Marius von dem, was die Natur ihm gibt. Meistens fährt er hinaus und fängt Ringelrobben oder Heilbutt, die er vor der Küste angelt. Sein Vater machte das noch mit dem Kajak, Marius hat jetzt ein Motorboot. Mit einem Speer jagt er schon lange nicht mehr, stattdessen zeigt er mit einer müden Bewegung auf eine rostige Flinte, die an der Hauswand lehnt. Er schaut auf den Ozean hinaus. Es ist Mitte Oktober, der Herbst geht in den langen Winter über. Täglich werden die Sonnenstunden kürzer und das Meereis wird dicker, doch es ist nicht mehr so dick wie früher. Marius erinnert sich: »Früher konnten wir mit dem Schlitten einfach von hier bis nach Ilulissat fahren«, flüstert er. Ilulissat ist eine größere Stadt, nur wenige Stunden über den Seeweg südlich. Marius kneift sein Gesicht, das von tiefen Falten durchzogen ist, noch mehr zusammen. »Heute sind die Wege zu unsicher. Selbst im tiefen Winter ist das Eis teils zu dünn und bricht ein. Nur durch das Meereis konnten wir unsere Verwandten in anderen Siedlungen besuchen, damals gab es keine Straßen. Doch während das Eis uns untereinander verbunden hat, waren wir über viele, viele Jahre im Winter völlig abgeschnitten von der Außenwelt. Das Eis versperrte den Weg über das Meer und hinderte die Schiffe über sechs bis sieben Monate daran, die Städte zu erreichen. Heute haben wir selbst in unserer kleinen Siedlung einen Laden, in dem gibt es Salat, sogar Orangen. Früher gab es all das nicht. Tagelang waren wir auf dem gefrorenen Wasser unterwegs und jagten Robben, Eisbären und Rentiere.« Er hält inne, als seine Worte durch das Heulen der Hunde unterbrochen werden. Marius lässt seine Augen vom Ozean zum Festland schweifen. Mit einer langsamen Handbewegung weist er auf einen der heulenden Hunde, der müde neben einem roten Haus auf dem Steinboden liegt.

»Einst waren es nur die Schlittenhunde, mit denen wir über das Meereis reisen konnten. Sie wussten, wo das Eis dick genug war, um darauf zu laufen, aber heute weigert sich die Horde oft sogar, das dünne Eis zu betreten.« Seine Augen blitzen, eine Erinnerung keimt auf. Ich sehe in seinem Blick, dass er sie zu greifen versucht. Angestrengt denkt er nach: »Vor einigen Jahren war ich mit meinen Schlittenhunden auf dem Eis unterwegs. Doch auf einmal brach es unter mir ein. Meine Hunde jaulten, einige von ihnen waren mit mir ins Wasser gerutscht. Ich schnappte nach Luft, das Eiswasser fühlte sich an wie Millionen Stiche auf meiner Haut. Gerade so schaffte ich es noch, mich und meine Gefährten aus dem Wasser zu ziehen. Nur einen Hund habe ich dabei verloren.«

Er atmet tief ein. »Deshalb fahre ich selbst nur noch mit meinem Boot in andere Siedlungen. Schlittenhunde nutze ich nicht mehr.« Marius verstummt. Jetzt dreht er uns den Rücken zu und blickt in den grauen Nachmittagshimmel. Sein warmer Atem wird zu einem feinen Nebel vor dem Mund. Seine Lippen bewegen sich, aber er redet so leise, dass ich nicht höre, was er sagt. Nur ein Wort dringt zu mir, Marius haucht es so zart, dass es von der nächsten Böe davongetragen wird: »Isersarneq.«

Einige Sekunden verweilt das Wort zwischen uns. Ich schaue zu Martha, auch sie fixiert gebannt den Himmel, als würde sie den Wind nicht nur spüren, sondern jede Brise ganz deutlich tanzen sehen. »Der Wind hat sich gedreht«, sagt sie jetzt. Ohne ihren Blick abzuwenden, erklärt sie weiter: »Isersarneq, das Wort beschreibt eine bestimmte Art Wind im Fjord, der die Heimreise erschweren könnte, wenn es außerhalb der Meeresbucht eher mild ist.«

Auch ich sehe zum Himmel, dann auf das Meer hinaus. Es ist wirklich sehr stürmisch. Ich würde mich nicht trauen, heute mit einem kleinen Boot hinauszufahren. Meine Augenbrauen ziehen sich zusammen. Zu Hause in Deutschland denke ich noch nicht einmal eine Sekunde darüber nach, wie der Wind wehen könnte, wenn ich in die nächste Bahn steige. Der Wind bestimmt nicht die Art und Weise, wann und wie ich mich fortbewege.

Marius' Stimme dringt zu mir: »Früher habe ich mit einem Blick aus dem Fenster gewusst, ob heute ein guter Tag zum Fischen ist oder ob ich lieber zu Hause bleibe. Doch heute ist das Wetter unberechenbar geworden.« Heute bestimmt der Klimawandel die Transportwege und die Jagd, er formt sogar die Sprache der Inuit. Martha verrät mir ein weiteres Wort: »Wir sagen jetzt immer häufiger ›Uggianaqtuq‹, was so viel bedeutet wie, dass sich etwas komisch verhält. Damit beschreibt das Wort die klimatischen Veränderungen und uns selbst, wenn wir verwirrt darauf reagieren.«

Gespannt höre ich Martha zu. Ich nicke leicht. Mit ihrem ganzen Sein sind die Inuit an diese raue Umgebung angepasst. Ihr Leben und Überleben basiert auf einem tiefen Verständnis und einer intensiven Verbindung zu ihrer Natur. Mehr denn je verstehe ich hier, dass Klimawandel nicht etwas ist, was sich *um uns herum* verändert, sondern was *uns* verändert.

Marius dreht sich von uns weg und zückt einen Gehstock. Seine steife Hüfte macht ihm das Gehen schwer und trotzdem hievt er sich zielsicher auf einen Felsen neben seinem Haus. Mit dem Rücken zu uns blickt er zum Horizont. Niemand sagt etwas, während seine Augen auf dem wilden Meer ruhen. Wie muss er sich fühlen, während sich alles in Blitzesschnelle verändert? Wenn Marius über die Eisschmelze spricht, wirkt es, als würde er über einen Sohn sprechen, der im Sterben liegt. Schmerz und Trauer liegen in seiner Stimme. Doch nicht nur die Inuit finden Worte, um diesen Gefühlen und ihrer Situation Ausdruck zu verleihen. Während ich Marius zuschaue, wie er neben seinem kleinen grünen Holzhaus steht, aufs dünne Meereis hinausblickt und sich fragt, wie die Zukunft wohl aussehen wird, wie viel von seinem eisigen Zuhause noch bleiben wird, reisen meine Gedanken in meine eigene Heimat.

Auch wir in Deutschland haben neue Wörter dafür. Eines beschreibt die Eigenart der ökologischen Trauer: »Solastalgie« nennt es sich, ein Gefühl des Heimatverlusts. *Solastalgie*, denke ich, *das habe ich zuletzt im vollen Ausmaß bei der Ahrtalflut gespürt.* Viel zu häufig wird über Katastrophen wie diese als »Jahrhundertfluten« geschrieben, wohingegen die Wissenschaft warnt, dass solche Extreme in Zukunft bis zu neunmal wahrscheinlicher auftreten werden.[46] Während ich dieses Buch schreibe, stehen Bayern und das Saarland wieder unter Wasser.

Von dieser Realitätsverweigerung sind die Grönländer:innen meilenweit entfernt. Laut Studien leugnet hier kaum jemand die Klimakrise, einfach deswegen, weil die Menschen die Veränderungen direkt im Alltag spüren.[47] Erst jetzt sehe ich, dass Marius zittert. *Ist ihm etwa kalt?*, frage ich mich, verwerfe den Gedanken jedoch schnell. Viele Inuit spüren die Klimakrise so sehr, dass einige unter Angstzuständen leiden. Es gibt sogar bei manchen Anzeichen von posttraumatischer Belastungsstörung. Martha tritt ins Bild, stellt sich neben Marius und legt ihm einen Arm um die Schulter. Sie reden nicht miteinander, scheinen einander wortlos zu verstehen.

Marius lädt uns in sein Haus ein. Es ist klein, besteht aus drei Räumen, es ist ebenfalls wohlig warm. Hier haben bereits mehrere Generationen unter einem Dach gelebt. Die Inuit teilen traditionell ihr Essen, sie haben einen besonderen Rückhalt in ihrer Gemeinschaft. Dieses soziale Netz macht Menschen psychisch widerstandsfähiger. Je mehr wir uns mit dem Ort und den Menschen um uns herum verbunden fühlen, desto resilienter sind wir. Gerade in einer kleinen, familiären Siedlung wie Saqqaq spüre ich diese Verbundenheit untereinander deutlich. Wir sind alle gesünder und glücklicher, je mehr Einfluss und Kontrolle wir über unser Leben und die politischen Strukturen um uns herum haben.[48] Mehr und mehr kämpfen die Inuit für ihre Territorien und bringen federführend die Einrichtung von Schutzgebieten voran. Ein bemerkenswertes Beispiel ist die Tallurutiup Imanga National Marine Conservation Area in Kanada, auch als Lancaster Sound bekannt.[49] Dieses Gebiet wurde in Zusammenarbeit mit den Inuit geschaffen und ist das größte Meeresschutzgebiet Kanadas, das vor allem die Biodiversität bewahrt.

Ich schaue durch das kleine Küchenfenster, in dessen Ecken sich Eiskristalle gebildet haben. Hinter der Scheibe liegt das Meer. Das

Wasser ist seit unserer Ankunft ruhiger geworden. In der Ferne sehe ich zum ersten Mal, wie sanfte Wellen die Sonnenstrahlen reflektieren.

Am nächsten Tag reisen wir schon früh von Saqqaq ab. Ich falle auf meine Knie und umarme fünf kleine Welpen, die euphorisch auf mich zugerannt kommen. Sie überfallen mich, schlecken über mein Gesicht und stoßen mich rücklings in den Matsch. Ich lache auf und kümmere mich nicht darum. Das ist schließlich mein ganz persönliches »Auf Wiedersehen«.

Die älteren Hunde heulen uns hinterher, als wir zum kleinen Anlegerhafen des Ortes kommen. Hans und Laila Sandgreen warten bereits geduldig auf uns. Hans ist ein schweigsamer, kräftiger Mann, dessen Augen unter seinem heftigen Grinsen fast verschwinden. Laila ist eine kleinere Frau, deren Wangen rot glühen, wenn sie lacht. Das Paar hat gemeinsam ein kleines Familienunternehmen aufgebaut, um Reisenden seine Heimat zu zeigen. Sie nehmen uns auf ihrem Boot mit. Hans legt den Gashebel um und wir schießen hinaus auf den Arktischen Ozean. Die Sonne wird vom Eis reflektiert und knallt in meine Augen. Der gigantische Eisspiegel zeigt seine Wirkung. Heute machen wir uns von der kleinen Siedlung Saqqaq auf nach Ilulissat, der drittgrößten Stadt des Landes und Hauptort des Distrikts.

Während die Jungs in der warmen Fahrerkabine sitzen, stehen Laila und ich draußen am Bug. Es hat heute minus sieben Grad. Meine Augen tränen im eisigen Fahrtwind, aber ich kann meinen Blick nicht von den Eisskulpturen abwenden, die rechts und links von uns auftauchen. Ich bin verwundert. *Habe ich diesen Eisberg nicht gestern noch von Marthas Wohnzimmer aus gesehen? Oder ist es doch ein anderer?* Jede Sekunde verschiebt, dreht oder schmilzt das Eis. Umso bedeutsamer wird jeder einzelne Moment. Ich sauge die Formen und Farben der Eisgiganten auf, als würde ich einen gedanklichen Schnappschuss machen, um die Erinnerung immer wieder, detailliert wie ein Gemälde, abrufen zu können. Ich reiße die Augen auf, die Schönheit verschlägt mir die Sprache. *Vielleicht braucht es dafür ein neues Wort,* denke ich, *für die Vergänglichkeit des Eises, aber auch die Schönheit darin.*

Nach wenigen Minuten taucht neben uns ein deutlich kleineres Motorboot auf. Ein Mann mit übergroßer Latzhose steht darauf. Es ist Marius, doch er bemerkt uns nicht. Ich sehe genauer hin. Sein Alter ist in seiner Haltung und in seinen Bewegungen nicht mehr zu erkennen. Einhändig steuert er sein Boot mit nackten Händen, während seine Finger im Fahrtwind blau anlaufen. Ich blicke auf meine eigenen Finger, dick vermummt in Skihandschuhen, die zusätzlich in meiner Jackentasche stecken und trotzdem vom Frost brennen.

Plötzlich bremst Marius das Boot ab und greift nach seiner rostigen Flinte. Präzise setzt er das Gewehr an seine Schulter, legt den Kopf am Schaft an und schaut durch das Visier. Ich zucke zusammen. Das Echo vom Schuss prallt von den Eisbergen zurück. Sekunden vergehen, ehe Laila zu mir kommt und mir zuflüstert: »Verfärbt sich das Wasser rot, dann hat er die Robbe getroffen.« Ich kneife die Augen zusammen. Das Wasser bleibt blau.

Gletscher-Gewitter

Nach ungefähr einer Stunde auf See biegen wir landeinwärts in einen Fjord. Die felsigen Wände flankieren uns. Auf einmal wechselt der Wind. Während es auf dem Ozean ruhig und mild war, tobt jetzt das Wasser und bringt unser Boot zum Schaukeln. Wir fahren diesmal auf keine Siedlung zu. Stattdessen erkenne ich eine feine weiße Linie am Horizont, die nach und nach zu einer gigantischen Mauer heranwächst. Es ist der majestätische Eqi-Gletscher (auf Grönländisch bekannt als Eqip Sermia). Meine Augen gleiten über die fünf Kilometer seiner Breite. Mit jedem Meter schlägt mein Puls schneller, als der Gletscher vor uns höher und höher aufragt. Bis zu 200 Meter Höhe kann er erreichen, 30 bis 80 Meter liegen unter der Wasseroberfläche. Während unser kleines Boot leise das Wasser durchschneidet, dringt das gewaltige Stöhnen und Ächzen des Gletschers an unsere Ohren. Es ist das Gewitter des Eises, das sich bewegt, zerbricht und ins Wasser fällt. Langsam gleiten wir zwischen den kleinen und großen Eisbrocken hindurch.

Wir kommen ungefähr 200 Meter vor dem Gletscher zum Halten. »Ab hier kann es gefährlich werden, näher heran fahren wir nicht. Wenn der Gletscher die Eisberge kalbt, könnten die Wellen sogar unser Boot zum Kentern bringen«, warnt Hans. Just in dem Moment löst sich ein weiterer Eisberg aus der weißen Festung und kracht unter Donnern ins Wasser. Die Vibration wird von den Felswänden zurückgeschleudert. Meine Brust fühlt sich an wie ein Resonanzkörper. Die Wellen zischen, steigen am Gletscher riesig empor und dringen als leichte Bögen bis an unser Boot. Ich halte mich fest. Es ist wahnsinnig gruselig, welche Gewalten sich genau vor uns abspielen. Von hier aus sieht der Gletscher aus wie ein Kaleidoskop aus Weiß- und Blautönen, jeder Blick offenbart neue Nuancen und Schattierungen. Markus startet seine Drohne. Durch sie erkenne ich die Abertausenden tiefen Risse und Spalten im Gletscher, die sich wie eine Ziehharmonika unter dem Rhythmus der Sommer- und Wintertemperaturen ausdehnen und wieder zusammenziehen.

Markus springt flink auf seine Beine: »Super, dann los! Wir fahren mit dem kleineren Boot an Land.« Ich sehe ihn fragend an: »Echt? Sollen wir das wirklich?« Markus schaut überrascht, als hätte er sich nicht klar ausgedrückt. Wir hatten bereits in Saqqaq besprochen, dass wir auf dem Landstreifen neben dem Gletscher campen wollten. Zwei Nächte, fast drei Tage würden wir dortbleiben, bis Hans und Laila uns wieder abholen würden. Doch jetzt schaue ich mit aufgerissenen Augen auf die Landschaft neben dem Gletscher, der blanke Gneis scheint dunkel unter dem Eis hervor und der Felsboden wirkt ziemlich ungemütlich, um darauf zu schlafen. Ich checke den Empfang – kein Signal. Zweifel machen sich in mir breit. »Wie kalt kann es hier in der Nacht werden?«, frage ich Laila. Sie überlegt kurz: »Bis zu minus zehn Grad. Und hier am Gletscher kann die Luft sehr eisig sein.« »Würdest du hier übernachten?«, frage ich nach. »Ich? Nein, auf keinen Fall!«, kichert Laila. Ich schaudere. *Bin ich darauf vorbereitet?* Ich möchte gerade etwas erwidern, als Markus auch schon beschwichtigend sagt: »Ich habe zwei Schlafsäcke dabei, die für diese Temperaturen ausgelegt sind. Einmal habe ich bei solchen Temperaturen ganze sieben Tage in so einem Schlafsack gelebt, ich habe ihn nie ausgezogen. Du kannst ihn tragen wie einen Kokon.« Angestrengt denke ich nach. Eigentlich hatte ich für solche Aktionen gepackt: Zelt, Luftmatratze, Stirnlampe. Aber ich ging davon aus, dass wir *nicht* fernab der Zivilisation und ohne jeglichen Empfang campen würden. Zwar trägt Nick seit dem Aufenthalt im Regenwald immer ein satellitenbasiertes Navigationssystem bei sich, aber ich bin trotzdem sehr unsicher. Ich möchte gern mit, will aber trotzdem im Ernstfall abgesichert sein. Jetzt eine schnelle Entscheidung zu fällen, scheint mir unmöglich. Ich mustere Nick, der mit der Unbekümmertheit eines Kindes bereits seine Tasche packt. Markus dreht sich zu mir. Er schaut freudig und fordernd zugleich, ehe er sich ebenfalls an seinem Gepäck zu schaffen macht. André hingegen tastet mit seinen Augen ruhig die Umgebung des Gletschers ab. Ich weiß, dass er genauso hadert wie ich. Als Brasilianer wird er sich wohl nie mit diesen Temperaturen anfreunden können.

Die Sonne wird auf der eisigen Oberfläche reflektiert und taucht alles in ein unwirkliches, blendendes Licht, während sich das kleine Schlauchboot mit Hans, Nick und Markus in der Helligkeit verliert. Nach wenigen Minuten kommt Hans zurück. Als wir ablegen, erkenne ich Nick und Markus nur als kleine, schwarze Punkte in der Ferne. Langsam bewegen sie sich über den massiven Felsen. André und ich stehen zusammen an der Reling und blicken zurück auf den Gletscher. Unsicher drehe ich mich zu ihm, um mich zu vergewissern, ob es die richtige Entscheidung war, dass wir uns als Team getrennt haben und Markus und Nick allein dortbleiben. Während wir uns langsam aus der Meereszunge hinausbewegen, liegt der Eqi hinter uns. Ich bange um Nick und Markus, während wir auf den Ozean gleiten.

Wir sind jetzt auf halber Strecke nach Ilulissat. Ich stehe am Bug des Bootes, als mein Herz plötzlich für einen Moment aussetzt. Wie aus dem Nichts sprüht vor uns eine Wolke aus dem Meer. Nach nur wenigen Sekunden hat sich der Sprühnebel in Abertausende winzige Partikel aufgelöst. *Habe ich mir das eingebildet?* Verwirrt schaue ich zu Hans hinüber, der reflexartig den Motor ausschaltet. Als ich gerade etwas sagen will, steht André neben mir und hält mir den Mund zu. Ich schlucke meine Worte hinunter. Genau in diesem Moment wölbt sich das Wasser direkt vor uns. Ich schnappe nach Luft, als sich langsam der Rücken eines Wals zeigt. Langsam und mächtig drückt er die Wassermassen über sich weg. Auf einmal erhebt sich wie in Zeitlupe die metergroße Flosse eines Grönlandwals aus dem Ozean. Sie ist viermal größer als ich. Mein Körper ist wie erstarrt und ich vermag meine Beine nicht zu bewegen. Ehrfürchtig lehne ich mich zurück, halte mich an der Bootskabine fest, während ich einen heftigen Aufschlag der Flosse auf der Wasseroberfläche erwarte. Aber es passiert nichts dergleichen. Grazil gleitet sie wieder ins Wasser und hinterlässt nichts als eine kleine gequirlte Lache. Erst jetzt reiße ich mich los, laufe zur Reling und schaue dem Wal hinterher. Doch da ist nur noch tiefes Blau, das sich allmählich im Schwarz verliert. Adrenalin und Dopamin strömen durch meinen Körper, als ich mich mit dem größten Strahlen im Gesicht zu André umdrehe. Noch nie zuvor hatte ich ein solches Gefühl, einem so enorm großen Lebewesen so nah zu sein und zu wissen, dass die Gründe des Ozeans so viele von ihnen beherbergen. Es gibt so vieles, das wir nicht sehen und nicht wissen, und das überwältigt mich immer wieder.

»Das ist ungewöhnlich, dass sie jetzt hier sind, oder?«, sagt Hans zu Laila. Ich verfolge ihre Unterhaltung, doch mich wundert das nicht. Grönlandwale ernähren sich hauptsächlich von Krill und kleinen Fischen. Der Klimawandel verändert auch die Wassertemperatur und die Meeresströmungen. Das bestimmt maßgeblich das Vorkommen und die Verteilung der Wale. Es kann dazu führen, dass Grönlandwale ihre Wanderungsmuster ändern, um ihrem Nahrungsangebot zu folgen. Durch das wachsende Meereis sind sie normalerweise auf einer großen Fläche geschützt, da sie sich im Winter, ungestört von Fischfangflotten, fortpflanzen können. Schmilzt das Eis, schmilzt ein bisschen mehr ihrer Schutzzone.

Mit tiefen Atemzügen versuche ich, mich zu beruhigen. Mein Herz schlägt immer noch bis zum Hals. Es fühlt sich an, als hätte ich einen Zaubertrick verfolgt, dessen Mechanismus ich nicht durchschaue. Dass wir zufällig so nah an einen der sanften Riesen herankommen würden, hätte ich nicht zu träumen gewagt.

Ilulissat – ein Globalisierungsdrama

Mit einer kleinen Siedlung hat Ilulissat nichts mehr zu tun. Hier leben 4500 Menschen, rund 250 Kilometer nördlich des Polarkreises. Die bunten Häuser sprenkeln die Landschaft wie Smarties, während hier und da eine Hotelanlage, eine Lagerhalle oder ein Kran hervorlugt. Als wir in den großen Hafen einfahren, parken kleine rostige Kutter neben dicken Ozeandampfern. Hier kann man die Veränderung der grönländischen Gesellschaft, angetrieben vom Klimawandel, wie unter einem Brennglas beobachten. Wir gehen die Hauptstraße entlang und passieren Souvenirshops, Nagelstudios, Wellnesscenter, Expeditionsanbieter, Guest Houses und Restaurants, die so neu aussehen, als wären sie erst kürzlich aus dem Boden gestampft worden. Gestern noch hat Martha Robbensuppe zubereitet, jetzt wird neben uns Peanut Butter Chocolat Cake in einem American Café verkauft.

Hans und Laila führen uns in die Stadt, als wir plötzlich in eine Traube von orangen Kapuzen hineinlaufen, die sich auf dem Dorfplatz versammelt. Es ist eine Gruppe von Tourist:innen, die alle zur Wiedererkennung die gleichen orangen Regenjacken von ihrem Expeditionsanbieter tragen. »An manchen Sommertagen legen hier gleich drei Kreuzfahrtschiffe an und es strömen 5000 orange Kapuzen an Land, mehr, als hier Einheimische leben«, erzählt Hans, als wir uns durch die Masse winden. Ich drücke mich durch die Menschen hindurch und mein Blick bleibt an einer schwarzen Kapuze hängen. Nur für eine Millisekunde erhasche ich einen Blick in das Gesicht einer Frau. Ihre glasklaren blaugrauen Augen fixieren mich wie die einer Katze auf

Mäusejagd. Ihre Haut ist dunkelbraun und geprägt von den Erfahrungen ihres Lebens. Doch vor allem fesseln die schwarzen Linien auf ihrem Gesicht meinen Blick: Ein Pfeil führt pointiert vom Haaransatz zur Mitte der Stirn, zwei gerade Linien ziehen sich von ihrer Unterlippe bis zum Kinn. Während ich noch nachdenke, wer sie sein könnte, ist sie schon verschwunden, als ich mich umdrehe. Die Menschengruppe hat sie umschlossen wie das Maul eines Raubtiers. »Hast du einen Geist gesehen?« André taucht neben mir auf. »Um ehrlich zu sein, weiß ich es nicht so recht«, antworte ich nachdenklich, während meine Augen weiterhin die Frau suchen. Tage später sollte »der Geist« zu mir finden.

Wir schlendern die Straßen entlang. Ich lege den Kopf in den Nacken, als wir an etlichen Kränen vorbeigehen. Mein Blick schweift über die Stadt. Überall wird gebaut, aufgerissen und gepflastert. Genauso wie Lennette und Marjorie sitzen auch hier die Menschen auf einer wahren Schatzkammer. Als würde Laila meine Gedanken lesen, sagt sie: »Die Gletscher weichen zurück und erstmals werden hier viele ungenutzte Bodenschätze freigelegt. Kobalt, Zink, Uran, Sand. Ausländische Unternehmen kommen her, denn es eröffnet sich ein riesiges Potenzial für neue Minen.« Sie hält kurz inne, um dann etwas leiser hinzuzufügen: »Aber auch reichlich Öl- und Erdgas sind hier unter dem Eis zu finden.« Während ich Lailas Worten folge, wirbeln meine Gedanken herum. In der Arktis werden etwa 90 Milliarden Barrel Rohöl vermutet, was gut sechs Prozent der weltweiten Reserven entspricht. Außerdem sollen sich rund 25 Prozent der noch nicht erschlossenen Erdgasreserven in der Region befinden. Schon 2019 wollte ein Typ namens Donald Trump ganz Grönland kaufen. Auch wenn diese Idee absurd erscheint, es gab einen Grund dafür.

Wir stehen jetzt vor dem kleinen Guest House, in dem wir die nächsten Tage wohnen, bis wir Nick und Markus wieder abholen müssen. Das Guest House gehört zu Hans' und Lailas Geschäft. Vor der Tür reden wir weiter: »Wisst ihr, wir wünschen uns volle Unabhängigkeit von Dänemark, sodass Grönland wieder ein eigener Staat wird«, sagt Hans. »Seit 2009 verwaltet sich Grönland selbst, aber Dänemark hat immer noch die Entscheidungsmacht in der Außen- und Sicherheitspolitik und das Land steht in einer starken finanziellen Abhängigkeit. Jedes Jahr fließen 470 Millionen Euro von Dänemark nach Grönland, das entspricht ungefähr zwei Dritteln des gesamten Budgets der Insel. Letztens gab es hier eine Befragung: Die klare Mehrheit der Grönländer:innen wünscht sich eine vollständige Unabhängigkeit von Dänemark.« *Liegt nicht genau darin das Dilemma?*, frage ich mich. Grönland konzentrierte sich darauf, durch verstärkte Förderung von Rohstoffen – darunter auch Öl und Gas – wirtschaftlich auf eigenen Beinen stehen zu können und sich von Dänemark zu lösen. Deshalb lehnten es Regierung und Parlament in der Hauptstadt Nuuk bisher ab, dem Pariser Klimaschutzabkommen beizutreten. Grönland hatte scheinbar lediglich die Wahl zwischen »schlechten Entscheidungen« – in Abhängigkeit leben oder sich die Unabhängigkeit durch die Zerstörung der Umwelt erkaufen.

Gerade als ich etwas erwidern möchte, fügt Hans auch schon hinzu: »Erst kürzlich machte unser Land eine Kehrtwende und es wurde beschlossen, doch noch das Pariser Klimaabkommen zu unterzeichnen. Wir hoffen auf Klimaschutz-Fördergelder, mit denen die Wasserkraft und ein nachhaltiger Tourismus ausgebaut werden könnten. Unsere Insel könnte sich damit gleichzeitig staatlich unabhängig machen und unsere Heimat könnte geschützt werden. In Zukunft soll sogar die Suche und Förderung von Öl- und Gasfeldern vor der Küste gestoppt werden.«

Ein Grinsen huscht über mein Gesicht. Tatsächlich entwickelt sich Grönlands Energieinfrastruktur immer weiter. Der Energieversorger Nukissiorfiit betreibt derzeit fünf Wasserkraftwerke[50] mit Kapazitäten bis zu 45 Megawatt, das Unternehmen NunaGreen treibt den Bau neuer Wasserkraftwerke voran, um die Stromproduktion auf der Insel in Zukunft erheblich zu steigern. Grönland setzt auf erneuerbare Energiequellen wie Wind- und Solarenergie, Projekte zur Nutzung von Wind- und Sonnenenergie sind insbesondere in abgelegenen Gebieten im Gange. Im Jahr 2020 stammten 71 Prozent der produzierten

Energie für 17 Städte und 53 Siedlungen aus erneuerbaren Quellen wie Sonne und Wind.

Ein weiterer vielversprechender Ansatz ist die Umwandlung von Biomasse in Energie, insbesondere durch Fischabfälle. In Sisimiut, der zweitgrößten Stadt Grönlands, wurden bereits Berechnungen angestellt, um herauszufinden, in welchem Umfang das geschehen kann. Gebäude werden energieeffizient umgebaut, um den Energieverbrauch zu reduzieren. Mit den Ambitionen und dieser Geschwindigkeit könnte vielleicht gerade Grönland als Ground Zero des Klimawandels bald zum absoluten Klima-Vorbild werden.

Mit hoffnungsvolleren Worten hätten uns Hans und Laila tatsächlich nicht verabschieden können. Wir umarmen uns zum Abschied. Ihre Wangen glühen, während seine Augen unterm Lächeln verschwinden.

An diesem Abend bleiben wir noch lange wach. Mein Handy zeigt an, dass sehr wahrscheinlich heute Abend die Polarlichter zu sehen sind. Ich hänge so fest am Fenster wie die Eisblumen in den Ecken, den Blick an den Himmel geheftet. Ich zucke zusammen, doch immer, wenn ich denke, dass ich sie jetzt sehen würde, ist es nur ein kurzes Aufblitzen einer grellen Lichtquelle der Stadt, die den Nachthimmel verschmutzt. *Werde ich hier überhaupt die Lichter sehen können?* Unter meinem Grübeln schlafe ich ein.

Kangia-Eisfjord – Mutter des Eises

Am nächsten Morgen ziehen André und ich los zum Stadtrand, denn dort befindet sich der Grund, warum sich Ilulissat zum Hauptziel für den lokalen Tourismus entwickelt hat. Ich schwitze unter meiner dicken Winterjacke, während wir einen Hang hinaufgehen. Hunde bellen uns von allen Seiten an. Oben angekommen, halten wir inne. Vom Ortsrand sehe ich auf die Stadt hinunter, die absolut unwirklich erscheint. Die bunten Häuser leuchten wie Farbtupfer im Tal, im krassen Kontrast zum endlosen Weiß, das sie umgibt. Vor den Häusern treiben die gigantischen Eiswürfel. Ich schaue auf den Arktischen Ozean hinaus, der sich am Horizont mit dem Himmel vermischt. *Vielleicht stehe ich am Rande der Stadt,* denke ich, *aber die Stadt steht am Rande der Welt.*

Vom Hügel aus führt uns ein langer Holzpfad über die Tundra. Die Sonne blendet und der Schnee knirscht unter meinen Stiefeln, als wir den Weg entlangwandern. Orange Kapuzen kommen uns wie Leuchtfeuer in der Schneelandschaft entgegen, ich schlängele mich auf dem schmalen Weg vorsichtig an ihnen vorbei. Immer wieder rutscht André aus, der Schnee unter uns ist unter dem Gewicht der vielen Füße zu einer glatten Eisschicht gepresst worden. Ich lache und helfe ihm auf, bis ich selbst nach drei Schritten falle. Ein paar Prellungen später gelangen wir an die schroffe Küste, klettern einige Felswände empor und erreichen endlich den Aussichtspunkt.

Ich weiß nicht, was ich sagen soll. Die Szenerie raubt mir die Sprache. Mehrfach blinzele ich hinter meiner Sonnenbrille. Wir schauen hinaus auf das UNESCO-Weltnaturerbe: den Kangia-Eisfjord.

Aufgrund der Gletscherschmelze variiert die Länge des Fjords zwischen 40 und 60 Kilometern. Vor uns breitet sich ein Meer aus Eisbergen aus, die Seite an Seite, dicht an dicht zusammen im Wasser liegen, sodass kein Boot mehr hindurchfahren kann. Ständig knackt, bricht und rauscht es, mal lauter, mal leiser, denn der Kangia entlässt wie am Fließband neue Eisberge in den Ozean. Der Eisfjord ist ungefähr 1000 Meter tief und existiert nur, weil weiter landeinwärts einer der schnellsten Gletscher der Welt, der Sermeq Kujalleq, permanent neue Eisberge kalbt. Täglich werden bis zu 40 Meter neue Eisberge und Skulpturen produziert, die an Ilulissat vorbei auf den Ozean ziehen. Vor 110 Jahren trieb von hier aus ein gewaltiger Eisberg Tausende Kilometer weiter südlich, direkt bis vor Neufundland, und traf dort auf ein Schiff: Es hieß Titanic.

Wir bleiben ein paar Stunden. André baut seine Kamera auf und stellt einen Zeitraffer ein. Ich sitze angestrengt da, den Blick unverwandt auf den Fjord vor mir gerichtet.

»Ist das nicht verrückt?«, sage ich zu André. »Die Bewegung der Eisberge ist so subtil, so langsam, dass es sich anfühlt, als würde ich einer Blume beim Aufblühen zuschauen.«

Er lächelt und lässt sich dicht neben mir auf den Boden plumpsen. Es ist kalt und ich genieße die Wärme, die sein Körper mir spendet. André rückt noch ein bisschen dichter zu mir und wir sehen eine Weile zusammen schweigend auf die Eisberge.

Nach zwei Stunden spielen wir den Zeitraffer von Andrés Kamera ab. Auch wenn ich das Tool schon unzählige Male verwendet habe, verblüfft es mich immer wieder aufs Neue. Auf dem Bildschirm bewegt sich alles, jeder einzelne Eisberg dreht oder schiebt sich ein Stück weiter vom linken zum rechten Bildschirmrand und treibt zum Arktischen Ozean hinaus. Der Gletscher kalbt schnell, aber Jahr für Jahr schneller. *Zu schnell*, denke ich, während die Eisberge weiterhin über den Bildschirm huschen. Das Video stoppt. Meine Gedanken rasen. Gletscher in Grönland durchlaufen einen Zyklus von Wachstum und Schrumpfung, der durch verschiedene Faktoren wie Meerestemperaturen und den Zustrom von kaltem Wasser aus dem Nordatlantik beeinflusst wird. Trotz gelegentlicher Phasen des Wachstums verliert Grönland jedoch weiterhin sehr große Eismengen durch die Klimaerhitzung. Würde das gesamte Festlandeis vollständig abschmelzen, drohen sieben Meter Meeresspiegelanstieg. Das würde für kommende Generationen bedeuten, dass viele Orte an den Meeresküsten aufgegeben werden müssten. Auch Hamburg und andere Küstenstädte Norddeutschlands wären betroffen. In Südwestgrönland ist die Durchschnittstemperatur innerhalb von sieben Jahren um drei Grad gestiegen. Im Sommer 2019, einem der wärmsten seit Beginn der Aufzeichnungen, schmolzen auf der gesamten Insel 320 Gigatonnen Eis – das entspricht siebenmal dem Volumen des Bodensees. Derzeit steigt der Meeresspiegel um über vier Millimeter pro Jahr.[51]

Lange habe ich mich gefragt, was denn vier Millimeter schon ausrichten können. Das ist gerade mal die Breite eines durchschnittlichen Eherings. Doch dann dringt Andrés Stimme in meine Gedanken: »Ist das nicht gruselig? Dass dieses Eis, das hier an uns vorbeizieht, das Leben von Moussa und Yero gefährdet?« Ein eiskalter Schauer fährt von meinem Scheitel zu meinen Fußsohlen. Mit einem Mal katapultiert mich Andrés Frage quer über den Planeten zurück in den Senegal. Knapp 6500 Kilometer entfernt, auf der Südhalbkugel des Planeten, gefährden diese vier Millimeter, dieser Ehering, das Leben von Millionen Menschen. Hier schmelzen Millimeter, die im Senegal Hunderte Meter überflutetes Land bedeuten. Doch auch vor den Grenzen Deutschlands machen die Auswirkungen der Eisschmelze nicht Halt. Bei uns könnte das Schmelzwasser zunächst zu noch trockeneren und heißeren Sommern führen. Die Ursache dafür sind stärkere Temperaturunterschiede im Ozean, die im Sommer die Luftströmungen nach Norden ablenken.[52]

Ich greife nach Andrés Hand und schaue auf den Eisfjord hinaus. Es fühlt sich an, als stünde ich am Dreh- und Angelpunkt unseres Klimasystems. Als wäre das der Ort, der die Uhr unaufhörlich ticken lässt, während uns die Zeit davonläuft, ähnlich dem Getriebe eines Uhrwerks. Ich ziehe meine Mütze tiefer ins Gesicht und den Schal über meine Nase, sodass nur noch ein winziger Spalt für meine Augen freiliegt. Der Wind ist eisig und beißt mir ins Gesicht, während meine Gedanken im Kopf stechen. »So richtig kann ich mir gar nicht vorstellen, was dieses Eis alles verändern könnte«, sage ich staunend zu André. »Es könnte nicht nur bei uns in Europa heißer werden, sondern, wenn der eine Kipppunkt den anderen anstößt, könnte es sogar bei uns in Deutschland viel, viel kälter werden. Vielleicht sogar noch kälter, als ich es hier gerade spüre.«

Das Schmelzwasser Grönlands könnte zu einem Temperatursturz in Europa führen. Der Grund dafür liegt unweit von der Insel entfernt in den Tiefen des Meeres. Es sind die Meeresströmungen, die unser globales Klima formen. Unmittelbar vor Grönland befindet sich eine ganz besondere Strömung, der wir in Europa unser mildes Klima verdanken: die Atlantische Umwälzzirkulation (AMOC) – ein weiterer Kipppunkt in unserem Klimasystem, zu der auch der Golfstrom gehört. Das Strömungssystem AMOC wirkt wie eine riesige Wärmepumpe und liefert ungeheuer große Wärmemengen in den nördlichen Atlantikraum. Dadurch wird unser mildes Klima in Europa reguliert: Unsere Winter sind nicht zu kalt, unsere Sommer nicht zu warm. Der Golfstrom gibt die Wärme an die Luft ab, was besonders im Nordwesten Europas für gemäßigte Temperaturen sorgt. So wird warmes Wasser aus den Tropen Richtung Norden transportiert und kühlt auf dem Weg zum Polarkreis ab. Dabei bildet sich Meereis und der Salzgehalt im Meerwasser steigt. Dieses dichtere Wasser sinkt zwischen Grönland und Nordeuropa in die Tiefe und fließt von dort wieder zurück nach Süden. Ohne diese Strömung wäre das Klima in Europa deutlich kälter. Und genau davor warnen jetzt Forschende immer und immer wieder. Die AMOC ist derzeit so schwach wie noch nie in den vergangenen tausend Jahren. Das Schmelzwasser Grönlands strömt in den Atlantik. Doch Süßwasser ist leichter als Salzwasser und dadurch wird das Absinken der Wassermassen gehemmt. Die Zirkulation könnte komplett stoppen.

Ich löse mich von Andrés Seite und gehe ein paar Schritte auf und ab, während ich laut nachdenke: »Der Zusammenbruch könnte zu einem Kältesturz in Teilen Europas führen, Temperaturen würden um bis zu 30 Grad sinken. Das würde innerhalb von ein bis zwei Jahrzehnten zu einem anderen Klima führen. Auch wenn die Inuit vielleicht Meister der Anpassung sind – auf so rapide Temperaturumstürze kann sich kein Mensch einstellen.«

André legt seine Stirn in Falten und fragt: »Wie wahrscheinlich ist es, dass du und ich das noch erleben könnten? Dass dieser Kipppunkt noch vor 2100 eintritt?« Der IPCC hat das Risiko für seinen Eintritt berechnet. »Die Wissenschaft geht davon aus, dass die Wahrscheinlichkeit dafür bei zehn Prozent liegt«, antworte ich. »Zehn Prozent. Aber ist das nicht recht wenig?« Ich zögere. Genauso wie beim Anstieg der Weltmeere um ein paar Millimeter dachte ich mir auch hier wieder oft: *Na, was soll's denn? Was sind schon zehn Prozent?* Es hört sich schlichtweg nicht dramatisch an. Ich grübele ein paar Sekunden: »Na ja, es ist in etwa so: Stell dir vor, du sitzt in einem Flugzeug und würdest mit einem Fallschirm hinausspringen müssen. Es gibt aber eine zehnprozentige Wahrscheinlichkeit, dass sich dein Fallschirm nicht öffnet – würdest du trotzdem springen?«

André schaut gedankenverloren an mir vorbei, ehe er nickt. Es wundert mich, welche Weltreise wir gedanklich von hier aus unternehmen und wie sich alle Fäden hierher zurückspannen. Deutschland trifft auf Brasilien, trifft auf Grönland, trifft auf den Senegal, trifft auf die Welt. Eine Weile bleiben wir noch an der Küste sitzen, bis selbst die Mittagssonne uns nicht mehr zu wärmen vermag.

Eine echte Zeitmaschine

Am Spätnachmittag knattert wieder der Holzweg unter unseren Füßen, als wir auf dem Pfad zurück zur Ortschaft wandern. Plötzlich erhebt sich ein modernes, gar futuristisches Gebäude am Stadtrand. Ich mustere die runde und teils verglaste Fassade, die einen krassen Kontrast zur schroffen Landschaft bildet. Die vielen Holzbögen, die in regelmäßigen Abständen angebracht sind, wirken wie der Flügelschlag einer Schneeeule. Es ist das Ilulissat Eisfjord Center, ein Zentrum für Klimawissenschaft und Umweltbildung. Unsere Neugier treibt uns ins Museum. Meine Wangen glühen, als wir ins warme Innere der Ausstellung spazieren. Interaktive Displays, Kunst und Skulpturen der Inuit-Kultur werden hier präsentiert, doch meine Aufmerksamkeit wird von drei Vitrinen in der Mitte des Museums gefesselt. Ich trete so nah heran, dass ich fast mit der Nase gegen die Fensterscheibe des Schaukastens stoße. Nur dieses dünne Glas trennt mich von einer echten Zeitmaschine. Ich reiße die Augen auf. André hat es bereits erkannt: »Hunderttausend Jahre alte Eisbohrkerne.«

In langen, schlanken Zylindern liegen sie vor uns. Jeder Kern, sorgfältig aus den tiefsten und kältesten Teilen unseres Planeten extrahiert, ist wie eine Zeitkapsel, die darauf wartet, entschlüsselt zu werden. Ich denke an Peter, den Permafrostwissenschaftler aus Inuvik, wie er kleine eingefrorene Fragmente aus der Erde gestampft hat. Ein ähnliches

Verfahren wurde auch hier angewendet – nur viel, viel größer. Durch Bohrungen werden Eiszylinder aus den Tiefen des grönländischen Eispanzers entnommen. Sobald die Eisbohrung abgeschlossen ist, werden die Eisbohrkerne mit Computertomografen untersucht, die durch Röntgenstrahlung ihr Inneres erkennbar machen. Dadurch blicken wir Millionen Jahre in die Erdgeschichte zurück. Je tiefer gebohrt wird, desto älter ist die Schicht. Der älteste Bohrkern aus der Antarktis ist 2,7 Millionen Jahre alt, die Kerne vor mir reichen bis zu 125 000 Jahre in die Vergangenheit.

Ich starre in die Vitrinen. Doch jetzt erkenne ich auch Abertausende kleiner Bläschen im Eis. Klein und rund glitzern sie vor mir. Es sind Luftporen, in denen Informationen eingeschlossen sind. Kohlendioxid, Methan, Staub oder Sedimente, selbst Pflanzenreste können im Eis wie auf einer Festplatte abgespeichert sein – Daten über Temperatur, Luftzusammensetzung und Umweltbedingungen vergangener Epochen. Ich gehe um die Vitrinen herum, als mein Blick an einer Informationstafel hängen bleibt. Laut erkläre ich für André und mich, was darauf steht: »In den Bohrkernen gibt es sogar Spuren vom sogenannten Great Smog aus dem Jahr 1952. Von England aus hat er sich über den ganzen Planeten ausgebreitet – bis hier hoch nach Grönland – und sich als erkennbare Schicht im Eis abgesetzt.« Ich halte einen Moment inne und inspiziere das Eis vor meiner Nase, in der Hoffnung, ein bisschen von dem feinen Dreck zu entdecken. Ich fahre fort: »Durch Emissionen der Industrie hatte sich eine gewaltige Smogwolke über London gelegt und zog von dort aus weiter. Der Rauch war so dicht, dass man auf den Londoner Straßen kaum noch etwas sehen konnte und die Luftqualität war so schlecht, dass Tausende unter Atemwegserkrankungen litten.«

André hakt ein: »Aber siehst du, im Eis kann auch abgelesen werden, wann damals gehandelt wurde! Auf die Bedrohung durch den Smog wurde 1956 mit dem Clean Air Act geantwortet. Der schränkte die Verbrennung von Kohle ein, die aus den Städten verbannt wurde. Die Einführung von sauberen Brennstoffen in Heizungen von Privathaushalten wurde gefördert, neue Technologien zur Reduzierung der Abgase und Emissionen wurden stark begünstigt, Städte so umgeplant, dass man Parks und Grünflächen eine wichtige Bedeutung für die menschliche Gesundheit zusprach. Durch große Kampagnen wurde die Bevölkerung über die Auswirkungen und Gefahren des Smogs aufgeklärt und informiert. Die Menschen hatten deshalb großes Verständnis für diese umfangreichen Maßnahmen.«

Das Eis funkelt in den Röhren und erlaubt uns eine Zeitreise in die Vergangenheit – mit ihren schlechten Phasen und guten Antworten. Damals wurde gehandelt, das können wir von den Eiskernen ablesen. André taucht hinter mir auf und legt seine Arme um meine Schultern. »Was wird der nächste Bohrkern über uns schreiben?«, fragt er leise. Gedanken schießen durch meinen Kopf. *Wird unsere Geschichte überhaupt noch in Bohrkernen ablesbar sein? Wird das Eis bestehen bleiben?* Ich runzele die Stirn. *Nein. Was für lächerliche Gedanken. Natürlich werden wir uns nicht aufhalten lassen. Natürlich werden wir eine Zukunft haben. Natürlich wird das Eis nicht schmelzen.* Kaum merklich schüttele ich den Kopf. *Warum sollte nicht wieder gehandelt werden?*

Wir können uns nicht mehr von Greenwashing und Märchen über fossile Energieträger aufhalten lassen. Wir lassen uns nicht mehr aufhalten von der fossilen Industrie, von Regierungen, die trotz des Wissens über andere Optionen weiterhin fossile Infrastrukturen bauen lassen. Wir lassen uns nicht aufhalten von Bergbauunternehmen, Kunststoff-, Auto- oder Luftfahrtindustrie oder jedweder anderen klimaschädlichen und die Umwelt verschmutzenden Institution. Der nächste Bohrkern wird genau das über uns schreiben: über erfolgreiche Kampagnen, erfolgreiche Bewegungen und Menschen, die alles darangesetzt haben, ihre eigene Hoffnung zu sein. Die verhindert haben, dass wir an Kipppunkte stoßen, weil wir selbst zu einem Kipppunkt herangewachsen sind: einem Kipppunkt der Gesellschaft für sozialen und gerechten Wandel.

Ich antworte André: »Schaue ich in diese Eisbohrkerne, dann blicke ich auf unsere Geschichte. Aber sie handelt nicht von Schmutzpartikeln und Emissionen, sondern von Hoffnung.« Meine Hoffnung ist nicht vage, sie ist konkret. Sie basiert auf wissenschaftlichen Erkenntnissen und gründet sich auf unsere Vergangenheit. Blicke ich also auf die kleinen Bläschen im Eis, sehe ich all die Kämpfe, die schon früher Welten verändert haben und die dies wieder tun können. Dann sehe ich die Anti-Apartheid-Bewegung in Südafrika, die Zapatisten-Bewegung in Mexiko, die Befreiungsbewegungen der Schwarzen in den USA. Dann erkenne ich im Funkeln der Zeitmaschine die Erfolge von Menschen, die gemeinsam gekämpft haben. Die Frauenbewegung kämpfte für das Frauenwahlrecht, die Arbeiterbewegung für Wochenenden, queere Bewegungen setzen sich für ihre Liebe ein, Menschen mit Behinderungen für Inklusion. Und dann erkenne ich auch, im Schein des Eises, meine eigene Verantwortung. Denn nur durch all jene anderen bin ich heute hier. Wenn das Eis unsere Menschheitsgeschichte einschließt, dann stehe ich gerade auf dem weltgrößten Geschichtsbuch. Dann stehe ich auf den Erfolgen derjenigen, die vor mir gekämpft haben, damit ich heute so frei und in Frieden leben kann. Mit diesem Wissen ist es nichts weniger als meine Verantwortung, diese Kämpfe weiterzukämpfen – auf dass eines Tages auch unsere Erfolge im Eis zu lesen sind.

Bären und Polarfüchse

Wir sind auf dem Weg, um Markus und Nick vom Gletscher abzuholen. Drei Tage hatten wir nichts von ihnen gehört. Mein Herz schlägt bis zum Hals, als wir zum Hafen laufen, wo Laila und Hans bereits das Boot vom Steg losmachen.

Der Himmel ist grau und stürmisch, als wir nach zwei Stunden in die Bucht des Eqi-Gletschers einbiegen. Von Weitem inspiziere ich die Landschaft, aber ich finde die zwei Punkte nicht. Keine Spur von Nick und Markus. Ich werde nervös. Auch André steht neben mir und lehnt sich über die Reling. »Wo sind sie hingegangen? Wir haben doch sechs Uhr an der Küste ausgemacht«, fragt er laut. Ich zucke mit den Schultern. Meine Zähne knirschen aufeinander. Wir ankern einige Hundert Meter vom Gletscher entfernt und lassen zusammen mit Hans das Schlauchboot ins Wasser. Bei der Überfahrt spritzt das Wasser in mein Gesicht und ich muss mich bemühen, es schnell wegzuwischen, damit es nicht auf meiner Haut gefriert. Hier ist die Luft deutlich eisiger als in Ilulissat und der Gletscher neben uns kracht. Auch als wir an der Küste anlegen, finden wir weder Markus noch Nick. Mir ist mulmig zumute. André und ich begeben uns auf die Suche, während Hans mit dem Schlauchboot zurück zu Laila tuckert.

»Nick! Markus!«, rufen wir. Doch das wirkt sinnlos, nur wenige Meter vor uns verliert sich der Schall im Wind. Wir stapfen über Moos und Flechten, die unter unseren Schuhen leicht nachgeben, bis mein Blick an einem hellen Fleck am Boden hängen bleibt. In der Ferne flattert etwas. Meine Beine setzen sich in Bewegung und als ich näherkommen, sehe ich, dass es eine kaputte Proviantbox ist. Überall liegen verstreut Essensreste herum, ein bisschen Brot, ein paar Bananen, selbst kleine Cookies. Ich gehe zu einer Banane, sie ist total zerfetzt. André sieht mich fassungslos an und fragt mich mit angsterfüllter Stimme: »Wurden sie etwa angegriffen?« Ein Wort hängt unausgesprochen zwischen uns in der Luft: Eisbären. Ich zittere, aber mir steht der Schweiß auf der Stirn. Eisbären zählen zu den gefährlichsten Tieren der Erde. Ich zücke mein Handy, wieder kein Empfang.

»Markus, Nick!«, ruft André. »Stopp! Mach das nicht. Wenn hier ein Bär ist, dann müssen wir ruhig bleiben!«, zische ich ihm zu. Wir nehmen einen langsamen Trab auf und joggen geduckt, immer in der Annahme, dass hinter jedem Felsen ein Eisbär lauern könnte. Plötzlich sehe ich in unmittelbarer Entfernung ein Stück Zeltplane. Aufgeregt stupse ich André in die Seite. Wir laufen darauf zu. Scharf biegen unsere Körper um die Felskante, als vor uns Nicks Zelt auftaucht, völlig zerrissen, ein langer Riss klafft wie eine Wunde in der Mitte.

»Mein Gott«, entfährt es mir. Ich schreie, so laut ich kann: »Nick! Markus! Verdammt noch mal, wo seid ihr?!« Jetzt ist es auch mir egal, soll der Eisbär uns doch finden. André läuft im Zickzack über Stock und Stein. Auf einmal hallt etwas von der Felswand. »Louisa?«, ich halte inne. »Louisa?!«, hallt es wider. »Nick? Markus?!«, brülle ich zurück und laufe schnurstracks dem Echo hinterher. Und tatsächlich, in einer Kuhle hinter der nächsten Felswand finden wir die andere Hälfte unseres Teams. Die Jungs sitzen zusammengekauert in ihren Schlafsäcken im offenen Zelt – und trinken Tee. Unbekümmert lächeln sie André und mir entgegen. »Schön! Ihr seid ja früh dran, uns abzuholen!«, sagt Markus. Für einen Moment stehen wir regungslos da, bevor ich mit einem Mal beiden um den Hals falle. »Was ist denn mit euch los?«, fragt Markus, während er mir unbeholfen den Rücken tätschelt.

»Wir haben keine Zeit, lasst uns schnell verschwinden, hier könnten Eisbären sein«, sagt André und will Nick und Markus gerade aufhelfen. Doch die verschlucken sich vor Lachen an ihrem Tee. »Bitte was?«, gluckst Markus. »Eisbären? Hier? Als hätten wir das nicht vorher gecheckt. Hier sind keine. Im Norden des Landes ja, aber nicht hier. Wie kommst du denn darauf?« »Euer Proviant liegt unten total verstreut herum!«, antwortet André. Nicks und Markus' Augen leuchten auf: »Ach was? Da ist unser Essen also abgeblieben?« Nick schmunzelt: »Polarfüchse. Sie kamen in der Dämmerung und haben sich an unseren Lebensmitteln bedient, als wir noch am Filmen waren.« »Und haben die auch dein Zelt so zerfetzt, Nick?«, möchte ich wissen. Nick und Markus grinsen sich an. »Oh Mann, die erste Nacht war purer Horror«, beginnt Nick. »Da haben wir noch weiter oben, fast direkt neben dem Gletscher, geschlafen. Doch nachts hat es so gestürmt, dass wir umsiedeln mussten. Wir sind mitten in der Nacht hinuntergewandert, um in einer windgeschützten Nische am Felsen das Zelt neu aufzuschlagen. Aber im Wind ist die Zeltplane aus meiner Hand gerutscht und wurde von einer Spitze in der Felswand aufgerissen.« Markus klopft beschwichtigend auf Nicks Schulter. »Und dann ist er bei mir eingezogen«, lacht Markus.

Ich rolle mit den Augen. All die Aufregung umsonst. Und ich hatte gedacht, sie wären von einem Eisbären angegriffen worden. »Aber warum wart ihr nicht pünktlich an der Küste wie ausgemacht?«, keuche ich. Nick verbrennt sich am Tee. »Stopp«, sagt er und schaut André und mich argwöhnisch an. »Habt ihr gedacht, dass wir um sechs Uhr *morgens* abgeholt werden sollten anstatt sechs Uhr *abends*?« Als André und ich uns nur schweigend anstarren, liest er uns die Antwort von unseren Gesichtern ab. »Ach, du meine Güte«, lacht er.

Wir helfen beim Zusammenpacken und ich sammle die verstreuten Essensreste ein. Wenige Minuten später holt uns Hans ab und bringt uns zu dem kleinen Boot hinüber. In der warmen Fahrerkabine schlafen Nick und Markus sofort ein. Ich kann nur vermuten, wie wenig sie bei diesen Temperaturen ruhen konnten. Während wir nach Ilulissat fahren, sehe ich zurück auf den Gletscher, der immer kleiner wird. Ich glaube mehrere kleine Pünktchen über die Tundra huschen zu sehen, auf der Suche nach Nahrung.

Aaju Peter – die Glut einer Inuk

In Ilulissat angekommen, gehen wir gleich zum Guest House zurück. Ich schaue immer wieder aufs Handy und checke die Wettervorhersage in der Hoffnung, dass ich vielleicht heute Abend endlich mal die Polarlichter sehen werde.

Pong – ich laufe in eine Frau hinein, eigentlich ist es eher eine Anzeigentafel, plakatiert mit dem Poster einer Frau. Als ich mir die Stirn reibe und zu ihr aufblicke, fällt mir die Kinnlade runter. »André, komm her!«, rufe ich. »Sieh dir das an! Hier ist sie!« Nun erkenne ich die Frau auf dem Plakat wieder – glasklare blaugraue Augen und Tattoos im Gesicht. *Der Geist*, fährt es mir durch den Kopf. André stellt sich neben mich und schaut auf das Filmplakat. »Von der Doku habe ich gehört! Es ist *Twice Colonized* mit Aaju Peter in der Hauptrolle. Heute Abend hat sie hier eine Filmvorführung.« Er schüttelt ungläubig den Kopf. »Dass Aaju Peter gerade jetzt hier in Ilulissat ist, um ihren Film zu präsentieren, kann kein Zufall sein. Das ist Schicksal«, lacht er.

Kurzerhand entscheiden wir uns, der Filmvorstellung und Aaju einen Besuch abzustatten.

Nick und Markus sind wie ausgeknockt. Sie schaffen es noch gerade so, uns ein paar der unglaublichen Film- und Videodateien zu zeigen, die sie in den letzten Tagen erstellt haben. Seitdem wir in Ilulissat zurück sind, dröhnt nur ein tiefes Schnarchen unter ihrer Zimmertür im Guest House hervor. André und ich gehen zur Filmschau.

In einer kleinen Stadthalle sind wir die einzigen weißen Menschen im Saal. Der Film ist eine Art Biografie von Aaju, einer der wichtigsten grönländischen Inuit-Anwält:innen und Aktivist:innen, die heute in der kanadischen Arktis lebt. Sie ist eine vehemente Verfechterin der Rechte indigener Völker und von Fragen der Nachhaltigkeit und von Ressourcen. Im Jahr 2011 hat sie Kanadas höchste Auszeichnung, den »Order of Canada«, erhalten und wird seitdem als Beraterin von der EU und den Vereinten Nationen herangezogen. Ihr Aktivismus hat einen Grund. Der Film zeigt, wie sie gleich zweifach kolonisiert wurde, von Dänemark und später von Kanada, und welche psychischen und kulturellen Verluste sie dadurch erlitt. Auch Aajus Trauer wird gezeigt, als ihr Sohn während der Dreharbeiten Suizid begangen hat. Gleichzeitig verfolgt die Dokumentation Aaju Peters Weg aus der Depression, ihren Umgang mit der Trauer und ihren Kampf für die Rechte der Inuit und für Klimagerechtigkeit. Der Film endet und ich lasse den Blick durchs Publikum schweifen. Ich sehe viele Tränen über die Wangen laufen. Der Schmerz der Inuit, die in Aajus Lebensgeschichte ihre eigenen Biografien wiedererkennen, sitzt tief. Applaus ertönt im Raum, als Aaju vor die Leinwand tritt. Mit der aufrechten Haltung einer Ballerina und sanften, grazilen Schritten schwebt sie vor das Publikum und versucht, allen Fragen der Anwesenden gerecht zu werden. André und ich gehen hinter die Bühne zu Aajus Begleiter:innen und haben nur eine einzige Frage: »Können wir morgen Aaju interviewen?«

Wir kommen eine Stunde früher in die Lobby von Aajus Unterkunft und bauen das Set auf. Markus und Nick haben sich nach den Strapazen etwas erholt, aber immer noch tiefe Augenringe. Als Aaju den Raum betritt, umgibt sie eine mysteriöse Aura. Nach einer kurzen Begrüßung nimmt sie Platz und sitzt mir gegenüber. Erst inspiziert sie die Linse, danach sieht sie mich prüfend an. Ihre wachsamen Katzenaugen tasten mein Gesicht ab. Ich tue es ihr gleich. Wortlos durchleuchten wir uns. Ich blicke auf ihre schwarzgrauen Haare, die teils silbrig glänzen. Ein schwarzes Haarband gibt den Blick frei auf den schwarzen Pfeil auf ihrer Stirn. Ihre Ohrringe sind geformt wie kleine traditionelle Küchenmesser, sogenannte Ulus. Die Grundform ist eine dünne Klinge mit halbkreisförmiger Schneide und einem Griff mittig an der Gegenseite. Ich betrachte die zwei Striche auf ihrem Kinn und erwidere den Blick ihrer kristallklaren Augen, die mich immer noch scannen. Dann lächelt sie. Ich lächele zurück. Wir beginnen mit dem Interview.

»Wie betreffen euch die klimatischen Veränderungen?«, frage ich. Aaju zögert keine Sekunde. »Wir sind Menschen des Eises. Wir brauchen die Kälte. Es müssten alle Inuit ein Schild tragen, auf dem steht: Gefroren halten!« Ich schmunzele. Mit einem Mal sind Aufregung und Distanz vollkommen von mir abgefallen. »Wir sind nahezu perfekt an unsere Natur angepasst. Meine Arme und Beine sind um einen Zoll kürzer als die weißer Menschen. Wir haben mehr Körperfett, unser Oberkörper ist größer. Wir schwitzen durch die Hände und haben kaum Körperbehaarung, weil wir so sehr an unsere Natur angepasst sind. Unsere Sprache, unsere Gesetze, unsere Gesänge, unsere Traditionen – alles kommt aus der Natur. Verändert sich das Klima, dann verändern wir uns.«

Sie hält kurz inne und erinnert sich: »Als ich mit Tourismusbooten zu grönländischen Gemeinschaften gesegelt bin, waren dort normalerweise viele Hundeteams, mit denen die Menschen jagen gingen. Doch bei meinem letzten Besuch waren sie alle weg. Tot. Weil das Eis nicht mehr gefriert. Gibt es kein Meereis, kannst du nicht jagen. Wofür brauchst du dann die Hunde? Und auch auf der anderen Seite in Kanada, wo das Eis im Boden schmilzt, zerbricht das Eis unter den Jägern.« Es ist, als würde ich wieder vor Marius stehen, der auf die See hinaussieht und davon berichtet, wie er mit seinen Hunden im Meereis eingebrochen ist. »Unsere Sommer werden länger, unsere Winter kürzer. Tiere, die eine bestimmte Meerestemperatur benötigen, ziehen höher in den Norden. Es betrifft die Wale. Es betrifft die Robben. Es betrifft uns, die Inuit.«

Aaju zieht ihre Handschuhe aus und zeigt ihre Fingerknöchel – drei feine, schwarze Linien ziehen sich über jeden einzelnen Finger. »Meine Tattoos sind Tunniit, die traditionellen Tätowierungen der Inuit. Unsere Handtattoos sind für die Göttin der See, als Zeichen unserer Dankbarkeit für das Essen, das sie uns gibt.« Jetzt tippt sie sich an Kinn und Stirn. »Unsere Gesichtstattoos zeigen unseren Respekt für die Sonne. Im Winter verschwindet sie fast ganz und wir feiern ihre Wiederkehr mit Zeremonien. Ohne die Sonne, ohne unsere Meere, ohne saubere Luft würden wir sterben. Wir entstammen der Natur und müssen sie dafür respektieren.«

Wieder machen meine Gedanken eine Weltreise. Unweigerlich fliege ich zurück zu Dario in den Regenwald und denke an seine Worte. Die Verbundenheit mit der Natur ist bei vielen indigenen Gemeinschaften ein Grundpfeiler ihres Seins. Doch bei den Inuit gibt es weitere zentrale Säulen. Uns wird erklärt, dass es für sie kaum etwas Kostbareres und Wichtigeres gibt als ein Kind. Kinder werden je nach ihren Interessen und Fähigkeiten zu dem geformt, was sie sind. Inuit-Frauen und damit auch -Mädchen vermitteln und gewährleisten die Weitergabe von genealogischem Wissen, Geschichte, Liedern, Legenden, Wettervorhersagen, Sternbildern und der Navigation mithilfe der Sterne.

Auch für die traditionelle Jagd setzt Aaju sich sehr ein. Die Jagd auf Meeres- und Landsäugetiere, Fische und Vögel ist für Inuit so selbstverständlich wie Gehen und Atmen. »Wir sind darauf angewiesen. Wir haben die höchsten Lebenshaltungskosten, die höchste Arbeitslosigkeit, also müssen die Jäger weiterhin jagen dürfen«, setzt sie wieder an. Die EU hat jedoch durch Richtlinien die Robbenjagd immer wieder verboten oder stark eingedämmt, was die Inuit in eine wirtschaftliche und existenzielle Notlage gebracht hat.

»Auch das ist kolonialistisch«, meint Aaju. »Wir wurden zu diesen Regelungen nicht befragt. Unsere Absichten oder Traditionen wurden nicht berücksichtigt. Uns wurde wieder einmal eine europäische Meinung von außen aufgezwungen, die unsere Art zu leben nicht nachvollzieht, nicht einmal den Versuch unternimmt, uns zu verstehen.« Ich denke nach. Oft wird in Europa angenommen, dass die traditionelle Jagd die Populationen von Eisbären, Walen oder Fischen gefährden würde, dabei ist nachweislich belegt, dass indigene Gemeinschaften nachhaltig jagen und wissen, wie sich die Tiere verhalten und die Populationen wieder erholen. Sie haben einen tiefen Respekt vor der Natur, weil sie maßgeblich vom Überleben der Tiere abhängig sind. Jagen sie, wird auch der letzte Zipfel nachhaltig genutzt, ganz im Kontrast zur industriellen japanischen Waljagd. Sie kennen die Zeiten für die Robbenjagd, sie wissen, wann sie bei Ebbe am Meeresgrund nach Muscheln graben können. Das alles ist Inuit-Wissen.

Aaju nickt leicht, als würde sie meine Gedankengänge mitlesen. »Um meine Gemeinschaft vollends schützen zu können, müssen wir in der Lage sein, unsere eigenen Entscheidungen zu treffen und umzusetzen. Es sollte nicht erst über die dänische Regierung oder die südkanadische Regierung laufen. Was ich schon seit vielen Jahren sage, ist, dass die gesamte zirkumpolare Region ein Land werden sollte, ohne die Einwirkung von Dänemark, Südkanada, Alaska und Russland. So werden wir wieder ein Volk und ein Land. Wir sind am meisten vom Klimawandel betroffen, also müssen wir auch mitentscheiden können, wie wir verfahren. Wir brauchen Souveränität. Das ist die Klimagerechtigkeit der Inuit.« Kurz pausiert sie. Es ist das einzige Mal im Interview, dass ihre Antwort nicht wie aus der Kanone geschossen kommt.

»Grönland muss Ressourcen erschließen, um zu funktionieren und Geld zu verdienen. Aber das sollte auf eine gute Art und Weise geschehen, denn wir leben schließlich vom Land. Die Frage ist also, wie extrahieren wir Ressourcen sicher und ohne unsere Lebensgrundlage zu zerstören? Wie können wir Geld verdienen, ohne Geld zu verdienen? Vielleicht sollten wir die Art und Weise, wie wir wirtschaften, ändern.«

Ich sehe sie intensiv an. Egal, wo ich bisher war, ob in Brasilien, im Senegal, in Kanada oder hier in Grönland, überall stellen die Menschen unsere Wirtschaftsweise, den Kapitalismus, infrage. Es braucht ein anderes System. »Die fossilen Konzerne haben so viel Geld. Es ist nicht in ihrem Interesse, die Kraft des Wassers, des Windes oder der Sonne zu nutzen.«

Aaju kneift die Augen zusammen. »Diejenigen, die uns und die Natur am meisten ausbeuten, müssen dafür bezahlen. Wir brauchen eine gewisse Zeitspanne, in der wir uns an die Umstellung der Natur und Wirtschaft anpassen können. Die Veränderungen hier, all die Brände, die Feuer, die Hitze, sind unglaublich! Wer heute nicht an den Klimawandel glaubt, der will ihn einfach nicht sehen.« Klimagerechtigkeit bedeutet für Aaju Peter auch die Frage nach Verantwortung.

Sie steht auf. Nachdem wir uns zum Abschied umarmt haben, hält sie meine Arme noch einen Moment und durchdringt mich mit ihrem Blick, während sie auf den Pfeil auf ihrer Stirn tippt. »Alles, was wir brauchen, ist da«, flüstert sie. Egal, ob sie damit die Natur oder unseren Verstand meinte, sie hat wohl recht.

(Un)vergängliche Schönheit

Ein letztes Mal fahren wir mit Hans und Laila auf den Ozean hinaus. Aus der Ferne wirken die Eisberge wie harmlose Eiswürfel, die friedlich auf der Wasseroberfläche treiben. Doch sobald wir uns ihnen nähern, offenbart sich wieder ihre wahre Größe. Sie erheben sich neben uns mächtig aus dem Wasser, groß wie die Elbphilharmonie, die stolz über dem Hamburger Hafen thront. Hans navigiert uns gekonnt durchs Labyrinth. Während wir an den Eisbergen vorbeidriften, sehe ich an ihrem unteren Ende die vielen kleinen Tropfen Schmelzwasser, die ins Wasser klatschen. Das Plätschern ist ohrenbetäubend.

Der eisige Fahrtwind löst Tränen aus meinen Augenwinkeln, die meine Sicht verschleiern. Ich ziehe meinen Schal hoch und die Mütze tief in mein Gesicht, sodass nur noch winzige Hautpartien der Kälte ausgesetzt sind. Markus steht neben mir am Bug, sein Blick ist starr auf die eisigen Giganten gerichtet. Mit seinen dicken Handschuhen hält er seine Nikon fest umklammert. Plötzlich kneift er die Augen zusammen, legt den Kopf etwas schief und streicht sich über seinen langen Kinnbart. Ein leises »Oh!« entweicht ihm, als er an die Reling tritt. Ich schaue immer noch rätselnd zum Horizont. *Was hat er gesehen?* Markus ruft Hans zu: »Bitte links fahren!« und zeigt auf einen riesigen Koloss vor uns. Wir steuern langsam und behutsam heran, um eine Kollision mit dem Eisberg zu vermeiden. Als wir um die nächste Ecke biegen, sehen wir es. Tatsächlich, es ist direkt vor uns. »Ach, du meine Güte!«, bricht es aus Markus heraus. Er beugt sich so sehr mit seiner Kamera übers Boot, dass ich kurz denke, er könnte hinausfallen. Was wir vorher nicht erkennen konnten, liegt jetzt in voller Pracht vor uns: eine Eis-Arkade, wie ein riesiger ausgenagter Schweizer Käse, mindestens 50 Meter hoch.

Mir stockt der Atem. Auch Nick und André verschlägt es vollkommen die Sprache. Doch was wir nicht zu sagen vermögen, sprudelt nur so aus Markus heraus: »Oh, mein Gott!«, wiederholt er immer und immer wieder in Ekstase. Wir sehen ihm gebannt zu, ein paarmal hören wir nur das Knipsen seiner Kamera. »Louisa, that's it! Ich hab's!«, ruft er mir euphorisch zu, ohne sich von der Szenerie abzuwenden. Er hat das perfekte Foto entdeckt und seine Leidenschaft ist ansteckend. Markus ist fast genau dreißig Jahre älter als ich und ich hoffe mit jeder Faser meines Körpers, dass ich auch dann noch, wenn ich so alt wie er sein werde, eine solche Liebe für die Schönheit unseres Planeten empfinden werde oder diese Liebe immer und immer wiederfinde. Sei es im Glitzern der Eisberge oder im Funkeln der Regentropfen auf den Rapsfeldern neben meinem Zuhause.

Ein Licht blendet mich. Erst denke ich, dass Laila die Scheinwerfer des Bootes angeknipst hat. Doch das ist es nicht. In seiner Passion hat Markus die Situation viel schneller erfasst: »Ich glaub's nicht! Die Sonne kommt raus!« Für Markus als Naturfotograf ist die letzte Sonne des Tages ein Segen. Und auch ich erkenne jetzt, wie viel Wunder darin liegt. Erst durch die Strahlen, die sich mit letzter Energie vom Feuerball auf die Eisflächen niederlegen, leuchtet der vorher blaugraue Eisbogen nun in verschiedenen Farben auf. Da sind Gelb, Orange, etwas Goldenes und etwas – Grünviolettes? Auf einmal zeigt Markus auf die Wolkendecke. Dort reißt der Himmel auf, Sonnenstrahlen schießen hindurch und brechen kurz vor der Wasseroberfläche. Ein Regenbogen erscheint.

»Oh!«, entfährt es Markus wieder in unregelmäßigen Abständen. Er schaut gar nicht mehr hinter der Linse auf, sondern huscht, geduckt hinter seiner Kamera, von rechts nach links übers Boot. Ich lache und blicke Hans und Laila, Nick und André in die Augen. Wir alle stehen wie angewurzelt da und beobachten das Naturschauspiel. In solchen Momenten kann ich nicht anders, als alles einzusaugen und aufzunehmen. Ich sehe wieder die vielen kleinen Schmelzwassertropfen, in denen sich das bunte Licht des Regenbogens und der Abendsonne bricht. Ich weiß, da ist die Krise, aber da ist auch so viel Schönheit. In diesem Moment spüre ich beides gleichzeitig. Ich fühle die ganze Wucht der Liebe für diesen Planeten. Dabei ist meine Liebe nicht pathetisch, sie ist konkret. Wir neigen schnell dazu, diese Liebe zu unterschätzen. Doch sie ist nicht käuflich und durch kein Geld der Welt auszulöschen. Sie ist mächtiger als Wut oder Angst. Sie ist mein machtvoller Antreiber und Kompass, mein Leuchtturm, wenn die Zukunft ungewiss und dunkel erscheint. Zu lieben bedeutet nicht, an ein gutes Ende zu glauben, sondern zu wissen, dass unser Handeln Sinn hat, unabhängig davon, wie es ausgehen könnte.

Als wir langsam zurück zur Küste segeln, intensivieren sich diese Gefühle. Der Himmel färbt sich bereits rot, nach wenigen Minuten wird daraus ein dunkles Orange und schließlich ein stechendes Lila, als hätte jemand den Sättigungsregler ins Unnatürliche überdreht. Es ist das Eis, das die Sonnenuntergänge auf Grönland so strahlen lässt. Die Sonne verschwindet hinterm Horizont und mit ihr die Farben. Aber dann stehen die Sterne grell am Himmel. Ich lege den Kopf in den Nacken und kneife die Augen zusammen. Zwischen den Sternen glüht auf einmal ein grüner Schimmer. Ich starre nach oben. Grönland verabschiedet sich von uns mit dem allergrößten Geschenk. »Die Nordlichter«, flüstere ich mir selbst zu. *Aurora borealis.* Ich kann es kaum glauben, so etwas habe ich noch nie zuvor gesehen. Die grünen Schleier leuchten intensiv und verteilen sich übers Himmelszelt. Ich setze mich auf den Boden des Bootes und lehne mich ans Fahrerhaus. Tief atme ich durch. So oft hatte ich Angst, durch die Klimakrise all die Schönheiten dieser Welt zu verlieren. Doch egal, ob und wie viele Kipppunkte wir erreichen werden – auch in hundert Jahren werden wir noch sehen, wie Wassertropfen das Licht der Welt reflektieren, wie die Abendsonne den Himmel bemalt oder Weizenfelder sich im Wind vor der Welt verneigen. Egal, was auch passiert, die Schönheit der Natur wird immer da sein. Auch das ist Hoffnung. *Schau genau hin, nimm alles auf, sonst könntest du verpassen, was die Welt zu bieten hat.*

GREAT BARRIER REEF
Cairns
Waddananggu
Sydney
CANBERRA

FÜNF: AUSTRALIEN – KORALLENWELTEN UND WÜSTENGEISTER

Die Sonne strahlt hell über dem azurblauen Wasser des Korallenmeers, während ich mich auf meinen ersten Tauchgang vorbereite. Lea, Meeresbiologin und unsere Tauchbegleiterin, hievt mir die schwere Sauerstoffflasche auf den Rücken. Meine Beine zittern, als das Gewicht auf meinen Schultern lastet und ich gleichzeitig versuche, den Wellengang des Segelbootes auszugleichen. Bernie und Josh grinsen mir zu. In ihren Blicken liegt irgendetwas zwischen Schadenfreude und Mitleid. Josh lässt sich in den gepolsterten Sitz fallen und Bernie verschränkt die Arme auf seinem kleinen Bierbauch. »Boah, hätte ich jetzt keinen Bock, da reinzuspringen«, sagt Bernie. »Haha, nicht mal ein Quäntchen!«, bekräftigt Josh. »Cheerio!«, prosten sich die beiden mit einem Gingerbeer zu und glucksen selbstgefällig vor sich hin. Einst waren die beiden Tauchlehrer hier am Great Barrier Reef, jetzt sind sie froh, in Rente zu sein. Für unser Filmteam haben sie trotzdem eine kleine Ausnahme gemacht und bleiben mehrere Tage mit uns draußen auf dem Meer.

»Jaja, lasst mich nur die ganze Arbeit machen«, spottet Lea mit einer Portion Sarkasmus. Bernie und Josh lachen noch ein bisschen lauter. Mit einem Ruck zieht Lea mir den Hüftgurt enger, an dem Gewichte hängen. Sie klopft mir zweimal auf die Schulter: »Gleich versinkst du wie ein Sack Zement.« Sie grinst, ich schlucke.

André, Nick und Markus sind bereits im Wasser, sie sind schon öfter getaucht. Deshalb können sie allein und auf eigene Gefahr ins Wasser. Nur auf mich muss Lea achtgeben.

Gegenüber voneinander setzen wir uns an die Reling. »Auf drei«, ruft Lea und zieht sich die Taucherbrille ins Gesicht. Ich tue es ihr gleich.

»Drei, zwei«, zählt Lea. Die Eins höre ich schon gar nicht mehr.

Das Great Barrier Reef

Ich bin ein Tropfen Schmelzwasser und falle rücklings über die Reling. Platsch – ich schwebe, orientierungslos. Blasen segeln vor meinen Augen an die Oberfläche. Das tiefe Blau nimmt mich auf.

Ein. – Aus.

Tiefer und tiefer sinke ich am Anker unseres Bootes entlang.

Ein.

Meine Augen verfolgen die Sonnenstrahlen. Sie tanzen oben mit den Wellen, um sich dann in den dunklen Gründen des Meeres zu verlieren. Hier unten ist die Welt stumm, doch mein Herz klopft laut. Ich bewege mich in Zeitlupe, passe mich dem Rhythmus des Unterwasserkosmos an. Mein Körper löst sich auf und fühlt sich gut an.

Aus.

Es ist Mitte November. Noch vor wenigen Wochen habe ich das Schmelzwasser vom grönländischen Eispanzer tropfen sehen, heute tauche ich zum Great Barrier Reef. Beide Kipppunkte – Eisschilde und Korallenriffe – sind miteinander verbunden. Schmelzen die Eisschilde, steigt der Meeresspiegel an und dadurch erhöht sich der Druck auf die Küstenökosysteme weltweit. Zudem führt die Eisschmelze dazu, dass mehr Sonnenenergie vom Ozean aufgenommen wird. Die Meere erhitzen sich und Korallen werden gefährdet. Jeder Tropfen zählt.

Ein. – Aus.

Je tiefer ich tauche, desto mehr steigt der Druck auf meinen Ohren. Er legt sich um meinen Kopf wie eine Zwangsjacke. Was hat mir Lea gezeigt? Ich halte meine Nase unter der Taucherbrille zu und presse sanft Luft zu meinen Ohren, aber es funktioniert nicht. Mein Herz beginnt zu rasen. *Muss ich wieder an Deck?* Ich schaue hoch, doch das Boot über mir sehe ich nur verschwommen.

Noch einmal: *ein.* Ich halte wieder die Nase zu. *Aus.*

Plopp – die Gurte der Zwangsjacke sind geplatzt, ich bin wieder frei. Ich zucke zusammen, als mich etwas am Rücken berührt.

Etwas zu schnell wende ich mich um. Blaue Augen strahlen mich durch eine Taucherbrille an, es ist Lea. Sie zeigt links neben mich und mein Blick folgt ihrer Hand. Erst sehe ich seine Schnauze, dann seinen Körper, so lang wie meine Beine, seine Schwanzflosse, die langsam an uns vorbeizieht. Noch nie war ich einem Hai so nah. Ich schreie auf, aber anstatt der Schallwellen treten nur dicke Luftblasen aus meinem Mund, die zur Wasseroberfläche rasen. Sichtlich unbeeindruckt, schielt der Hai uns von der Seite an und setzt seinen Weg fort. Lea grinst hinter ihrer Taucherbrille. Sie findet meine Reaktion witzig. Kann ich unter Wasser erröten? Es fühlt sich auf jeden Fall gerade so an.

Ich muss mich immer wieder daran erinnern, dass Haie friedliche Lebewesen sind. Ich blicke dem Tier hinterher, als Lea zum Meeresgrund zeigt. André, Nick und Markus warten dort unten auf uns. Gut 15 Meter liegen zwischen mir und dem rettenden Boot, als ich mich zu den Jungs geselle. Es ist komisch, nicht sprechen zu können, normalerweise gackern wir uns immer gegenseitig voll. Doch vermutlich tut es uns gut, einmal gezwungenermaßen die Klappe zu halten.

Markus schwimmt mit einer gigantischen Glasglocke in den Händen, an der links und rechts zwei Arme angebracht sind. In dieser Glocke liegt seine Kamera gut geschützt, an den Armen sind Blitzer befestigt, sodass er auch unter Wasser gut ausgeleuchtete Fotos machen kann. Er sieht aus wie ein Roboter aus einem Science-Fiction-Film auf der Suche nach Atlantis. Ich tauche ihm hinterher, als er plötzlich stoppt. Ich muss ein paarmal kräftig mit meinen Fußflossen schlagen, damit ich nicht volle Kanne gegen ihn schwimme. Vor ihm liegt eine Riesenmuschel. Ich ziehe die Augenbrauen in die Höhe. Das Ding macht drei Viertel meiner Körpergröße aus und der Mund der Muschel ist halb geöffnet. Als Markus auf den Auslöser drückt, scheinen die grellsten Blautöne im Inneren ihres Rachens auf. Ich möchte einen besseren Blick auf dieses unglaubliche Muster bekommen und schwimme näher an die Muschel heran. Als ich mit meinem halben Körper über ihr schwebe, schließt sich mit einem Ruck ihr Mund. Erschrocken wedele ich wild mit Händen und Füßen, um bloß von ihr wegzukommen. *Zum Glück war mein Finger nicht dazwischen*, denke ich mir, als ich schnell Sicherheitsabstand gewinne.

Wir tauchen zusammen weiter. Nach und nach fängt alles um uns herum an zu leuchten. Ich weiß gar nicht, wo ich zuerst hinschauen soll. Vor uns tut sich eine ganze Stadt auf. Korallen ragen wie juwelenbesetzte Türme spitz in die Höhe, Tischkorallen in flachen, tellerförmigen Strukturen tragen ein buntes Mosaik von Farben, anmutige Gorgonien schwanken in der sanften Strömung, ihre fächerförmigen Arme wie zarte Schleier im Wind.

Auf einmal dringt eiskaltes Wasser durch meinen Neoprenanzug und lässt mich schaudern. Ich sehe, wie eine kalte Wasserschicht auf eine wärmere trifft. In dem Moment, in dem sie sich vermischen, scheint das Wasser zu flimmern. Es fühlt sich an, als würde ich durch einen unsichtbaren Vorhang schwimmen. Ich denke an die Meeresströmungen. *Könnte es kaltes Schmelzwasser aus Grönland sein, das ich eben jetzt an meinem Körper spüre?* So ganz unwahrscheinlich ist es nicht. Das Schmelzwasser aus Grönland ist weniger salzig und kälter als Meerwasser und strömt an Grönlands Küsten entlang nach Süden. Wenn es auf wärmere Meeresströmungen trifft, kann es zu solchen Temperaturunterschieden kommen, wie ich sie hier gerade fühle. Und das bleibt auch von den Korallen nicht unbemerkt.

Etwas Ungewöhnliches wird von Markus' Blitz erleuchtet: Es sticht neongelb hervor – eine Koralle, viel strahlender und greller als die anderen. Lea schwimmt zu mir und macht ein Handzeichen. *Der Koralle geht es nicht gut*, lese ich von ihren Handbewegungen ab. Ich blicke wieder unter mich. Leuchtet die Koralle so grell neongelb, dann befindet sie sich in einer toxischen Beziehung. Das Meerwasser um sie herum ist zu heiß und sie verfällt in Hitzestress. Dadurch kommt es zwischen der Koralle und der Alge, mit der sie eigentlich in Symbiose zusammenlebt, zu einer chemisch-giftigen Reaktion, wodurch die Alge abgestoßen wird. Dabei ist die Alge überlebenswichtig für die Koralle. Sie betreibt Fotosynthese und versorgt sie mit Sauerstoff und Nährstoffen. Ist die Alge weg, verliert die Koralle ihre Farbe und nur ihr weißes Kalkskelett bleibt zurück. Sie bleicht aus.

Lea packt mich wieder am Arm und zieht mich hinter sich her. Nicht weit neben der neongelben Koralle sehe ich ein zweites Skelett. Und dann noch eines. Und noch eines. Ein ganzer Friedhof breitet sich vor meinen Augen aus. Doch die Fläche ist nicht weiß, sondern überwuchert mit grünbraunen Algen. Lea macht diesmal eine andere, seltsame Handbewegung. Mit ihrem ausgestreckten Daumen fährt sie sich langsam über die Kehle. *Diese Koralle ist tot*, lese ich ab. Nicht nur bleicht die Koralle aus, sondern die Meere nehmen außerdem zu viel CO_2 auf, was sie versauern lässt. Im Wasser entsteht Kohlensäure, die das Kalkskelett der Koralle direkt angreift. Der Weltklimarat IPCC schätzt, dass bei Begrenzung der Erderwärmung auf 1,5 Grad Celsius noch zehn bis dreißig Prozent der Korallenriffe gerettet werden können, bei zwei Grad Erwärmung wären so gut wie alle verloren.[53]

Ich atme tief. *Ein.*

Langsam greife ich zu meiner Sauerstoffanzeige. Nur noch 20 Prozent Füllvolumen. Bald müssen wir auftauchen, ich habe ohnehin erst einmal genug gesehen. *Aus.*

Auf einmal verdunkelt sich der Himmel über mir. Verwirrt blicke ich nach oben, als das, was dort über mir schwebt, mir den Atem raubt. Eine Grüne Meeresschildkröte. Mit eineinhalb Metern Länge segelt sie wenige Meter über meinem Kopf hinweg. Wir schauen alle zu ihr auf, als wäre sie ein Geist, der als Seele vom Friedhof emporsteigt. Langsam schwimme ich ihr hinterher, so langsam, dass sie sich nicht von mir bedroht fühlt. Ich hole auf und tauche neben ihr entlang. Sie mustert mich, als wir beide weiter in die Höhe steigen. Ihre grünen Schuppen schimmern unwirklich im Sonnenlicht. An der Wasseroberfläche taucht sie auf, holt einmal kurz Luft, um dann wieder fast senkrecht und ruhig in die Tiefe zu gleiten. Die Seele sinkt vom Himmel hinab. Ungläubig schaue ich ihr hinterher.

Bernie und Josh haben mich schon im Wasser gesichtet. »Hey, Fischfutter! Hier entlang!«, ruft Bernie. Josh wartet an Deck, um mich mit einem Ruck hochzuhieven. Mit einem Mal spüre ich wieder mein eigenes Gewicht. *Von der Schwerelosigkeit zurück zum Ballast der Welt,* denke ich, als ich mich schnellstmöglich von der Taucherausrüstung befreie. Auch Lea und das Team watscheln nach und nach an Bord.

»Habt ihr gefunden, was ihr gesucht habt?«, fragt Josh und reicht mir ein Handtuch. Ich überlege kurz. »Ja, ich glaube wir haben sogar mehr gefunden, als wir wollten. Da unten ist eine ausgebleichte Fläche wie ein Friedhof.« Plötzlich macht sich eine ungewohnte Ernsthaftigkeit auf Joshs Gesicht breit. »Das ist jetzt schon die fünfte Massenbleiche. Die letzten vier waren 2016, 2017, 2020 und 2022. Die Korallen haben eine kritische Grenze der Wassertemperatur, bei der sie ausbleichen und irgendwann absterben.« Er seufzt und macht ein neues Gingerbeer auf. »Eine halbe Milliarde Menschen sind weltweit auf Korallenriffe angewiesen. Die Fischerei leidet unter dem Rückgang des Fischfangs und selbst die medizinische Forschung, die in den Korallen-Ökosystemen nach neuen Wirkstoffen sucht, ist von den intakten Riffen abhängig. Die Dinger liefern uns Nahrung, Einkommen, Küstenschutz. Du hast es ja gerade eben gesehen! Sie ziehen sich durchs Wasser wie Gebirgsketten.« Gedanklich schwimme ich wieder an den Gebirgen vorbei.

»Korallenriffe federn 70 bis 90 Prozent der Energie der Wellen ab. Sie schützen unsere Küsten und Hafenstädte vor Extremwettern. Auch unser Zuhause in Cairns! Hier brechen die Zyklone von Jahr zu Jahr heftiger auf die Stadt. Weißt du noch, wie oft wir bei mir in der Garage saßen mit Sandsäcken, Bernie?« Er prostet Bernie zu, der gerade aus der Fahrerkabine heraustorkelt. »Stellt euch mal vor, unser gigantischer natürlicher Schutzwall wäre nicht vorhanden, wie dann die Zyklone ungehindert auf unsere Küsten prallen würden, oy! Der finanzielle Verlust und der Schaden durch Überflutungen und Stürme in den betroffenen Küstengebieten könnten sich verdreifachen, wenn ein Meter der Riffhöhe verloren geht.«

Just in diesem Moment lässt Markus seine Drohne steigen, während sich auf dem Bildschirm das über 2300 Kilometer lange Riff auftut. Mit 3000 Einzelriffen und 900 Koralleninseln kann man das Great Barrier Reef sogar aus dem Weltraum mit bloßem Auge erkennen – eines der sieben Weltnaturwunder.

Ich blicke Lea ins Gesicht. *Wo ist die Hoffnung?*, schießt es mir durch den Kopf. Lea scheint meine Gedanken zu lesen. »Ausgebleichte Korallen sind nicht tot«, beginnt sie und schaut mich dabei eindringlich an. »Was enorm wichtig ist, und das sagen wir auch allen Menschen, die das Great Barrier Reef besuchen kommen: Ausgebleichte Korallen sind nicht wirklich tot, sie können unterschiedlich lange überleben und die Algen zurückgewinnen. Es kommt dabei natürlich auf die Schwere der Bleiche oder die Art der Koralle an. Ohne ihre symbiotischen Algen können Korallen eine gewisse Zeit überleben, aber ihre Gesundheit und ihr Wachstum werden beeinträchtigt. Viele Riffe können sich innerhalb von zehn bis fünfzehn Jahren von einer Massenbleiche erholen.« Ich ziehe mir mein Handtuch ein bisschen fester über die Schultern.

»Aber nur, wenn die Umgebungstemperaturen stimmen?«, frage ich. »Genau, nur wenn die Emissionen sinken und die Meerestemperaturen sich wieder regenerieren«, bestätigt Lea. »Dabei liegen die Pläne auf dem Tisch. Erst Anfang 2024 hat die renommierte australische NGO namens Climate Council den ›Seize the Decade‹-Bericht herausgebracht, der detailliert aufzeigt, wie die australischen Emissionen bis 2030 um 75 Prozent sinken und bis 2035 vollkommen gestoppt werden können. Dabei würden Gemeinden gestärkt, die Lebenshaltungskosten gesenkt sowie neue Arbeitsplätze geschaffen. Würden diese Pläne realisiert werden, dann könnte das unsere Riffe maßgeblich schützen und damit unsere lokale Wirtschaft. Der Riff-Tourismus, der jährlich einen Umsatz von 9,6 Milliarden Dollar generiert, ist nicht nur für das australische Queensland von großer Bedeutung, sondern auch für viele andere Länder im Globalen Süden. Es gibt so viel zu gewinnen, das wissen wir am besten.«

Bernie ergänzt: »Es kommen immer noch so viele Reisende, um einen Blick auf die vergängliche Schönheit der Korallenriffe zu werfen.

Sie helfen uns!« Erst verstehe ich nicht, was er meint. Wie sollen denn Tourist:innen helfen? Ich habe eher gedacht, dass der Tourismus die Riffe zerstören würde. Nun erfahre ich, dass Ökotourismus mit Guides und in geschützten Gebieten tatsächlich die lokale Wirtschaft stärken und engagierte Organisationen vor Ort dabei unterstützen kann, die Korallen nachhaltig zu schützen. Lea huscht ein Grinsen übers Gesicht, bevor sie kurz in ihre Kabine unter Deck verschwindet, um mit einer Ladung Equipment zurückzukehren. Darunter sind wasserfeste Stifte, laminiertes Papier und Schnorchel, die sie kommentarlos Markus, Nick, André und mir in die Hände drückt.

»Wir sind Teil des ›Eye on the Reef‹-Projekts.[54] Egal, wer du bist und welche Ausbildung du hast, du kannst uns helfen, das Riff zu schützen. Denn um mehr über das Korallenriff zu erfahren und die Auswirkungen der Erhitzung der Meere auf die Riffe noch besser zu verstehen und sie damit noch besser schützen zu können, benötigen wir viel, viel mehr Daten.«

Kurzerhand bringt uns Lea dazu, wieder in die Neoprenanzüge zu schlüpfen und zurück ins kalte Nass zu springen. Wir tauchen erneut durchs Riff, diesmal aber zu höhergelegenen Gebieten. Wir schnorcheln an den Korallen entlang und füllen dabei die Blätter in unseren Händen aus. Unter Wasser versuche ich, die laminierte Seite zu fokussieren. Wir sollen verschiedene Indikatoren für ein gesundes oder ungesundes Riff zählen und eine Strichliste führen. Clownfische, Haie, Schildkröten oder auch Riesenklammmuscheln sind sehr gute und positive Indikatoren für ein gesundes Riff. Doch es gibt auch einige sichtbare Gefahren.

Lea kommt zu mir geschwommen, holt zusammen mit mir tief Luft und gemeinsam tauchen wir ein paar Meter hinab. Sie zeigt in eine kleine Höhle unter einer Koralle. Ich erkenne einen schwarzen, stacheligen Körper, der sich über eine Steinkoralle legt. Einen Moment lang wird das Ding durch einen Sonnenstrahl rot erleuchtet. Es ist ein Dornenkronenseestern. Auf seinem 40 Zentimeter großen Körper trägt er fünf Zentimeter lange Giftstacheln. Bei Berührung können die Stacheln Übelkeit, Lähmungen und starke Schmerzen hervorrufen. Erschrocken weiche ich zurück und tauche wieder hoch. Zum Glück habe ich bisher das Riff noch kein einziges Mal berührt und das werde ich auch nicht. Aber der Dornenkronenseestern ist nicht nur gefährlich für den Menschen, sondern vor allem für die Korallen. Er frisst ausschließlich Steinkorallen, indem er auf sie klettert, seinen Magen über sie stülpt und Verdauungsenzyme ausstößt. Das dadurch verflüssigte Gewebe nimmt er auf und lässt nur die Kalkskelette der Korallen übrig. Einzeln richten die Tiere keinen großen Schaden an, aber in der Masse sind sie sehr gefürchtet, vergleichbar mit einer Heuschreckenplage. Das Riff hat gegen sie keine Chance, wenn es bereits anderweitig unter Druck steht, zum Beispiel durch Ozeanerhitzung, Überfischung, Überdüngung oder Sedimenteinträge. Inzwischen werden die Dornenkronenseesterne von Taucherpatrouillen händisch entfernt.

Dornenkronenseesterne oder neonfarben leuchtende Korallen müssen als negative Faktoren dokumentiert werden. Ich mache einen Strich auf meiner Liste. Doch ob gut oder schlecht, all diese Beobachtungen tragen dazu bei, ein umfassenderes Verständnis für das Ökosystem zu entwickeln und den Riffschutz zu unterstützen. Zehntausende Menschen kommen an Bord, können an einer solchen Datenerhebung teilnehmen und leisten einen Beitrag. Das ist gelebte Teilnahme, das ist Partizipation, das ist aktive Hoffnung.

Für die Nacht bleiben wir genau an dieser Stelle im Korallenmeer. Geschützt vom Riff, wird der Wellengang abgefedert. Trotz Wind liegt unser Segelboot stabil im Wasser. Sachte werden wir in unseren Kojen in den Schlaf gewiegt, nur ich rolle hellwach von einer Seite zur anderen. Mich verlässt die Geduld. Ich schleiche aus meiner Kabine zum Deck. *Ist Vollmond?,* frage ich mich, als ich in die helle Nacht hinaustrete und mich an den Bug des Bootes setze. *Nein, er ist abnehmend.* Der schwebende Kreis am Firmament ist nicht mehr gänzlich rund. Das kleine Licht am Boot verleiht dem umliegenden Wasser einen mystischen Schein. Es ist friedlich hier.

»Wusstest du, dass Korallen Tiere sind?« André steht plötzlich hinter mir. Ich habe ihn wohl aufgeweckt. Mit leisen Schritten kommt er auf mich zu und setzt sich neben mich. »Danke für den Fun Fact«, sage ich und stoße den Ellbogen in seine Seite. Der Mond lässt Andrés Augen strahlen. »Sie sind Tiere. Und genauso wie Tiere pflanzen sie sich auch fort. Einmal im Jahr entlassen sie gleichzeitig Eizellen und Samen, die sich finden, sich vereinen und an Riffe andocken, damit eine neue Koralle entsteht. Wie große, milchige Wolken schweben sie dann im Wasser und nur der Zufall bestimmt, ob sich die passenden Eizellen mit einem Samen vereinigen, bevor die Strömungen sie forttragen oder sie in Mäulern von Fischen landen.[55] Das passiert drei bis sechs Nächte nach Vollmond im November. Vielleicht sogar gerade jetzt!«

André lehnt sich über den Bootsrand und auch ich schaue in die Tiefen hinab. Das wusste ich tatsächlich nicht. Weder, dass Korallen Tiere sind, noch, dass sie sich auf diese Weise fortpflanzen. Der Mond bestimmt den Zeitpunkt dafür. André nimmt mich in den Arm, zusammen sitzen wir einfach nur da. Während ich in die Dunkelheit starre, kann ich sie fast sehen, diese milchigen Wolken, die sich sanft in den Tiefen bewegen.

The Forever Reef Project – im Zweifel für immer

Nach einigen Tagen auf dem Meer und Unmengen an weiteren Tauchgängen begeben wir uns wieder an Land. Wir sind schon einige Stunden auf festem Untergrund in Cairns, aber ich schwanke immer noch. Ein wenig zirkeln wir durch die Stadt und auf einmal haut mich die volle Wucht der Erinnerungen zurück in meine Vergangenheit. Nach meinem Abitur habe ich, wie ungefähr 80 Prozent meines Jahrgangs, einen klassischen Work-and-Travel-Ausflug nach Australien gemacht. Cairns hat sich für mich als zweites Zuhause entpuppt. Ich schlief in Hostels, fand gute Freund:innen und machte – wie absolut alle Reisenden in ranzigen Hostels – viel Party. Tagsüber arbeitete ich im Housekeeping, abends habe ich mich von meinem Vorgesetzten im Bavarian Beerhouse an der Promenade anbrüllen lassen. Mit einem Lächeln ziehe ich am alten Beerhouse vorbei, das heute ein Smoothie-Laden ist.

Damals hätte ich vermutlich niemals erwartet, noch einmal nach Cairns zu kommen. Und dann noch als Klimajournalistin. Rückblickend ist es manchmal absolut unglaublich, wo die Reise des Lebens dich hinführt. Ich habe ich mich vor acht Jahren zwar auch um den Zustand der Welt gekümmert, aber denke ich an die damalige Louisa zurück, dann hatte sie eigentlich schon aufgegeben. Ich war eher dem YOLO-Lifestyle[56] verfallen und hörte »Hurra die Welt geht unter« von K.I.Z. Erst mit Fridays for Future, die 2018 anfingen, auf die Straße zu gehen, habe ich nach meiner Rückkehr einen Ort gefunden, wo ich mit meinen Ängsten und Zweifeln gehört und verstanden wurde. Es war eine absolute Kehrtwende für mich. Vielleicht war das mein persönlicher Kipppunkt, von dem ich nie wieder zurückkommen werde.

Heute besuchen wir ein ganz besonderes Projekt. Denn auch, wenn es gerade scheint, als wären die Riffe vergänglich, arbeiten Menschen stetig daran, dieses Wunder in unseren Weltmeeren zu erhalten. Wir betreten das Cairns Aquarium durch die Hintertür. Es zischt, riecht und klackert metallisch, als wir eine gigantische Halle betreten. Wir laufen vorbei an riesigen Tanks, manchmal sind sie offen, manchmal geschlossen, doch wir beachten sie nicht. Wir treffen Paul Myers, der uns schnurstracks ans hintere Ende der Halle führt. Paul ist einer der Projektleiter und arbeitet seit über fünfzehn Jahren mit dem Riff. Er begann im Tourismus als Tauchlehrer und Skipper, jetzt ist er seit mehreren Jahren in gemeinnützigen Organisationen aktiv, um das Riff zu schützen. Wir stehen vor einem Metallraum, der wie ein gigantischer Tresor wirkt. Doch als Paul die Tür für uns öffnet, betreten wir das vielleicht ungewöhnlichste Kinderzimmer, das ich jemals gesehen habe. Es ist dunkel und alles nur in ein Schwarzlicht getaucht. Drei große, mit Wasser befüllte Becken stehen wie Krippen im Raum. Das Wasser reflektiert an den Wänden und lässt die große Aufschrift »The Forever Reef Project« aufstrahlen.

Ich folge Paul, während wir zwischen den Becken entlanggehen. Vorsichtig beuge ich mich etwas vor und erkenne die buntesten Fragmente kleiner Korallen. »Das sind unsere Babys. Wir vom Forever Reef Project wissen, wie kritisch es um die Korallenriffe steht. Aber anstatt tatenlos zuzuschauen, packen wir an und wollen das Riff für immer bewahren. Ihr seht hier über 390 Korallenproben, die händisch vom Great Barrier Reef entfernt wurden. Wir testen ihre DNA, versehen sie mit Mikrochips und lassen sie in unserer hochmodernen Gärtnerei florieren. Wir sind sozusagen die weltweit erste Biobank für lebende Korallen.« Ich trete näher an die Becken heran und betrachte die Babys, die ordentlich an Metallplatten befestigt sind. Wie winzige, im Blaulicht fluoreszierende Neugeborene liegen sie hier, manche mit zartrosa Haarbüscheln im Wind, andere wie Tintenfischtentakel getaucht in Rote-Bete-Soße.

»Oh, die bekriegen sich ein wenig«, sagt Paul und zeigt auf eine Koralle, deren Tentakel gefährlich nah zu ihrer Nachbarin ausschnellt. Er desinfiziert sich die Hände und schiebt die zwei Babys weiter auseinander. »Auch hier streiten sie sich manchmal um ihr Territorium. Wir müssen ein wenig ausprobieren, wer mit wem am besten klarkommt und wie sie am besten wachsen.« Ich schaue wieder auf die Kleinen nieder. Es verblüfft mich, wie die Natur durch Technologie rekonstruiert wird.

»Wir bauen die Umgebung so, dass alles einen normalen Tagesablauf nachahmt. Sanft geschaukelt von einer Wellenmaschine, werden die Korallen regelmäßig von ihren fischigen Freunden gereinigt und von Lichtern umgeben, die den Sonnenaufgang, den Sonnenuntergang und die Wolkendecke über dem Great Barrier Reef imitieren.« Wind, Wolken, Sonne, Mond. All das sind Komponenten, die die Korallen beeinflussen.

Paul Myers fährt fort: »Wir haben uns zum Ziel gesetzt, alle 415 Hartkorallenarten des Great Barrier Reef zu schützen.« Er grinst und ist sichtlich stolz auf das, was hier geschaffen wurde. »Später sollen Weichkorallen und Korallen aus anderen Gegenden der Welt hinzukommen, zum Beispiel von Kaltwasserkorallenriffen.« Ich denke an das letzte Kaltwasserkorallenriff, an dem wir waren – im Senegal –, und wie dort vor allem eine Gasplattform die Riffe gefährdet. Während ich an den kleinen Krippen entlanggehe, erinnere ich mich an den Samentresor, der in einem schneebedeckten Berg im norwegischen Spitzbergen-Archipel versteckt ist. Er ist ein Aufbewahrungsort für Millionen wichtiger Samen aus der ganzen Welt. Genauso wird die australische Biobank die wertvollen Korallen schützen und sie können bei Bedarf wieder auf das Riff gepflanzt werden. Ohne unter Wasser selbst gegen die Meeresströmungen anzukämpfen oder mich stabil im Wasser halten zu müssen, kann ich hier erstmals in aller Ruhe detailliert erkennen, wie sich die Korallen bewegen, wie sie ihr wunderbares Eigenleben haben.

Paul steht neben mir und legt den Kopf schief. »Unser Projekt ist nicht die Lösung, aber es trägt eine enorme Verantwortung für den Ernstfall. Verlieren wir das Riff, gibt es kein Zurück. Also bewahren wir es. Für immer.« Er begleitet uns wieder nach draußen. Auf dem Weg erklärt Paul uns, dass die gesamte Korallenarche in Port Douglas untergebracht werden soll, während entlang der Küste von Queensland kleinere Biobanken von indigenen Gruppen betrieben werden.

Die Indigenous Rangers spielen eine herausragende Rolle dabei. Sie werden als die traditionellen Eigentümer:innen des Riffs anerkannt, denn vor über 7000 Jahren lebten die Aborigines und das indigene Volk der Torres-Strait-Insulaner:innen auf dem Gebiet, das heute der Meeresboden des Riffs ist. Etwa siebzig aboriginale Eigentümergruppen verfügen durch die Überlieferung ihrer Gemeinschaft über das nötige Wissen, um die Riffe zu schützen. Doch ihre Kultur und ihr Leben sind bedroht. Die Torres-Strait-Insulaner:innen stehen im Auge des Sturms der Klimakrise. Sie leben auf dem schmalen Grat zwischen Land und Meer, wo Springfluten immer häufiger ihre Häuser überschwemmen, das Wasser immer weiter steigt und sich die Erosion in die Küstenlinien frisst, die seit Generationen ihr Zuhause sind. Auch die Korallenbleiche betrifft sie intensiv, denn es sind die Riffe, die sie seit Jahrtausenden kennen, von denen sie leben und die ihr Land schützen. Aber trotz ihrer Hilferufe hat die australische Regierung die Indigenen lange ignoriert. Es ist, als säßen sie auf einem sinkenden Schiff und die Regierung weigerte sich, ihnen Rettungsringe zuzuwerfen.

Aus ihrer Not ist die machtvolle Kampagne »Our Islands Our Home« entstanden. Sie startete 2019, als acht Kläger aus Zenadh Kes, bekannt als die #TorresStrait8, eine Beschwerde gegen die australische Regierung beim Menschenrechtsausschuss der Vereinten Nationen einreichten, weil die Regierung nichts gegen den Klimawandel unternimmt. Am 23. September 2022 schrieben die Torres Strait 8 Geschichte, als der Ausschuss der Vereinten Nationen entschied, dass die australische Regierung ihre Menschenrechtspflichten gegenüber den Torres-Strait-Insulaner:innen verletzt, indem sie nichts gegen den Klimawandel tut. Jetzt gewinnt die Kampagne landesweite Unterstützung und fordert die Regierung auf, komplett auf erneuerbare Energien umzusteigen und Anpassungs- und Unterstützungsprogramme zu finanzieren, um Zenadh Kes vor weiteren Klimaschäden zu schützen. Was als Beschwerde bei den Vereinten Nationen begann, hat sich zu einer mächtigen Klimagerechtigkeitsbewegung unter der Führung der Torres-Strait-Insulaner:innen entwickelt. Doch nicht nur das. Die indigenen Völker Australiens wissen nicht nur, wie man die Meere schützt, sondern auch das Outback.

Rote Erde – die Wangan und Jagalingou

Es ist heiß auf den australischen Highways, der Asphalt flimmert, Staub wirbelt auf. Wir sind mitten im Outback, fernab von Städten und Handy-Signal. Mit dem Rauschen des Ozeans im Ohr machen wir uns auf eine letzte Reise in den australischen Busch. Cairns verliert sich hinter uns als winziger Punkt am Horizont, während die Erde um uns herum immer rötlicher wird. Auch wenn Wasserwelt und Wüste augenscheinlich unterschiedlicher nicht sein könnten, verbindet sie dennoch eine gemeinsame Gefahr.

Wir fahren den ganzen Tag und erreichen in den orangen Abendstunden unser Ziel. Nick bremst den Wagen leicht ab, doch wir erkennen neben der Straße nur einen kleinen aufgetürmten Wall aus Erde, der uns den Blick auf das größte Loch des Kontinents verwehrt: die Carmichael-Kohlemine. Wir stehen direkt neben der größten geplanten Kohlemine Ozeaniens und einer der größten Minen der Welt. Sie wird betrieben vom indischen Kohlekonzern Adani. Ich sehe sie zwar nicht, aber ich höre die gigantischen Kohlebagger. Sie brummen wie Raubtiere, die sich Stück für Stück mehr in die Umgebung hineinfressen.

Spottend sage ich zu Markus: »Ich bin ein wenig enttäuscht. In Deutschland inszeniert der Kohlegigant RWE seine Arbeit deutlich attraktiver: Mit Sonnenstühlen und Informationstafeln kann man den Tagebau Hambach genießen oder man spaziert über eine kleine eiserne Brücke, Skywalk genannt, über die Bruchkante des Tagebaus Jackerath.«[57] Nick lacht. »Stimmt, in Deutschland wird immerhin dafür gesorgt, dass man mal so richtig schön die Seele baumeln lassen kann, während man in Abgründe blickt.«

In Australien hat man sich diese Mühe nicht gemacht, so fernab der Städte. Hier zeigt sich das Baggern nach fossilen Brennstoffen noch ungeschönt als das, was es ist: die Zerstörung unserer Lebensgrundlage.

Ob Sonnenstühle oder nicht, die Drohne von Markus zeigt uns wieder einmal mehr. Sie fliegt über ein Meer aus brauner, oranger und schwarzer Erde direkt in eine Wolke aus aufgewirbeltem Kohlestaub hinein. Nun sehe ich die riesigen Bagger und Berge aus schwarzem Gold, Hunderte Meter tief in den Boden gegraben. Mir fällt das Atmen schwer. Ich höre das Schürfen der Bagger im Boden, das Piepen des Rückwärtsgangs und die Aufschläge des Gesteins in metallischen

Laderäumen. Ich schließe die Augen und lasse meinen Kopf in den Nacken fallen. Meine Gedanken schreien: *Wie zur Hölle soll das gestoppt werden?!*

»Waddamuli!« Ein Singsang dringt zu meinem Ohr. Bilde ich mir das ein? Mit einer Hand schirme ich meine Augen ab und blinzele zur gegenüberliegenden Straßenseite. »Waddamuli, Freunde! Kommt rüber, hier sind wir!« Diese dunkle Stimme kenne ich. Es ist Coedie, der auf einem Hügel zu uns herüberwinkt. Aus der Ferne erkenne ich nur seine schwarze Silhouette. Wir gehen auf ihn zu und passieren ein handgemaltes Schild mit der Aufschrift »Waddananggu«. Als ich nah genug vor dem Hügel stehe, fällt mir die Kinnlade herunter. Ich mustere Coedies Gestalt. Wenn man miteinander telefoniert, aber sich vorher nie gesehen hat, hat man ja immer ein bestimmtes Bild der Person vor Augen. Coedie hat eine angenehme Stimme, die mir das Bild eines Fernsehmoderators mit Krawatte und Anzug vor Augen rief. Mit meinem Bild von ihm hätte ich nicht mehr danebenliegen können. Er trägt schwarze, verstaubte Shorts, auf seiner muskulösen Brust prangt ein riesiger tätowierter Adler. Ein dichter Bart bedeckt sein Kinn und in sein langes, verzotteltes Haar ist eine große Feder hineingeflochten. Mit kastanienbraunen Augen und dem wohl breitesten Lächeln, das ich jemals gesehen habe, steht er vor uns. Das war nur die erste von vielen weiteren Überraschungen.

Coedie streckt mir die Hand entgegen. »Waddamuli!«, säuselt er wieder. »Das heißt in unserer Sprache Wirdi ›Hallo‹.[58] Ich bin Coedie McAvoy, mein indigener Name ist Gurridyula. Aber nennt mich einfach Coedie! Habt ihr gut hergefunden? Ihr wärt nicht das erste Filmteam, das sich hier verfahren hat. Manche tun sich mit dem weiten Weg echt schwer.«

Wir steigen zu ihm auf den Hügel hinauf. Oben angekommen, sehe ich mich um. Wir befinden uns auf einer Art zweitem Wall, einer Festung gegenüber einer Festung. Neben uns steht ein großer offener Pavillon, dahinter ein riesiges Tipi-Zelt. Zu unseren Füßen liegt ein kleiner Steinkreis, mit einem Berg aus Asche in seiner Mitte, worauf ein abgeschnittener Baumstamm thront. Ich möchte gerade einen Schritt nach vorn machen, als mich Coedie zurückhält. Ernst sagt er zu mir: »Bevor ich euch offiziell willkommen heißen kann, müssen wir euch einweihen.« Er weist nach unten. »Nicht hier hineintreten. Das ist unser Bora-Ring, unser Heiligtum. Hier darf nichts hinein, was nicht direkt von der Natur stammt. Trägst du ein Handy bei dir?«

Ich schaue ihn verblüfft an, folge aber seinen Anweisungen, ohne zu zögern. Mein Handy, meine kleinen Mikrofone, die ich immer für Interviews bei mir trage, und meine Ohrringe lege ich ab. Auch meine Schuhe soll ich ausziehen und dann in den Steinkreis treten. Unter dem Holzstamm in der Mitte züngelt ein kleines Feuer. Eine Windböe fährt mir kühlend durchs Haar und wirbelt ein paar Funken auf. Ich schaudere unwillkürlich, als Coedie mit der Zeremonie beginnt.

Auf einmal höre ich nichts außer dem Rascheln von Blättern und Wind. Coedie beugt sich vor mir nieder und zeichnet mit seiner flachen Hand eine Schlange in die rote Erde. Sein Handabdruck bildet den Schlangenkopf. Ich stelle mich auf die Schlange. Jetzt hält er ein Büschel aus Eukalyptuszweigen ins Feuer und lässt die Enden leicht abbrennen. Der Duft des Öls liegt in der Luft, während er die glimmenden Zweige einmal abschüttelt, sodass sie nur noch etwas rauchen. Mit dem glimmenden Busch kommt er auf mich zu und streckt ihn vor mir aus. Erst denke ich, dass er mich damit verbrennen wird. Ich habe den Drang zurückzuweichen, doch ich widerstehe dem Reflex. Stockstarr und mit zusammengekniffenen Augen harre ich aus, als er mir mit den Eukalyptuszweigen über beide Flanken meines Körpers fährt. Er verbrennt mich nicht. Dabei murmelt er etwas Unverständliches. Zweimal streicht er mit dem Busch über den Boden und wirbelt zwei große Staubwolken auf. Die Zeremonie ist beendet.

Ich trete vor und bade meinen ganzen Körper im Rauch des kleinen Feuers vor mir. »So verlassen dich auch all die schlechten Geister der Stadt. Sie haften an dir.« Ich lege die Stirn in Falten und blicke zu Coedie, der mit einer spöttischen Kinnbewegung zur anderen Straßenseite weist. »Und befreit uns von den schlechten Geistern nebenan.« Er legt beide Hände auf meine Schultern, sieht tief in meine Augen und spricht feierlich: »Willkommen in Waddananggu, unserem Platz der Hoffnung!«

Stopp Adani – David gegen Goliath

Nick, Markus und André durchlaufen das gleiche Verfahren. Als wir alle neben dem Feuer in einer Reihe stehen, strahlt Coedie über beide Ohren. »Ich freue mich, euch hier begrüßen zu dürfen! Wir, die Wangan und Jagalingou, sind ein indigenes Volk, ihr würdet vermutlich Aborigines sagen. Seit Jahrtausenden leben wir auf diesem Land im Galilee Basin.[59] Doch dann kam der da.« Er weist zur Kohlemine gegenüber. »Seit der Kerl hier sein Unwesen treibt, ist nichts, wie es mal war. Er verstößt gegen unsere Landrechte. Wir haben nie unsere freie, vorherige und informierte Zustimmung zur Mine gegeben.«

Jetzt kommt plötzlich Sunny aus dem Zelt neben uns. Sie ist eine schlanke, blonde Frau, doch bereits genauso von Staub bedeckt, wie wir es in wenigen Tagen sein werden. Knapp stellt sie sich vor, sie ist die Freundin von Coedie und nach einem Einsatz mit einer Umweltorganisation haben sich die beiden verliebt und sie ist hiergeblieben. Die Daten zu Adani hat sie alle im Kopf: »Die Carmichael-Kohlemine ist wahrscheinlich das umstrittenste Projekt in der Geschichte Australiens. Das Kohleprojekt hat die Genehmigung, neunzig Jahre lang bis zu sechzig Millionen Tonnen Kohle pro Jahr zu fördern. Die Emissionen sind gewaltig. Die von Adani geförderte Kohle soll über 189 Kilometer per Zug zum Kohlehafen Abbot Point gebracht und von dort nach Indien verschifft werden. Abbot Point liegt neben dem Great Barrier Reef. Das würde dadurch geschädigt werden.«[60] Ich halte inne. Da ist die Verbindung zum Great Barrier Reef. Jedes Jahr fahren Hunderte weitere Kohleschiffe durch das Korallenriff. Wenn die Kohle in Indien ankommt, wird sie verbrannt und die Emissionen beschleunigen die Erhitzung der Meere und das Absterben der Riffe. Auch diese Mine bringt den Kipppunkt der Korallenriffe immer näher. Coedie kneift die Augen zusammen.

»Wir stellen uns Adani in den Weg. Dieser Mann wird nicht weiter unser Land abbaggern lassen«, raunt er mit noch dunklerer Stimme und schaut angestrengt zu seinem Nachbarn hinüber. Ich mustere Coedie und Sunny. Hier stehen sie – zwei Menschen, die einen Kohlegiganten stoppen wollen. David gegen Goliath.

Zögerlich setze ich an: »Aber wie wollt ihr es schaffen, Adani aufzuhalten?« »Wir *wollen* nicht nur, wir tun es bereits«, lacht Coedie. »Du stehst direkt neben unserer Waffe.« Ich mustere erstaunt den Bora-Ring mit dem kleinen Holzklotz in der Mitte. Winzige Flammen züngeln unter ihm. Vom Steinring blicke ich wieder zu Coedie. Seine Augen strahlen. Im Schneidersitz setzt er sich auf den Boden. Wir tun es ihm gleich und hocken uns alle um das kleine Feuer herum. Er holt tief Luft: »Im August 2019 erhielt Adani von der Regierung von Queensland das Eigentumsrecht am Carmichael-Minengelände, ohne uns, die Völker der Wangan und Jagalingou, überhaupt einzubeziehen oder zu fragen. Plötzlich erloschen unsere ursprünglichen Rechte und Besitzansprüche auf unser eigenes Land. Unser eigenes Land! Hier sind wir, seit Tausenden von Jahren, Hüter unseres Landes, und plötzlich gehört es uns nicht mehr. Davon waren nicht nur wir, sondern viele indigene Völker betroffen, darunter die Juru, Jaang oder Birrah.« Ich denke nach. Die Gemeinschaften der First Nations und die indigenen Völker stehen immerzu an vorderster Front, egal, wo. Sei es am Rande der Rodungen im Amazonas-Regenwald, an der Abbruchkante der Teersandindustrie in Alberta oder hier, Auge um Auge, an der Front zu Adani. Ich stelle mir vor, wie jemand an meine Haustür klopft und sagt, dass ich mein Haus und Grundstück verlassen soll, weil es plötzlich nicht mehr mir gehört. Absurd!

»Doch dann haben wir gehandelt. Aber auf unsere Weise. Unsere Zeremonie, die wir eben vollführt haben, wird auch The Talking genannt. Sie ist Teil unseres Protests gegen Adani und gehört zu einem langen Kampf. Wir haben den Bora-Ring aus Stein als Zeremonienplatz errichtet und beanspruchen als Volk der Wangan und Jagalingou unser Menschenrecht auf Ausübung unserer Kultur. Dieses Menschenrecht ist verankert in der UN-Menschenrechtskonvention. Doch die Polizei hat unsere Zeremonien immer wieder gestört und uns vertrieben. Einmal kamen französische Journalist:innen zu uns, die unter Gewaltanwendung festgenommen wurden. Ihnen wurde verboten, über die Mine zu berichten und über das, was mit uns passiert. Es gab einen landesweiten Aufschrei, denn offensichtlich wurde die Pressefreiheit eingeschränkt. Man wollte uns unsichtbar machen.«[61]

Sunny greift nach Coedies Hand. Stirn an Stirn sitzen sie da und ich frage mich, wie sich die beiden wohl kennengelernt haben. Während sie sich ansehen, scheint ein Lächeln von Sunnys Gesicht auf Coedie überzuspringen. »Doch wir haben nicht aufgegeben!«, sagt er erst leise und dreht sich dann zu uns. »Unser Vertreter Adrian Burragubba reichte eine Beschwerde bei der Menschenrechtskommission von Queensland ein, nachdem die Polizei im August 2020 wieder ein zeremonielles Lager von uns aufgelöst hatte. Monatelang standen wir vor Gericht und haben gekämpft, bis 2021 etwas Unglaubliches passierte!«[62] Er reißt die Augenbrauen in die Höhe, als könnte er es selbst immer noch nicht fassen. »Die Polizei musste sich bei uns entschuldigen! Eine ›Erklärung des Bedauerns‹! Sie haben uns tatsächlich einen Brief geschrieben und weigerten sich, einer weiteren Beschwerde von Adani nachzukommen!«

Während sich Coedie immer noch ungläubig den Kopf reibt, ergänzt Sunny: »Damit ist Burragubba vermutlich der erste Ureinwohner, der seit der Verabschiedung des Queensland Human Rights Act eine öffentliche Entschuldigung von einer staatlichen Behörde erhalten hat.« Als hätte sich jedes Wort in ihren Kopf einzeln eingefressen, zitiert sie: »Abschnitt 28 des Queensland Human Rights Acts erkennt an, dass die Aborigines und die Torres-Strait-Insulaner als Ureinwohner Australiens besondere kulturelle Rechte haben: ›Ihnen darf nicht das Recht verwehrt werden, gemeinsam mit anderen Mitgliedern ihrer Gemeinschaft ein Leben als Aborigine oder Torres-Strait-Insulaner zu führen, die ihre Kultur frei ausüben können.‹

Bevor ich Coedie getroffen habe, habe ich bei der Umweltorganisation Mackay Conservation Group gearbeitet und mich detailliert mit Adani und den rechtlichen Grundlagen auseinandergesetzt. Der neue Respekt, den die Polizei von Queensland den kulturellen Rechten der Indigenen entgegenbringt, wird den Wangan und Jagalingou ihre angestammten Landrechte nicht zurückgeben. Auch die Adani-Mine wird dadurch nicht vollständig gestoppt. Es bedeutet aber, dass die Wangan und Jagalingou ihre Kultur weiter ausüben können, wie sie es seit Tausenden von Jahren tun, anstatt wie Eindringlinge auf ihrem eigenen Land behandelt zu werden. Und auf dieser Grundlage kann aufgebaut werden! Die Veränderung im Verhalten der Polizei könnte das Ende ihrer Beteiligung an der Vertreibung der First Nations von ihrem Land in Queensland bedeuten. Auch andere staatliche Behörden werden jetzt gezwungen sein, die kulturellen Rechte der First Nations zu respektieren. Das ist ein wichtiger Schritt auf dem Weg zur Anerkennung der kulturellen Rechte der First Nations in ganz Australien.«[63]

Coedie nickt und steht auf. Mit einer unerschütterlichen Ruhe in seiner Stimme sagt er: »Und setzen wir unsere kulturellen Rechte geschickt ein, dann schützen wir damit gleichzeitig das Land, auf dem die Zeremonien stattfinden. Was wir hier tun, ist ein Exempel für das ganze Land. Es ist für uns alle eine Gelegenheit, respektvoll Zeuge einer bedeutenden Versöhnung zu werden, darüber zu sprechen und daraus zu lernen.«

Langsam geht er den Steinring ab. »Diesen Bora-Ring haben wir am 26. August 2021 errichtet. Seitdem brennt das Feuer und es befindet sich immer mindestens eine Person der Wangan und Jagalingou innerhalb des Bora-Rings und sorgt dafür, dass das heilige Feuer nicht erlischt. Es brennt seit über 850 Tagen und darf nicht verlöschen. Solange das Feuer lodert, wissen wir, dass zumindest dieser Teil unseres Landes geschützt wird.«

Eine Windböe bläst Sauerstoff in die Flammen und lässt sie auflodern. Es ist beeindruckend, dass dieses Feuer bei Wind und Wetter,

Sonne und Regen, Tag und Nacht am Leben gehalten wird. In der untergehenden Sonne leuchtet es jetzt noch heller. Ich lächele. *Dieses Feuer bringt Gautam Adani, einen Mann, der unter den Top 20 der reichsten Menschen des Planeten ist, zur Weißglut. David gegen Goliath. Und David wird wieder gewinnen.*

Der Widerstand von Waddananggu

Wir übernachten mitten im Busch. Nur zehn Minuten von der Kohlemine entfernt liegt das Protestcamp von Waddananggu. Es ist kurz nach Sonnenaufgang und wir haben unsere Zeltwand offen gelassen, damit uns der Wind am Abend abkühlen kann. Jetzt erhitzen die ersten Sonnenstrahlen des Tages meinen Schlafsack, als läge ich im Backofen mit Umluft. Müde und verschwitzt winde ich mich aus dem Zelt. Nick, Markus und André sitzen bereits beim Frühstück. Ich verdrehe die Augen. *Wie machen die das immer?!*

Während ich mich strecke, kommt ein junger Mann mit schwarzem Cowboyhut auf mich zu. »Hey, fella! Gut geschlafen?« Es ist Nathan Baira, ein direkter Nachfahre der Wangan und Jagalingou. Er verschränkt die Arme hinter seinem Nacken und seine Armmuskeln treten hervor. Nathan ist Ex-Profiboxer und erinnert mich von seiner Art her an den Hauptcharakter von *Django Unchained*. Nur noch viel lässiger. »Habt ihr unserem freundlichen Nachbarn gestern schon Hallo gesagt?«, witzelt er. Ich grinse und lasse jetzt zum ersten Mal meinen Blick durch das Camp schweifen. Gestern kamen wir mitten in der Nacht an, da habe ich nichts erkennen können. Jetzt sehe ich, dass vor mir ein Mini-Trailerpark liegt. Mehrere Wohnwagen stehen vereinzelt herum, es gibt einen Gemeinschaftsgarten und eine offene Küche, ein großes Gemeinschaftszelt steht in der Mitte und am Rande liegt ein winziger See. In einem kleinen Solarpark sind überall Solarpaneele auf dem Boden ausgebreitet, die das gesamte Camp mit ausreichend Strom versorgen.

Alles erinnert mich an das Protestcamp im deutschen Lützerath, das Protestcamp an der Kohlemine Garzweiler. Damit das Dorf nicht abgebaggert wird, wurde es besetzt und kurzerhand haben Aktivist:innen daraus eine kleine Traumwelt erschaffen. Wunderschöne, gut konstruierte Baumhäuser sprenkelten die Baumwipfel, die Gemeinschaftsküchen verströmten den ganzen Tag die feinsten Düfte, Aktivist:innen von überall bauten, hämmerten und sägten ihre eigene Utopie zurecht. Es war ein wahnsinnig hoffungsvoller Ort, wo Menschen sich gegenseitig mit einer Euphorie der Zuversicht mitrissen. Dieses Gefühl versprüht auch Waddananggu.

»Hier leben ganzjährig immer an die fünfzehn Menschen. Wir planen gemeinsam, mobilisieren und organisieren unsere Arbeit«, erklärt Nathan. »Unser Protestcamp ist aber nur ein kleiner Teil der nationalen Stopp-Adani-Bewegung. Mehr als zwei Millionen Menschen in 125 lokalen Untergruppen sind aktiv. Wir sind eine der größten Kampagnen in der australischen Geschichte. Erst vor Kurzem haben wir eine große Aktion gemacht und sind mit Fahrrädern um die Kohlemine gefahren. Zwar sind nur fünfzehn Leute physisch hier, aber wir repräsentieren Millionen Menschen, die im ganzen Land an unserer Seite stehen und mit uns kämpfen.«

Zufrieden bedeutet er mir, ihm zu folgen. In wenigen Sekunden sind wir umgeben von einem Dickicht aus Eukalyptusbäumen und Akazien, durch die aufgeregt ein paar Kängurus und kleine Wallabys hüpfen. Nur kurz bleiben wir stehen, als die Augen von Nathan, genau wie die eines Luchses, in meterweiter Entfernung einen Koalabären am Baum ausmachen. Ich hätte ihn niemals gesehen. Irgendetwas ist anders in diesem Abschnitt des Waldes, denn schon nach wenigen weiteren Schritten zeigt sich plötzlich wieder ein Tier. Nicht weit neben uns liegt ein Sandwaran – eine zwei Meter große Echse. Ich erstarre, während sie ihre gespaltene Zunge auf uns zuschnellen lässt. Der Waran nähert sich uns. Nathan stellt sich schützend neben mich und wir gehen langsam, Schritt für Schritt, zurück. Ab sofort weiche ich nicht mehr von seiner Seite.

Nathan murmelt: »Immer wenn ich hier in meinem Country bin, spüre ich die Geister der Alten. Das ist ein Gefühl, das nur ein Murri und ein Blackfulla verstehen können. Hier bin ich verbunden und spüre meine Vorfahren.« Murris und Blackfullas sind indigene Nachfahren. *Kann vielleicht auch ich die Geister spüren?* Im Regenwald bei den Yanomami kam ich dem auf jeden Fall sehr nahe, irgendetwas habe ich definitiv gespürt.

Nach einer Weile tut sich vor uns eine kleine Lichtung auf. An meine Ohren dringt ein sanftes Plätschern. Nathan geht zu einem Felsen, der scheinbar einsam und verloren zwischen Dornensträuchern im Busch liegt. Als wir uns ihm nähern, erkenne ich, dass hinter ihm eine Wasserquelle liegt – eine Oase in der Wüste.

»Das sind unsere Doongmabulla-Quellen. Sie sind nicht nur heilig, sondern auch ein einzigartiges Ökosystem. Diese Quellen speisen sich aus einer jahrhundertealten Süßwasserquelle, deren genaue Herkunft noch unbekannt ist. Die Doongmabulla Springs sind seit Urzeiten aktiv und gehören zu den bedeutendsten Quellsystemen in Queensland und möglicherweise in ganz Australien. Es gibt sogar eine endemische Wachspalme, die nur in diesem Gebiet wächst und sonst nirgendwo auf der Welt vorkommt. Adani aber plant, Milliarden Liter Grundwasser für die Carmichael-Mine zu fördern, und unsere Wüstenoase könnte austrocknen. Ein laufendes Forschungsprojekt soll das empfindliche Gleichgewicht des Wasserflusses in den Doongmabulla Springs weiter untersuchen. Aber während die Untersuchungen noch laufen, gräbt Adani ungehindert weiter.«[64]

Nathan beugt sich über den Felsen und schaut ins Wasser. Sein Spiegelbild blickt betrübt zurück. »Wir glauben, dass Mundangarra, die Regenbogenschlange, hier wohnt. Es ist ihre letzte Ruhestätte. Sie schläft in den Gründen von Doongmabulla. Mundangarra ist ebenso heilig. Sie formte die Berge und Flüsse, sie schuf unsere Tiere und Ökosysteme. Die Quelle ist ihr Eingang zur Unterwelt.«[65] Er sieht wieder ins Wasser und lässt langsam seine Finger hineingleiten. Sacht berührt er einmal die Mitte seines Selbst, als sich sein Spiegelbild in kleine Wellen auflöst.

You ain't killing my vibe

Als Nathan und ich zurück zum Camp wandern, hören wir schon aus der Ferne die dumpfen Basswellen. Das Brummen eines Didgeridoos durchdringt meinen Körper. Woher kommt die Musik? Instinktiv folge ich den Schallwellen und stoße auf einen winzigen Wohnwagen. Darin kann maximal eine Person schlafen – oder auch nicht, denn er wird für etwas ganz anderes genutzt. André, Nick und Markus stehen wie gebannt daneben und filmen das Innenleben des Wagens. Sie bemerken mich erst, als ich direkt hinter ihnen stehe. Markus reißt die Augen auf und lacht laut: »Louisa, das musst du dir ansehen! Die Typen sind unglaublich.« Er tritt zur Seite und gewährt mir einen Blick ins Innere. Es ist so merkwürdig, dass ich nicht weiß, was ich sagen soll. *Na klar*, denke ich und rolle die Augen, *das hat hier mitten im Busch noch gefehlt: ein Rap-Studio.*

Coedie sitzt in einem Mini-Van, voll ausgestattet mit Schalldämmung, Akustikpaneelen, ein ganzes Audio-Interface mit Mikros und dicken Pop-Filtern. Alles ist bedeckt mit einer leichten Staubschicht aus der Wüste. Aber es scheint sehr gut zu funktionieren, denn Coedie setzt das Didgeridoo ab und mixt es mit einem Bass-Beat. Plötzlich beginnt er zu rappen wie ein junger Eminem. Vor meinem inneren Auge werde ich in einen Underground Club in Detroit versetzt, ich sehe Coedie, wie er auf der Bühne freestylt, es ist stickig, alle sind verschwitzt, die Menge wippt mit den Köpfen im Takt. Die Leute heben die Hände hoch – der Beat stoppt und ich bemerke, dass ich statt in Detroit immer noch mitten im australischen Busch stehe. Erst jetzt scheint uns Coedie zu bemerken.

»Hey fellas, welcome to my bush studio!« Mit geducktem Kopf krieche ich zu ihm in den Van, Markus kommt mit, während André und Nick lieber weiterhin von außen beobachten. Für mehr Menschen wäre ohnehin kein Platz mehr. Markus und ich sitzen wie zwei Groupies vor Coedie, das große »Warum?« steht uns auf die Stirn geschrieben. Coedie liest uns die Fragen vom Gesicht ab.

»Wir sind hier fernab der Großstädte, so weit weg von den Menschen. Wie soll man wissen, was wir hier tun und wofür wir hier kämpfen? Warum wir überhaupt hier sind und was es mit jeder einzelnen Person auf diesem Planeten zu tun hat? Ey, wir kämpfen für Klimagerechtigkeit und das geht uns alle an. Also verpacke ich meine Messages in Texte und streue meine Musik überall. Spotify, Soundcloud, YouTube, whatever.« Er zückt sein Handy und zeigt uns seine Channel. Unter seinem indigenen Namen Gurridyula findet man ihn fast auf jeder Plattform. »Aber vor allem mache ich Musik, damit endlich eine Person unsere Message versteht: Adani. Wollt ihr mal hören, was wir für ihn aufgenommen haben?« Als wir seinen Song hören, entschließen wir uns kurzerhand dazu, ihm ein kleines Musikvideo zu drehen.

Abends stehen wir bereit und voll bewaffnet mit Kameraequipment wieder am Bora-Ring. Als Nathan und Coedie angefahren kommen und aussteigen, kann ich es kaum glauben. Sie sind überall mit weißem Lehm bemalt, dicke Striche ziehen sich quer durch ihre Gesichter, über ihre Arme, Beine und Oberkörper. Was mich vollkommen aus dem Konzept bringt, sind die dicken Gucci-Brillen, die auf ihren Nasen sitzen. Ihre Zähne blitzen, während sie mit einem selbstbewussten Lächeln zu uns spazieren.

»Der Ocker ist eine jahrhundertealte Tradition von uns«, beginnt Coedie. »Die Gucci-Brillen aber tragen wir aus Joke. Wenn wir es mit einem der reichsten Menschen des Planeten aufnehmen wollen, müssen wir uns ja als ebenbürtig erweisen, nicht?«, scherzt Nathan. Beide brechen in ein brüllendes Gelächter aus. Ich schüttele ungläubig den Kopf und lache mit. *Was zur Hölle passiert hier? Lehm und Federschmuck zu Rap-Musik und Gucci-Brillen?!*

Ehe ich diesen Kulturclash verkraften kann, stellen wir uns auch schon für die Szene auf. Wir gehen zur Straße, die genau an Adanis Kohlemine entlangführt. Für den Musikdreh wurden die Gucci-Sonnenbrillen dann doch abgelegt, die Männer wollen Adani lieber direkt ins Auge blicken. André ruft: »Und drei, zwei« – auf die Eins rappt Coedie seine Botschaft an Adani:

»Now it's do or die
We're both humans and I'm assuming you wanna continue resuming life
You gotta choose a side
Keep walking in that fucking direction, do nothing stupid, right?
You're just filling in time like it was new years
Through tears, I made the climb and it was ruthless
Proved it, I was a child when I assumed this
Truth is, I ain't killing my vibe, you're too shit
[Chorus]
You ain't killing my vibe, you ain't killing my vibe
You ain't killing my vibe, you ain't killing it
I still got my pride so I'ma decide
If I'ma give time to these big kids
You ain't killing my vibe, you ain't killing my vibe«[66]

Ich höre Coedie zu. *Du wirst mir meinen Vibe nicht nehmen, du wirst mir meine Freude nicht nehmen*, übersetze ich im Kopf. Als er aufhört zu rappen, lachen Nathan und Coedie so sehr, dass sie sich gegenseitig auffangen müssen. Nathan kommen die Tränen, so sehr lacht er. Während ich die beiden beobachte, ziehen sich auch meine Mundwinkel unwillkürlich nach oben. Nach so vielen Jahren des Kämpfens, des Aktivismus, der Polizeigewalt haben sie ihre Freude nie verloren. Seit fast drei Jahren leben und schlafen sie jeden Tag neben einem Nachbarn, der ihnen mit allem, was er hat, den Boden unter den Füßen rauben will. Das ist eine psychische Belastung, die ich mir kaum vorstellen kann. Und trotzdem stehen sie hier vor mir, als wäre es der allererste Tag ihres Protests. Adani zwingt sie nicht in die Knie – und fallen sie doch, dann nur, um sich die vor Lachen schmerzenden Bäuche zu halten.

Dass ich Spaß haben darf und sogar Spaß haben muss in der Klimaarbeit und im Aktivismus, habe ich erst viel zu spät verstanden. Wenn ich mich für Klimagerechtigkeit eingesetzt habe und sah, wie meine Freund:innen überall auf dem Planeten leiden, habe ich mir oft jeglichen Spaß verwehrt. Ich dachte, dass mein Glück ihr Leiden ignorieren würde. Dass es in Anbetracht ihres Unglücks schlichtweg unsolidarisch sei, meine eigene Freude zu zeigen. Doch bald musste ich wohl oder übel erkennen, dass das eine absolut falsche Herangehensweise ist. Um nachhaltig und lange eine erfolgreiche Arbeit, egal, in welchem Lebensbereich, leisten zu können, müssen wir Freude zulassen. Wir müssen erfüllt sein. Ich will mein Leben dazu nutzen, um zu lachen, Liebeserklärungen zu machen, vor Freude zu quietschen, mit ganzer Brust zu singen und dafür zu danken, dass wir heute noch auf dieser Erde sind. Freude betrügt nicht, sondern hält uns bei unserer Arbeit aufrecht. Freude ist keine Ignoranz, sondern eine selbsterhaltende Maßnahme. Und so wird das Glück selbst zu einem Akt der Rebellion. Ich gehe zu Nick, Markus und André und lege ihnen beide Arme um die Schultern. Wir blicken zu Coedie und Nathan, die sich immer noch nicht eingekriegt haben. *You won't ever kill this vibe.* Ihr Lachen schallt laut und erfüllt den Abendhimmel mit Hoffnung. Und in diesem Moment bin ich mir sicher, dass es Adani hören kann.

SECHS: AKTIVE HOFFNUNG – WIR, DIE DOMINOSTEINE

Irgendwo zwischen Neujahr und meinem Schreibtisch habe ich Zeit und Raum verloren. Ich schwebe zwischen Welten, Menschen und Tagen umher. Während meine Finger Geschichten schreiben, Tasten drücken und versuchen, dem Erlebten Ausdruck zu verleihen, stehlen sich meine Gedanken immer wieder davon. Ich bin zurück in der Heimat, aber mein Geist bummelt durch die Welt. Nie zuvor habe ich mich mit ihr verbundener gefühlt.

Ich spaziere einen Feldweg entlang, den ich schon als Kind entlanggelaufen bin. Ich kenne jeden Stein, jeden Winkel des Weges. Doch es ist, als würde ich zwischen Himmel und Erde, Feldern und Bäumen plötzlich so viel mehr sehen. Ich schaue in den Himmel und weiß, dass die Yanomami ihn für uns halten; mit der untergehenden Sonne sehe ich wieder Yero und Moussa am Strand sitzen; höre ich Kinderlachen, denke ich an Henry, Lina und Marjorie; fährt mir enorme Kälte über die Haut, dann versetzt es mich nach Grönland zu Aaju oder sehe ich die Sterne, dann suche ich nach dem Mond, der die Korallen leitet.

Es ist, als würde ich meine Weltkarte kopfüber lesen – ich blicke immer noch auf die gleiche Welt, doch aus einer völlig anderen Perspektive. Alles fühlt sich neu und ungewohnt an, denn in meinem Kopf musste ich alte Pfade verlassen und neue Wege beschreiten. Auf diesen Reisen habe ich so viel gelernt, aber noch viel mehr verlernt.

Es beginnt zu regnen und mit jedem dicken Tropfen, der auf mein Gesicht fällt, denke ich wieder an die fliegenden Flüsse im Regenwald. Ich denke an Davi und Dario, an Aida und Omama. Ich denke an das Rund der Yanomami und unser Quadrat, an ihren Kreislauf und unsere Art zu wirtschaften. So oft habe ich gehört, dass es einfacher sei, sich das Ende der Welt vorzustellen als das Ende des Kapitalismus. Ich kann diese Aussage nur verneinen. Es ist möglich. Alles ist veränderbar.

Je mehr ich erkannt habe, dass der Kapitalismus zerstörerisch für unseren Planeten ist, desto mehr wollte ich über alternative Wirtschaftsformen und Systeme erfahren. Bücher von Autorinnen wie Naomi Klein oder Maja Göpel haben mich grundlegend verändert und mir gezeigt, dass eine andere Zukunft möglich ist.

Es gibt konkrete, hoffnungsvolle Pläne wie »A Plan To Save The Planet« von Tricontinental.[67] Es ist ein Netzwerk von Forschungsinstitutionen in Ländern des Globalen Südens wie Argentinien, Brasilien, Indien und Südafrika, das vor allem Dossiers und Studien aus einer progressiven Perspektive erstellt. Ein weiteres Konzept ist der »People's Green New Deal«[68] von Max Ajl. Beide Initiativen befassen sich damit, wie wir von einem kapitalistischen System, das auf Ausbeutung, unkontrolliertem Wachstum und der Zerstörung des Planeten basiert, wegkommen können, hin zu einer Wirtschaft, die wirklich für alle funktioniert. Diese Pläne setzen den Fokus auf die Bedürfnisse der Menschen und insbesondere des Planeten anstatt auf den Profit. Wenn wir innerhalb der planetaren Grenzen wirtschaften, versetzt uns das nicht wieder zurück in die Steinzeit.

Eines der vielen Konzepte für ein anderes Wirtschaften nennt sich »Degrowth«. Unter dem Titel »Providing decent living with minimum energy: A global scenario« modellierten die Autor:innen[69], wie eine weltweite Reduzierung des aktuellen Energieverbrauchs um 60 Prozent bis 2050 aussehen könnte. Das Ergebnis ist überwältigend: Eine Reduzierung des Energieverbrauchs ist nicht nur möglich, sondern sie würde eine hohe Lebensqualität für jeden einzelnen Menschen auf der Erde erhalten. Für jeden einzelnen Menschen. Die Reduktion von 60 Prozent wäre nicht für alle Länder gleich. Länder mit hohen historischen und aktuellen Emissionen wie die USA würden laut Modell sogar eine Reduktion von bis zu 95 Prozent erreichen. Selbst mit dieser enormen Emissionsreduzierung – die unser kollektives Überleben angesichts der Klimakrise sichern und die Lebensbedingungen von Milliarden von Menschen verbessern könnte – hätte jeder Mensch auf der Erde Zugang zu grundlegenden Lebensnotwendigkeiten wie

Gesundheitsversorgung und sicheren Unterkünften, aber auch Computern. Diese Verbrauchsreduzierung würde bedeuten, dass wir zum Energieverbrauchsniveau der 1960er-Jahre zurückkehren und vorhandene Technologien effizient nutzen würden, anstatt uns in die Steinzeit zurückzuentwickeln. So wäre ein gutes Leben für Menschen in den reicheren Ländern ohne Wachstum möglich.

Wachstum ist prinzipiell erst einmal nicht schlecht, nur müssen wir laut Maja Göpel neu ausloten, was wachsen soll. Derzeit machen wir unser Wirtschaftswachstum am Bruttoinlandsprodukt (BIP) fest. Doch ist das BIP in Deutschland auch nach der Ahrtalflut stark angestiegen. Warum? Weil durch den Wiederaufbau mehr Ausgaben getätigt wurden und mehr Geld in Umlauf kam. Das BIP spiegelt in keiner Weise »Fortschritt« oder »Wohlstand« wider.

In Büchern wie *Buen Vivir* des ecuadorianischen Wirtschaftswissenschaftlers und Politikers Alberto Acosta werden viele andere Systeme und Stellschrauben aufgegriffen, um ein Wirtschaften zu entwerfen, das nicht das BIP und damit den Profit in den Mittelpunkt stellt, sondern etwa einen »Global Happiness Index«, der psychische Gesundheit, Lebensglück oder Wohlbefinden misst, oder den »Human Development Index«, der Bildung oder Lebenserwartung miteinbezieht.

Ich fühle eine tiefe Hoffnung, wenn ich sehe, wie positiv die Auswirkungen auf unsere Gesundheit sind, wenn wir die Klimakrise unter dem Gesichtspunkt der Gerechtigkeit angehen. Die Fachzeitschrift *The Lancet* hat in einer Studie herausgestellt, dass die Klimakrise eine einmalige Gelegenheit bietet, unsere Lebensqualität und Gesundheit zu verbessern. Der illegale Goldabbau, insbesondere der Einsatz von Quecksilber zur Goldgewinnung, vergiftet die Flüsse und Bäche, die für die Yanomami lebensnotwendig sind. Quecksilber kontaminiert die Wasserversorgung und die Fischbestände, was zu schweren Gesundheitsproblemen bei den Indigenen führt, darunter Geburtsfehler, Nierenschäden und neurologische Störungen. Durch das Schürfen nach Gold – in anderen Gebieten durch das Bohren nach Gas, das

Baggern nach Kohle oder Drillen nach Öl – werden Landstriche zerstört und ganze Gemeinschaften gefährdet. Diese Auswirkungen auf die Gesundheit der Yanomami sind aber nur die Symptome einer umfassenderen Krankheit. Sie sind nur das, was wir sehen. Die Ursache, warum die Ausbeutung ihrer Natur überhaupt erlaubt ist, liegt in der Art und Weise, wie der Kapitalismus und die weiße Vorherrschaft die indigenen Völker und ihre Natur als Ganzes bewerten. Es sind diese Ideologien, die die Gewalt an Indigenen zulassen und begünstigen und dazu führen, dass indigene Gemeinschaften weltweit bedroht sind.

Wenn wir die gesundheitlichen Auswirkungen auf die Yanomami durch die Brille der Klimagerechtigkeit betrachten, dann geht es nicht darum, die Gesundheit eines indigenen Volkes kurzfristig zu schützen, sondern wir müssen überlegen, wie wir die tiefere Ursache des Problems und nicht nur die oberflächlichen Symptome behandeln können.

Langsam spaziere ich weiter. Der Himmel reißt auf und die Sonne bahnt sich ihren Weg. Tropfen glänzen auf den dicken Kohlblättern am Feldrand, Wind bläst über die Weizenfelder und lässt sie tanzen. Mit jedem Schritt scheine ich tiefer in meinen Gedanken zu versinken. Die Tatsache, dass sich alles in dieser Welt grundlegend ändern muss, ist unbestreitbar. Doch sollten wir gerade jetzt die Hoffnung nicht aufgeben: Wie die renommierte Ökonomin und Schriftstellerin Naomi Klein betont, hängt die Art des Wandels von unserem Handeln ab. Bleiben wir auf dem bisherigen Kurs, wird die Welt, wie wir sie kennen, nicht überleben. Anstatt ohnmächtig auf die Katastrophe zu warten, können wir selbst sehr viel tun, um dieser Krise zu begegnen, Ungerechtigkeit zu bekämpfen und eine Welt zu schaffen, die sowohl den Menschen als auch dem Planeten dient und ihn schützt. Die Hoffnung liegt darin, dass wir uns entscheiden können: Wollen wir unsere Zukunft kontrolliert gestalten oder lassen wir uns unkontrolliert von den Katastrophen und Kipppunkten überrollen?

Ich habe klare Vorstellungen davon, welche Art von Veränderung ich bevorzugen würde. Ich bin mir auch bewusst, dass dies kein passiver Prozess sein wird. Veränderung erfordert aktives Engagement. Es werden keine Superheld:innen kommen, um uns zu retten; es gibt nur dich und mich und uns alle zusammen. Wenn wir eine Veränderung der Welt wollen, wenn wir eine Zukunft wollen, in der wir alle respektiert werden und in Sicherheit leben können, dann müssen wir jetzt zusammen aktiv werden.

Während meine Gedanken umherschweifen, erkenne ich, dass wir überall, wo wir auf unserer Recherchereise waren, den Auswirkungen von Kolonialismus und Kapitalismus begegnet sind. Von den zerstörerischen Brandrodungen im brasilianischen Regenwald über die Überfischung der senegalesischen Meere und die Teersandindustrie in Alberta bis hin zur Adani-Mine in Australien – die massenhafte Förderung fossiler Brennstoffe, wertvoller Mineralien und ökologischer Ressourcen zerstört das Land, vergiftet das Wasser und vertreibt ganze Gemeinschaften aus ihrer Heimat.

Opferzonen, wie diese genannten Gebiete, sind klar kalkuliert und Teil des kapitalistischen Plans. Wenn wir den kolonialen Schaden der Landnahme ungeschehen machen und indigenen und traditionellen Landeigentümer:innen ihr rechtmäßig angestammtes Land zurückgeben, können wir effektiv Land und Leben schützen. Wenn Regierungen oder politische Vertreter:innen nicht handeln, dann ist das nie passiv. Sondern es ist aktives Nicht-Handeln, Blockieren oder Ignorieren. Das ist eine aktive Entscheidung. Aber wenn Regierungen nicht handeln, können sie zum Handeln gebracht werden. Es liegt an uns allen, die politische Richtung vorzugeben. Dass das möglich ist, zeigen uns die zahllosen Erfolge indigenen Widerstands: egal, ob die Wangan und Jagalingou, die Yanomami oder erst kürzlich, im August 2022, in Ecuador. Auch dort wurde ein Zeichen gewaltiger, radikaler Hoffnung gesetzt: Die Menschen haben erstmals in einem Volksentscheid gegen die Erdölförderung im Yasuní-Nationalpark gestimmt und damit eine der weltweit artenreichsten Regionen erfolgreich geschützt. Für ein Land, dessen Wirtschaft in den letzten fünfzig Jahren vom Erdöl abhängig war, ist das eine enorme Leistung. Die Menschen haben entschieden, dass diese Industrie dem Land keinen Wohlstand und keine Sicherheit gebracht hat. Sie zeigen, dass es Zeit ist für eine neue Art der Wirtschaft, in der die biologische Vielfalt und die Arbeitsplätze, die nicht an die Ölförderung gebunden sind, geschätzt werden. Dieses Votum wäre ohne die Arbeit der indigenen Basisbewegung der Kichwa und der Yasunídos nicht möglich gewesen. Indigene Völker zeigen uns, dass sich Grenzen auf ungeahnte Weise verschieben können, wenn Menschen sich als politische Bürger:innen verstehen und zusammenkommen.

Ich setze mich auf eine Holzbank am Wegesrand und verschnaufe kurz. Mein Herz pocht wild und ich versuche, es ein wenig durch bewusstes Atmen zu beruhigen. Eine Hand lege ich auf meine Brust und fühle in mich hinein. Es ist noch ganz. Die Menschen im Senegal haben mein Herz gebrochen und hundertfach repariert. Wir brauchen Menschen mit sanften Herzen, die sich empören und die Welt so sehr lieben, dass sie sie zum Besseren verändern wollen. Denke ich zurück an die tiefe Emotion, die ich mit Maman gespürt habe, dann bin ich zutiefst dankbar. Bricht mein Herz, ist ein Teil von mir froh, denn es bedeutet, dass ich mit meiner Menschlichkeit in Kontakt bin. Mich hat es verwandelt, das Konzept von Teranga in mein Leben zu integrieren. Die Entscheidung, niemanden als Fremden zu sehen, verbindet mich mit jeder Person, die vor mir steht. Ich halte kurz inne und frage mich, was sehe ich in dieser Person, das ich vielleicht lieben könnte? Manchmal sehe ich etwas von mir selbst, manchmal vielleicht etwas von einem engen Freund oder meiner Schwester. Teranga lässt mich nicht nur von einer Weltgemeinschaft träumen, sondern lässt aktiv eine Familie entstehen.

Ich sehe jetzt viel deutlicher, wie meine Freiheit mit der Unfreiheit anderer Menschen direkt verbunden ist. Doch ich rufe dir zu, egal, wer du bist oder wann du dieses Buch in den Händen hältst: Wir sind nicht nur Verbraucher:innen! Wir sind nicht nur Konsument:innen! Wir sind nicht nur das, wozu wir im Kapitalismus gemacht werden. Natürlich ist es gut, auf seinen Konsum und Verbrauch zu achten, das ist enorm wichtig. Ich möchte schließlich nicht, dass der Fisch im Kühlregal das Leben von Barbarcar verschlimmert, ich möchte auch nicht, dass das Gold in den Juwelierläden das Leben der Yanomami kostet. Aber wir sind so viel mehr als konsumgesteuerte Menschen. Wir sind aktive Bürger:innen, aktive Bewegungen, wenn wir die Systeme infrage stellen und sie stören.

Ich möchte alles daransetzen, dass meine Privilegien nicht dazu führen, dass andere Menschen weniger Privilegien haben. Stattdessen möchte ich meine Privilegien als Axt nutzen, um Türen einzuschlagen, durch die wir mutig gemeinsam schreiten können. Ich hoffe mit jeder einzelnen Faser meines Körpers, dass du nicht nur dieses Buch liest und es danach zur Seite legst und vergisst. Ich wünsche mir aus tiefster Seele, dass du nach diesem Buch nach deiner eigenen Axt suchst. Wir können zusammen alle möglichen großen und kleinen Türen aufbrechen, um eine Zukunft jenseits von endlosen Konflikten, Klimakrise und sozialer Ungerechtigkeit zu erschaffen.

Von der Fischverarbeitung des Senegal bis zur Teersandindustrie Kanadas: Um profitgetrieben mehr Geld anzuhäufen, wird permanent entweder am Menschen, an den Arbeitsumständen oder am Umweltschutz gespart. Das Leben in finanzieller Armut ist das, was so viele Menschen im Niedriglohnsektor miteinander verbindet. Gemeinsam leiden sie unter der Macht der Konzerne durch geringe Bezahlung und schlechte Arbeitsbedingungen. Würden Menschen diese Verbindungen erkennen und zusammenkommen, würden sie eine sehr machtvolle Einheit bilden. Zwischen Gewerkschaften, Umweltbewegung und diskriminierten Menschen sollte eine Allianz entstehen – und wenn ich daran denke, wie machtvoll wir wären, würden wir die zwischen uns geschaffenen Grenzen überwinden und in Solidarität zusammenstehen, bekomme ich Gänsehaut.

Deswegen finde ich die Allianz »Wir fahren zusammen« zwischen Fridays for Future und Verdi, einer der größten deutschen Gewerkschaften, so unglaublich hoffnungsvoll. Klimaaktivist:innen und Kolleg:innen aus dem ÖPNV stehen zusammen und treten für eine sozial gerechte Verkehrswende ein – für bessere Löhne, faire Arbeitsbedingungen und den dringend notwendigen Ausbau der klimafreundlichen Mobilität in Bus und Bahn. Immer wieder kommt es zu Streiks in verschiedenen Städten Deutschlands, die für einige Tage die gesamten öffentlichen Infrastrukturen lahmlegen. Das ist Macht. Sie ist so groß, dass Manager:innen in Führungspositionen Angst davor haben, wenn diese Einheit entsteht, und darum umso vehementer versuchen, diese Allianzen zu zerschlagen.

Als in Deutschland der vorzeitige Kohleausstieg bis 2030 verkündet wurde, ein grandioser Erfolg der Klimabewegung, wurde dem immer wieder entgegengehalten: »Aber was ist mit den Arbeitsplätzen?« Dass durch den Umstieg auf erneuerbare Energien faktisch mehr Arbeitsplätze geschaffen werden als verloren gehen, wird gern übersehen. Menschen bangen durch solche Falschaussagen um sichere Arbeitsplätze und machen aus Angst Aktivist:innen und Maßnahmen für den Klimaschutz zum Sündenbock. Dadurch versucht die fossile Industrie, Arbeiterschaft von Klimabewegung zu trennen. Doch für die Profitsteigerung in Konzernen werden immer entweder die Kosten für den Umweltschutz gedrückt oder die Ausgaben für die Arbeiter:innen. Es werden immer gleichzeitig Menschen und Planet ausgebeutet. Das ist nicht voneinander zu trennen. Klimaschutz ist Arbeiter:innenschutz. Der Kampf um die Rechte von Arbeitnehmer:innen muss ein Fokuspunkt in der Klimabewegung sein.

Denke ich an die Bilder der kanadischen Teersandindustrie oder der Carmichael-Kohlemine im australischen Busch, dann stellen sich mir die Nackenhaare auf. Aber angesichts klimazerstörender Industrien gibt es so viel, was wir tun können. Wann immer wir Greenwashing sehen, sollten wir es anprangern. Thematisiere die Verbrechen, die Unternehmen begehen oder begangen haben, um sicherzustellen, dass ausreichend Menschen darüber informiert sind. Ziehe dein Geld von diesen Unternehmen ab, indem du dein Geld nur bei solchen Banken und Fonds anlegst, die nicht in fossile Brennstoffe investieren. Wenn du studierst, kannst du überprüfen, ob deine Universität von fossilen Unternehmen gesponsert wird oder sich bereits von ihnen getrennt hat. Wir können bei jeder Gelegenheit gegen fossile Unternehmen protestieren. Wir können ihre Hauptversammlungen stören, physische Barrieren gegen die Förderung fossiler Brennstoffe errichten und jedes Mal protestieren, wenn wir ihre Präsenz an einem Ort bemerken. Wir können sicherstellen, dass sie auf keiner Veranstaltung sprechen, keine Ausstellung sponsern, an keiner Konferenz teilnehmen und nicht einmal einen Raum mieten können, wenn die Organisator:innen wissen, dass dies zu einer starken Gegenreaktion führen würde. Konkrete Aktionen spielen eine entscheidende Rolle.

Die Industrie der fossilen Brennstoffe steht zweifellos als eine der mächtigsten Kräfte der Welt da. Wir müssen dieser Macht mit unserer eigenen entgegentreten. Es ist an der Zeit, uns zu wehren, denn eine bessere Zukunft ist möglich, wenn wir gerade jetzt handeln. Mit genügend Unterstützung und einer klugen Strategie können wir es mit ihnen aufnehmen. Deshalb lade ich dich ein, zusammen die fossile Brennstoffindustrie Stück für Stück zu demontieren. Schon jetzt kann ich hören, wie ihre Mauern bröckeln.

Feuer und Dürren, Fluten und Starkregen – wir haben es von den Feuerwehrbrigaden in Kanada gehört: Die Klimakrise kennt keine Grenzen. Warum sollten dann nicht auch wir Grenzen überschreiten? So viele Menschen sind aus aller Welt nach Kanada gekommen – wegen einer Krise, die sie nicht zu verantworten haben. Die Feuerwehrbrigaden zeigen uns, wie es aussieht, wenn wir uns nicht spalten und auseinandertreiben lassen, sondern wir uns international die Hände reichen, uns unterhaken und zusammenstehen. Wenn ein Land, eine Kommune, ein Mensch fällt, fangen wir einander auf. Das ist es, was ich unter einem internationalen Sicherheitsnetz verstehe. Das ist gelebte Resilienz, die wir nur in Gemeinschaft und im Miteinander finden. Werden die Zeiten hart, dann geben wir nicht auf, sondern wir mobilisieren uns.

Die Eisbohrkerne in Grönland fragen leise: Wer wollen wir gewesen sein? Um diese Frage zu beantworten, müssen wir es uns vorstellen. Unsere Vorstellungskraft ist ein wichtiger Teil von aktiver Hoffnung.

Sie ist mächtig. Wir müssen uns vorstellen können, welche Wege wir gehen wollen und welche wir lieber ungenutzt überwuchern lassen. Wohin laufen wir und wovor laufen wir weg? Aktive Hoffnung bedeutet, sich etwas so Schönes vorzustellen, das so aufregend ist, dass wir gar nicht anders können, als darauf hinzuarbeiten. Darum lade ich dich ein: Stell dir die Welt so detailliert wie möglich vor. Deiner Utopie sind keine Grenzen gesetzt, sondern diese sollen gesprengt werden. Was ist die freieste, schönste, glücklichste Welt, die du dir ausmalen kannst? Lass dich dabei nicht davon beschränken, was vielleicht nicht erreichbar oder unrealistisch ist. Auch das sind oftmals gemachte Grenzen, die uns davon abhalten, die Schranken dieser Welt infrage zu stellen. Lass dich davon nicht aufhalten. Nimm ein Blatt und schreibe es auf. Oder schreib es in dieses Buch hinein. Es ist völlig egal. Aber ich verspreche: Die Vorstellung deiner Zukunft ist ein gewaltiger Antrieb.

Manchmal erinnert mich die Klimabewegung an Pilze. Unter der Erde, verborgen vor unseren Augen, existiert ein ganzes Universum von Myzel-Netzwerken. Diese Netzwerke kommunizieren mit den Bäumen in ihrer Umgebung und miteinander. Stetig, jede Sekunde, jeden Moment tauschen sie sich aus, schieben Informationen hin und her, lernen voneinander und wachsen weiter. Dieser ununterbrochene Vorgang bleibt für uns Menschen unsichtbar, bis wir eines Tages, vielleicht beim Spaziergang durch den Wald, auf einen wunderschönen Pilz stoßen. Er scheint wie ein Wunder, als wäre er aus dem Nichts gewachsen, weil wir das darunterliegende Myzel-Netzwerk nicht sehen. Ähnlich ist es mit Bewegungen für sozialen Wandel. Oft konzentrieren wir uns auf die sichtbaren »Pilze«, die Erfolge der Bewegung, und übersehen die Netzwerke, die über Jahre oder gar Jahrhunderte hinweg erschaffen wurden. Die Erfolge unserer heutigen Bewegungen sind auf ihrem Nährboden gewachsen. Und egal, ob ich meinen Erfolg, meinen Pilz, noch in diesem Leben sehen werde; ich weiß, dass sich die Arbeit lohnt, dass ich das Myzel-Netzwerk zum Wachsen bringe und irgendwann, irgendwo ein wunderschöner Pilz an die Erdoberfläche kommen wird. Ich glaube wirklich – ich muss glauben –, dass wir letztendlich gewinnen werden. Es wird ein langer Weg sein, aber ich glaube tief in meiner Seele, dass wir eine bessere Welt schaffen können, wenn genug Menschen dafür kämpfen.

Wir haben auf diesen Reisen Kipppunkte besucht und wir haben Hoffnung gefunden. Denn nicht nur Kipppunkte wirken wie Dominosteine, die miteinander verknüpft und verbunden sind und einander anstoßen, sondern das gilt auch für Menschen. Die Yanomami, Davi Kopenawa, die Menschen des Senegal, Yero und Moussa, die Inuvialuit und Inuit, Aaju Peter, die Wangan und Jagalingou, Coedie, Nathan und Sunny – sie alle sind Dominosteine. Sie versammeln Hunderte, gar Tausende Menschen hinter sich, die international heranwachsen zu Millionen oder gar Milliarden. Sie stoßen einander an, reden miteinander, diskutieren, streiten und überzeugen; sie kämpfen.

Warum wir die Hoffnung nicht aufgeben dürfen? Weil wir unsere eigene Hoffnung sind. Wir tragen sie mit uns und in uns. Überall und in jedem Moment. Grad°jetzt geht es um jede einzelne Person. Grad°jetzt wirst du so sehr gebraucht. Grad°jetzt trägt jede Aktion zur Bewegung bei, ob du es jetzt siehst oder nicht.

Jeder Bruchteil eines Grades bedeutet Menschenleben, jede Handlung ist von unschätzbarem Wert. Je mehr Menschen aktiv werden, desto schneller werden wir den positiven Kipppunkt erreichen; desto schneller werden wir am Ziel sein. Ich verspreche dir, wenn wir unsere Macht durch die und in der Gemeinschaft erkennen, dann beginnt echte Transformation.

Wir alle sind Dominosteine, die einander anstoßen, sodass wir zu einer kritischen Masse werden, zu einem sozialen und gesellschaftlichen Kipppunkt, der irgendwann überschritten wird – und fällt. Vielleicht zerbricht unsere Welt, aber auf ihren Trümmern erschaffen wir eine neue. Und diese neue Welt wird so viel gerechter, schöner und sicherer sein als die Welt, die wir jetzt kennen.

Und ganz unter uns, von Dominostein zu Dominostein, ich gebe dir einen Tipp:

Lass dich fallen.

ANMERKUNGEN

1 Laut der Cambridge-English-Dictionary-Definition repräsentieren »People of the Global Majority«, also Schwarze, Indigene und People of Color, über 80 Prozent der Weltbevölkerung. Auch die Organisation »People of the Global Majority in the Outdoors, Nature, and Environment«(PGM ONE) verwendet den Begriff »People of the Global Majority« als Synonym für »BIPOC« und betont ebenfalls, dass über 80 Prozent der Weltbevölkerung sich als schwarz, indigen oder als eine Person of Color identifizieren.

2 IPCC Sixth Assessment Report, Working Group 1: *Climate Change 2012. The Physical Science Basis*, online unter: https://www.ipcc.ch/report/sixth-assessment-report-working-group-i/, zuletzt abgerufen am 22. 6. 2024.

3 Klimawissenschaftler Johann Rockström hat anlässlich der Eröffnung des World Economic Forum 2023 in Davos das Ganze schnell, einfach und für alle verständlich zusammengefasst. Nehmt euch zwei Minuten und schaut in die Videoaufzeichnung des Events: *Leading the Charge through Earth's New Normal,* 2023, World Economic Forum: https://www.weforum.org/events/world-economic-forum-annual-meeting-2023/sessions/leading-the-charge-through-earths-new-normal/. Der Part von Johann Rockström siehe: Minute 00:47–03:04. Auch der gesamte Part zusammen mit der indisch-niederländischen Umweltexpertin Joyeeta Gupta ist sehr sehenswert: bis Minute 12:50.

4 BürgerEnergie Berlin: *Lange Nacht des Klimas 2023: Nikolaj Schultz von der Uni Kopenhagen*, 27. 9. 2023, Video auf: YouTube, siehe https://www.youtube.com/watch?v=eRB-EMemszc, zuletzt abgerufen am 22. 6. 2024.

5 Elisabeth von Thadden, Interview mit Luisa Neubauer*: Hoffnung ist harte Arbeit,* in: ZEITOnline, ZEIT Nr. 43, 19. 10. 2022, online: https://www.zeit.de/2022/43/luisa-neubauer-gegen-die-ohnmacht-grossmutter-klimawandel-fridays-for-future, zuletzt abgerufen am 22. 6. 2024.

6 Siehe Greenpeace Brasil: *Cultivando violência: licença para desmatar,* 3. 12. 2019, https://www.greenpeace.org/brasil/blog/cultivando-violencia-licenca-para-desmatar/, zuletzt abgerufen am 22. 6.2024.

7 Siehe Greenpeace Brasil: *Exterminador do futuro: Estrondo inicia desmatamento gigante no Cerrado,* 2.9.2012, https://www.greenpeace.org/brasil/blog/exterminador-do-futuro-condominio-estrondo-inicia-desmatamento-gigante-no-cerrado/, zuletzt abgerufen am 22.6.2024.

8 Siehe Greenpeace Deutschland: *Hooked on meat. Wie die europäische Nachfrage nach Soja die Klimakrise verschärft* (deutsche Übersetzung und Überarbeitung des englischen Reports von Cecile Leuba/Greenpeace France), Juni/Juli 2019, https://www.greenpeace.de/publikationen/20190802-greenpeace-report-hooked-on-meat-deutsch.pdf, zuletzt abgerufen am 22.6.2024.

9 Mighty Earth: *Cargill: Das schlimmste Unternehmen der Welt,* o.D., https://stories.mightyearth.org/cargill_das_schlimmste_unternehmen_der_welt/, zuletzt abgerufen am 22.6.2024.

10 Global Witness: *Last line of defence. The industries causing the climate crisis and attacks against defenders,* Report, 13.9.2021, https://www.globalwitness.org/en/campaigns/environmental-activists/last-line-defence/, zuletzt abgerufen am 22.6.2024.

11 Siehe BMZ: *Rechte indigener Völker*, 31.08.2022, https://www.bmz.de/de/themen/rechte-indigener-voelker, zuletzt abgerufen am 09.08.2024.

12 Paul Griffin: *The Carbon Majors Database. CDP Carbon Majors Report,* Juli 2017, https://cdn.cdp.net/cdp-production/cms/reports/documents/000/002/327/original/Carbon-Majors-Report-2017.pdf, zuletzt abgerufen am 22.6.2024.

13 Oxfam Media Briefing: *Confronting Carbon Inequality. Putting climate justice at the heart of the Covid-19 recovery,* 21.9.2020, https://oxfamilibrary.openrepository.com/bitstream/handle/10546/621052/mb-confronting-carbon-inequality-210920-en.pdf, zuletzt abgerufen am 22.6.2024.

14 Jason Hickel: *Quantifying national responsibility for climate breakdown: an equality-based attribution approach for carbon dioxide emissions in excess of the planetary boundary,* in: The Lancet. Planetary Health, vol. 4, issue 9 (2020), DOI: https://doi.org/10.1016/S2542-5196(20)30196-0, zuletzt abgerufen am 22.6.2024.

15 Durch die überaus lesenswerte Broschüre der BUND-Jugend *Kolonialismus und Klimakrise – über 500 Jahre Widerstand* (siehe: https://www.bundjugend.de/projekte/locals-united/kolonialismusundklimakrise/) wurde mir erstmals klar, wie Rassismus, Kolonialismus, Kapitalismus und Kli-

makrise im Einzelnen zusammenhängen. Auf das Thema gehe ich im Senegal-Kapitel noch genauer ein.

16 Carlos A. Nobre et al.: *New Economy for the Brazilian Amazon*, hg. von WRI Brasil, Juni 2023, www.wribrasil.org.br/nova-economia-da-amazonia, zuletzt abgerufen am 22.6.2024.

17 Mikaela Loach: *It's not that radical: Climate Action to Transform Our World*, London 2023.

18 Siehe World Bank Document: *Senegal Climate Risk Profile and Climate Co-Benefits Assessment*, o.D., https://documents1.worldbank.org/curated/en/099441502062330933/pdf/IDU0d9b3303c0049504dae09b7509347ebda0f6.pdf, zuletzt abgerufen am 22.6.2024.

19 Beth Gardiner/Yale School of the Environment: *Unequal Impact: The Deep Links Between Racism and Climate Change*, Interview mit Elizabeth Yeampierre, 9.6.2020, https://e360.yale.edu/features/unequal-impact-the-deep-links-between-inequality-and-climate-change, zuletzt abgerufen am 22.6.2024.

20 Greenpeace UK: *Confronting injustice: racism and the environmental emergency. A report from Greenpeace and the Runnymede Trust*, 2.9.2022, https://www.greenpeace.org.uk/challenges/environmental-justice/race-environmental-emergency-report/, zuletzt abgerufen am 22.6.204.

21 Global Citizen/Greenpeace Südafrika/Thandile Chinyavanhu: *Neokolonialismus im Umweltschutz: Große Ölkonzerne setzen den »Wettlauf um Afrika« fort*, dt. von Nora Holz, 9.11.2022, https://www.globalcitizen.org/de/content/fossil-fuels-africa-exploration-greenpeace-opinion/. zuletzt abgerufen am 22.6.2024.

22 Deutsche Umwelthilfe e.V./urgewald: *Gasförderung im Senegal. Schmutzige Geschäfte für Deutschlands Energiehunger*, in: Fact Sheet, 20.7.2022, https://www.duh.de/fileadmin/user_upload/download/sonstiges/Stellenanzeigen/220711_Senegal_Fact_Sheet_final.pdf, zuletzt abgerufen am 22.6.2024.

23 Siehe Fluchtgrund: *Was bringt Menschen dazu, ihre Heimat zu verlassen und ein besseres Leben zu suchen?*, Senegal, o.D., https://www.fluchtgrund.de/land/senegal/#:~:text=Oftmals%20wird%20der%20Sandabbau%20illegal,andere%20Wahl%20als%20Sand%20abzubauen. zuletzt abgerufen am 22.6.2024.

24 Siehe Martin Metzger: *Die Schleppnetz-Fischerei*, in: Voices of the seas 13.6.2021, https://www.voiceoftheseas.de/06/die-schleppnetz-fischerei/. zuletzt abgerufen am 22.6.2024.

25 Siehe UNOPS: *After the storms*, o. D., https://www.unops.org/news-and-stories/stories/after-the-storms, zuletzt abgerufen am 22. 6. 2024.

26 Harpreet Kaur Paul: *Towards Reparative Climate Justice: from Crises to Liberations,* April 2021, https://uploads-ssl.webflow.com/5e2191f00f868d778b89ff85/6071e27f9e138da86620f637_CW_GND-Reparations-Harpreet.pdf, zuletzt abgerufen am 22. 6. 2024.

27 Pao Engelbrecht: Jahrestagung von IWF und Weltbank. *Wer schuldet eigentlich wem?,* in: Makronom, 19. 10. 2023, https://makronom.de/jahrestagung-von-iwf-und-weltbank-wer-schuldet-eigentlich-wem-45197. zuletzt abgerufen am 22. 6. 2024.

28 Charli Shield: *Saatgut und die Macht der Agrarkonzerne,* in: Deutsche Welle, 9. 4. 2021, https://www.dw.com/de/saatgut-monopol-saatgutgesetz-agrarkonzerne-ern%C3 %A4hrungssicherheit-bayer-corteva-chemchina-limagrain/a-57110489. zuletzt abgerufen am 22. 6. 2024.

29 IEA: *World Energy Outlook 2023*, Oktober 2023, https://www.iea.org/reports/world-energy-outlook-2023. zuletzt abgerufen am 22. 6. 2024.

30 environmental defence/Natural Resources Defense Council, Report*: Alberta's Tailings Ponds. One Trillion Litres of Toxic Waste and Growing,* in: environmental defence, 31. 5. 2019, https://environmentaldefence.ca/report/albertas-tailings-ponds/, zuletzt abgerufen am 22. 6. 2024.

31 environmental defence/Keepers of the water: *Statement from Indigenous and environmental experts on Imperial Oil's tailings pond 5.3 million litres leak,* in: Environmental Defence, 9. 2. 2023, https://environmentaldefence.ca/2023/02/09/statement-from-indigenous-and-environmental-experts-on-imperial-oils-tailings-pond-5-3-million-litre-leak/, zuletzt abgerufen am 22. 6. 2024.

32 Nina Lothian: *Fifty years of oilsands equals only 0.1 % of land reclaimed,* in: Pembina Institute, 13. 10. 2017, https://www.pembina.org/blog/fifty-years-oilsands-equals-only-01-land-reclaimed, zuletzt abgerufen am 22. 6. 2024.

33 BUND Landesverband Nordrhein-Westfalen: *Kunstlandschaften statt Natur*, o. D., https://www.bund-nrw.de/themen/braunkohle/hintergruende-und-publikationen/braunkohle-und-umwelt/braunkohle-und-rekultivierung/, zuletzt abgerufen am 22. 6. 2024.

34 Megan He et al.: *Total organic carbon measurements reveal major gaps in petrochemical emissions reporting*, in: Science, vol. 383, issue 6681, 25. 1. 2024,

S. 426–432, https://doi.org/10.1126/science.adj6233, zuletzt abgerufen am 22. 6. 2024.

35 Shannon Hall: *Exxon Knew about Climate Change Almost 40 Years Ago*, in: Scientific American, 26. 10. 2015, https://www.scientificamerican.com/article/exxon-knew-about-climate-change-almost-40-years-ago/, zuletzt abgerufen am 22. 6. 2024.

36 Rebecca Solnit: *Big oil coined 'carbon footprints' to blame us for their greed. Keep them on the hook*, in: The Guardian, 27. 8. 2021, https://www.theguardian.com/commentisfree/2021/aug/23/big-oil-coined-carbon-footprints-to-blame-us-for-their-greed-keep-them-on-the-hook, zuletzt abgerufen am 22. 6. 2024.

37 Siehe Fiocruz: *Yanomamis de nove aldeias assediadas pelo garimpo estão contaminados por mercúrio*, 3. 4. 2024, https://portal.fiocruz.br/noticia/2024/04/yanomamis-de-nove-aldeias-assediadas-pelo-garimpo-estao-contaminados-por-mercurio, zuletzt abgerufen am 22. 6. 2024.

38 Andrew Nikiforuk: *Tar Sands: Dirty Oil and the Future of a Continent*, Vancouver 2010, S. 44.

39 Aliénor Rougeot: *Why this First Nation is Right to Sue the Alberta Energy Regulator over Last Year's Toxic Tailings Leak*, in: environmental defence, 8. 3. 2024, https://environmentaldefence.ca/2024/03/08/why-this-first-nation-is-right-to-sue-the-alberta-energy-regulator-over-last-years-toxic-tailings-leak/, zuletzt abgerufen am 22. 6. 2024.

40 Ängste zu schüren und zu missbrauchen ist eine jahrhundertealte Strategie. Robert Peckham schreibt in seinem Buch *Fear: An Alternative History of the World* (London 2023) über Könige und Kaiser, über Diktatoren und Kirchen, die über Jahrhunderte hinweg Ängste für ihren Machterhalt ausnutzten.

41 Darüber schreibt auch Mary Annaïse Heglar in ihrem eloquenten Essay *Climate Change Isn't the First Existential Threat. People of color know all about building movements, courage, and survival*, Februar 2019, in: ZORA, online: https://zora.medium.com/sorry-yall-but-climate-change-ain-t-the-first-existential-threat-b3c999267aa0, zuletzt abgerufen am 22. 6. 2024.

42 Siehe Oxfam GB: *INEQUALITY INC. How corporate power divides our world and the need for a new era of public action*, 2024, https://www.oxfam.de/system/files/documents/bp-inequality-inc-150124-eng.pdf, zuletzt abgerufen am 22. 6. 2024.

43 Siehe Oxfam Deutschland: *Klima der Ungleichheit. Wie extremer Reichtum weltweit die Klimakrise, Armut und Ungleichheit verschärft*, Nov. 2023, https://www.oxfam.de/system/files/documents/20231120-oxfam-klima-ungleichheit.pdf, zuletzt abgerufen am 22. 6. 2024.

44 Siehe Öko-Institut e. V.: *Fachliche Unterstützung Klimapolitik: Verfassungsrechtliche Grundfragen und sozio-ökonomische Auswirkungen eines »Klimageldes«*, Berlin, 7. 9. 2023, https://www.oeko.de/fileadmin/oekodoc/Klimageld_Verfassungsrechtliche-Grundfragen-sozio-oekonomische-Auswirkungen.pdf, zuletzt abgerufen am 22. 6. 2024.

45 Marius Buhl: *Besuch in der Arktis: Grönland – »Ground Zero« des Klimawandels*, in: Tagesspiegel, 3. 12. 2020, https://www.tagesspiegel.de/gesellschaft/besuch-in-der-arktis-gronland--ground-zero-des-klimawandels-77264.html, zuletzt abgerufen am 22. 6. 2024.

46 Jan D. Walter/Beatrice Christofaro: *Mehr Extremwetter durch Klimawandel?*, in: Deutsche Welle, 14. 3. 2023, https://www.dw.com/de/faktencheck-mehr-extremwetter-durch-klimawandel/a-62907903, zuletzt abgerufen am 22. 6. 2024.

47 Kelton Minor et al.: *Greenlandic Perspectives on Climate Change 2018–2019: Results from a National Survey*, 17. 9. 2020, https://papers.ssrn.com/sol3/papers.cfm?abstract_id=3667214, zuletzt abgerufen am 22. 6. 2024.

48 Caroline Hickman et al.: *Climate anxiety in children and young people and their beliefs about government responses to climate change: a global survey*, in: The Lancet, vol. 5, issue 12, Dez. 2021, https://doi.org/10.1016/s2542-5196(21)00278-3.

49 Parks Canada: *Tallurutiup Imanga National Marine Conservation Area*, 17. 1. 2024, https://parks.canada.ca/amnc-nmca/cnamnc-cnnmca/tallurutiup-imanga, zuletzt abgerufen am 22. 6. 2024.

50 Wasserkraft ist zwar eine erneuerbare Energiequelle, doch der Bau von Wasserkraftwerken oder Staudämmen, wie Belo Monte in Brasilien, kann viele negative Folgen für Ökosysteme, Fischbestände und Menschen haben. Siehe auch den Film *DamNation* von Matt Stoecker, Travis Rummel, Ben Knight und Beda Calhoun, http://damnationfilm.com/, zuletzt abgerufen am 22. 6. 2024.

51 Nils Bochow et al.: *Overshooting the critical threshold for the Greenland ice sheet*, in: Nature, 622 (2023), S. 528–536, https://doi.org/10.1038/s41586-023-06503-9.

52 Marilena Oltmanns et al.: *European summer weather linked to North Atlantic freshwater anomalies in preceding years*, in: Weather and Climate Dynamics, vol. 5, issue 1, 2024, S. 109–132, https://doi.org/10.5194/wcd-5-109-2024.

53 Stefan Rahmstorf: *Das sind die gefährlichsten Kipppunkte des Klimas*, in: SPIEGEL, 23. 12. 2022, https://www.spiegel.de/wissenschaft/natur/klimawandel-das-sind-die-gefaehrlichsten-kipppunkte-des-klimas-a-ce62231c-6520-4166-9267-8d5b3045f432, zuletzt abgerufen am 22. 6. 2024.

54 Siehe Australian Government/Great Barrier Reef Marine Park Authority: *Eye on the reef*, https://www2.gbrmpa.gov.au/help/eye-on-the-reef, zuletzt abgerufen am 22. 6. 2024.

55 Tanja Krämer: *Mondsüchtig*, in: Spektrum, 22. 10. 2007, https://www.spektrum.de/news/mondsuechtig/908332, zuletzt abgerufen am 22. 6. 2024.

56 YOLO ist das Akronym für »you only live once«, »du lebst nur einmal«.

57 Siehe RWE: *Unsere Aussichtspunkte*, https://www.rwe.com/nachbarschaft/rwe-erleben/unsere-aussichtspunkte/, zuletzt abgerufen am 22. 6. 2024.

58 Siehe Wirdi Language Dictionary, https://wirdi.com.au/words/?fwp_keyword_search=wel, zuletzt abgerufen am 22. 6. 2024.

59 Gemma Pol: W & J Standing Our Ground, in: Commonground, 3. 12. 2021, https://www.commonground.org.au/article/wj-standing-our-ground, zuletzt abgerufen am 22. 6. 2024.

60 Siehe Ortrun Sadik: *Kohleabbau bedroht das Great Barrier Reef*, in: Greenpeace Deutschland, Kurzinfo, 6/2015, https://www.greenpeace.de/sites/default/files/publications/a01441_es_greenpeace_kurzinfo_greatbarrierreef_06_15.pdf, zuletzt abgerufen am 22. 6. 2024.

61 Siehe Ben Smee: *French journalists' bail conditions after Adani arrest labelled 'abuse of police power'*, in: The Guardian, 24. 7. 2019, https://www.theguardian.com/environment/2019/jul/25/french-journalists-bail-conditions-after-adani-arrest-labelled-abuse-of-police-power, zuletzt abgerufen am 22. 6. 2024.

62 Siehe Ben Smee: *Queensland police regret making Indigenous leader leave Adani mine site during protest*, in: The Guardian, 12. 7. 2021, https://www.theguardian.com/australia-news/2021/jul/13/queensland-police-regret-making-indigenous-leader-leave-adani-mine-site-during-protest, zuletzt abgerufen am 22. 6. 2024.

63 Shelley Marshall/Carla Chan Unger/Suzi Hutchings: *When native title fails: First Nations people are turning to human rights law to keep access to cultural sites*, in: The Conversation, 22.10.2021, https://theconversation.com/when-native-title-fails-first-nations-people-are-turning-to-human-rights-law-to-keep-access-to-cultural-sites-169634, zuletzt abgerufen am 22.6.2024.

64 Siehe Josh Robertson: *Adani groundwater plan could permanently drain desert oasis, scientists say*, in: ABCNet Australia, 20.3.2018, https://www.abc.net.au/news/2018-03-21/adani-groundwater-plan-risks-permanent-damage-to-desert-springs/9569184, zuletzt abgerufen am 22.6.2024.

65 Siehe Gemma Pol: *Waddanganggu*, in: Commonground, 1.11.2021, https://www.commonground.org.au/article/waddananggu, zuletzt abgerufen am 22.6.2024.

66 Siehe den gesamten Songtext hier: Gurridyula: *My Vibe*, 8.11.2023, https://genius.com/Gurridyula-my-vibe-lyrics, zuletzt abgerufen am 22.6.2024.

67 Tricontinental: Institute for Social Research et al.: *A Plan to Save the Planet.*, 21.12.2023, https://thetricontinental.org/text-a-plan-to-save-the-planet, zuletzt abgerufen am 22.6.2024.

68 Siehe Max Ajl: *A People's Green New Deal. Obstacles and Prospects,* in: SageJournals, *vol. 10, issue 2,* 15.7.2021, https://journals.sagepub.com/doi/10.1177/22779760211030864, zuletzt abgerufen am 22.6.2024, bzw. das Buch *A People's Green New Deal*, erschienen London 2021.

69 Siehe Joel Millward-Hopkins et al.: *Providing decent living with minimum energy: A global scenario*, in: Global Environmental Change 65 (2020), https://pure.iiasa.ac.at/id/eprint/16764/1/1-s2.0-S0959378020307512-main.pdf, zuletzt abgerufen am 22.6.2024.

Deutsche Originalausgabe

Ein Unternehmen der Media-Participations

Zitat Seite 19: © Chico Mendes
Bildnachweis Bildteil:
© Markus Mauthe: Seiten 161, 162–163 Hintergrundbild, 162 oben, 163 unten, 164 unten, 167 oben, 168–171, 172–173 Hintergrundbild, 172, 174–175 Hintergrundbild, 174 unten, 175, 176
© André D'Elia: Seiten 162 unten, 163 oben, 164–165 Hintergrundbild, 164 oben, 166–167 Hintergrundbild, 166, 173 oben und unten, 174 oben

Projektleitung: Ellen Venzmer, Knesebeck Verlag
Lektorat: Dr. Julia M. Nauhaus, Lübeck
Gestaltung, Karten und Umschlaggestaltung: Favoritbüro, München
Umschlagmotiv: © Markus Mauthe
Satz und Herstellung: Arnold & Domnick, Leipzig
Druck: Livonia Print, Riga
Printed in Latvia

ISBN 978-3-95728-783-0

www.knesebeck-verlag.de

FSC www.fsc.org
MIX
Papier | Fördert gute Waldnutzung
FSC® C002795